Verónica Tomei
Europäisierung nationaler
Migrationspolitik

Para Dolores,
Ernesto y
Carmen

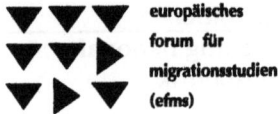
europäisches
forum für
migrationsstudien
(efms)

**Forum Migration 6
Europäisierung nationaler
Migrationspolitik**

Europäisierung nationaler Migrationspolitik

Eine Studie zur
Veränderung von Regieren in Europa

von

Verónica Tomei

 Lucius & Lucius · Stuttgart · 2001

Die Deutsche Bibliothek – CIP-Einheitsaufnahme

Tomei, Verónica: Europäisierung nationaler Migrationspolitik : eine Studie zur Veränderung von Regieren in Europa / Verónika Tomei. Europäisches Forum für Migrationsstudien (EFMS). - Stuttgart : Lucius und Lucius, 2001
  (Forum Migration ; 6)
  Zugl.: Bonn., Univ., Diss., 2000
  ISBN 3-8282-0156-3

europäisches forum für migrationsstudien (efms)
Institut an der Universität Bamberg
Katharinenstraße 1
D-96052 Bamberg
www.uni-bamberg.de/efms

© Lucius & Lucius Verlagsgesellschaft mbH Stuttgart 2001
  Gerokstraße 51 · D-70184 Stuttgart

Das Werk einschließlich aller seiner Teile ist urheberrechtlich geschützt. Jede Verwertung außerhalb der engen Grenzen des Urheberrechtsgesetzes ist ohne Zustimmung des Verlags unzulässig und strafbar. Das gilt insbesondere für Vervielfältigungen, Übersetzungen, Mikroverfilmungen und die Einspeicherung und Verarbeitung in elektronischen Systemen.

Design: Barbara Meyer, D-90542 Eckental
Satz: **efms,** D-96052 Bamberg
Druck und Einband: Rosch-Buch, Scheßlitz
Printed in Germany

ISBN 3-8282-0156-3
ISSN 0949-1960

Vorwort

Die europäische Integration ist ein Prozess, der noch lange nicht abgeschlossen ist. Zu Beginn des neuen Jahrtausends stehen die Reform des Entscheidungsprozesses, die Herausbildung einer gemeinsamen Außen- und Verteidigungspolitik und eine gemeinsame Asyl- und Einwanderungspolitik im Mittelpunkt des weiteren Integrationsbemühens. Die vorliegende Arbeit widmet sich dem Europäisierungsprozess im Bereich der Migrationspolitik. Sie verfährt – dem Thema angemessen – nach einer interdisziplinären Arbeitsweise und demonstriert hohe politikwissenschaftliche, juristische und sozialwissenschaftliche Kompetenz.

Die Arbeit kann zeigen, dass Europäisierung im Bereich der Migrationspolitik nicht (nur) ein „idealistisches" politisches Ziel ist, sondern aus der Einsicht erwächst, dass die autonome Gestaltungsmacht des bisherigen Nationalstaats aufgrund des transnationalen Charakters des Wanderungsphänomens beschränkt ist. Europäisierung der Migrationspolitik bedeutet somit einerseits eine Begrenzung von Rechten des Nationalstaats, andererseits eine Erweiterung seiner Handlungsmöglichkeiten, so widersprüchlich das klingen mag. Das impliziert auch „eine Veränderung des Regierens in Europa", wie der Untertitel sagt. Die vorliegende Studie ist damit auch eine Fallstudie über Europäisierung der Politik von allgemeinem, über den Bereich der Migrationspolitik hinausgehendem Interesse.

Das europäische forum für migrationsstudien an der Universität Bamberg, in dessen Arbeitszusammenhang die Untersuchung entstanden ist und an dem sie durchgeführt wurde, hat den Europäisierungsprozess von Anfang an zu einem seiner zentralen Interessenpunkte gemacht. Frau Tomei hat diesen Forschungsschwerpunkt mit großem Engagement und hervorragender Kompetenz bearbeitet und mit der vorliegenden Untersuchung ihre Arbeit in diesem Forschungsbereich am efms erfolgreich abgeschlossen. Dafür möchte ich Ihr herzlich danken.

Bamberg, im Dezember 2000

Prof. Dr. Friedrich Heckmann

Danksagung

Die vorliegende Studie zur Veränderung von Regieren in Europa ist im Wintersemester 1999/2000 der Philosophischen Fakultät der Rheinischen Friedrich-Wilhelms-Universität Bonn als Dissertation vorgelegt worden. Doktoranden müssen häufig Einzelkämpfer sein, aber dennoch ist jeder für das Gelingen seiner Arbeit auf die Mitwirkung einer Vielzahl von Menschen angewiesen, denen an dieser Stelle gedankt sein soll.

Prof. Dr. Karl Kaiser, Universität Bonn (emeritiert), möchte ich recht herzlich dafür danken, daß er sich zur Betreuung dieser Arbeit bereit erklärt hat. Prof. Dr. Gerd Langguth hat dankenswerterweise die Zweitkorrektur übernommen.

Diese Arbeit ist am europäischen forum für migrationsstudien, Institut an der Universität Bamberg, entstanden, dessem Leiter, Prof. Dr. Friedrich Heckmann, ich für seine zahlreichen Kommentare und Anregungen zu Dank verpflichtet bin.

Einen besonders herzlichen Dank schulde ich Matthias Gehrke, Dr. Steffen Angenendt und Harald Lederer, mit denen ich in zahlreichen Gesprächen Analysen und Argumentationslinien der Arbeit durchsprechen durfte und damit so manches Mal den verlorengegangenen roten Faden wiederfinden konnte. Jeder, der sich einmal auf das Unternehmen Dissertation eingelassen hat, wird nachempfinden können, wie unschätzbar wertvoll eine solche Hilfestellung ist.

Die Arbeit hatte zum Ziel, die Europäisierung nationaler Migrationspolitik nachzuzeichnen; dafür waren Gespräche mit Akteuren und eigene Eindrücke unerläßlich. Ich bin daher den Verantwortlichen im Bundesministerium des Innern, und da insbesondere dem Leiter der Projektgruppe Europäische Harmonisierung, Dr. Friedrich Löper, außerordentlich dankbar, daß sie eine zweimonatige Hospitanz ermöglichten, mich nach Brüssel mitgenommen haben und jahrelang für zahlreiche Fragen zur Verfügung standen. Auch Dr. Otto Harnier vom Ratssekretariat der Europäischen Union hat dazu einen wesentlichen Beitrag geleistet.

Danken möchte ich ebenfalls Viktor Foerster und Walter Weber für ihr Engagement für die Gründung und den Weiterbestand des europäischen forums für migrationsstudien, in dessen Rahmen die Arbeit entstanden ist. Ein herzliches Dankeschön geht auch an meine Kollegen vom efms, die mich in der einen oder anderen Weise bei der Erarbeitung der Dissertation unterstützt haben. Und schließlich sei jenen guten Freunden gedankt, deren Verständnis und Aufmunterung mir dabei geholfen haben, diese Arbeit überhaupt zu Ende zu führen.

Brüssel, im September 2000   Verónica Tomei

Inhaltsverzeichnis

Vorwort 5
Danksagung 6

I. Einleitung 11
   1. Thema und Zielsetzung der Arbeit 11
   2. Einordnung der Fragestellung in den Forschungsstand ... 11
   3. Fragestellungen und theoretische Annahmen 14
   4. Räumliche u. zeitliche Begrenzung der Arbeit, Methodik, Begriffsklärung 16
   5. Aufbau der Arbeit 17

II. Ausgangslage: Motive und Bedingungen der Kooperation im Politikfeld Migration 19
   1. Problemdruck für die EU-Staaten im Politikfeld Migration zu Beginn der neunziger Jahre 19
      1.1 Die migrationspolitische Situation Anfang der neunziger Jahre ist in einzelnen EU-Staaten von dem Gefühl der Krise geprägt 20
      1.2 Die Wanderungskontrolle gehört zu den vitalen Interessen des Nationalstaates 24
      1.3 Migrationspolitische Steuerungsproblematik: Die transnationalen Dimensionen 28
      1.4 Migrationspolitische Steuerungsproblematik: Der europäische Integrationsprozeß 33
      1.5 Fazit: Die migrationspolitische Gestaltungsmacht der EU-Staaten Anfang der neunziger Jahre ist beschränkt 36
   2. Migrationspolitische Kooperation der EU-Staaten zur Erweiterung der Handlungsmöglichkeiten: Interessen und Schwierigkeiten 37
      2.1 Ansätze zur migrationspolitischen Kooperation zwischen EU-Staaten 37
      2.2 Die Souveränitätsrelevanz migrationspolitischer Kooperationsbereiche 40
      2.3 Kooperationstheoretische Ausgangsüberlegungen 42
      2.4 Migrationspolitische Kooperationsinteressen der EU-Staaten 44
      2.5 Fazit: Spannungsverhältnis zwischen migrationspolitischen Kooperationsinteressen und Bewahrung nationalstaatlicher Handlungsautonomie 48
   3. Erstes Zwischenergebnis: Migrationspolitische Kooperation der EU-Staaten ist nötig und unter bestimmten Bedingungen möglich 49

III. Europäisierung des Politikfeldes Migration 51

1. Institutionalisierung der Migrationspolitik auf der europäischen Ebene: Die Entwicklung der vertraglichen Grundlagen in den neunziger Jahren . 52

   1.1 Berücksichtigung nationaler Interessen: Kooperationsform 52

      1.1.1 Schengen 52

      1.1.2 Maastricht 54

      1.1.3 Amsterdam 57

      1.1.4 Fazit 59

   1.2 Berücksichtigung nationaler Interessen: Besondere Länderpositionen . 60

      1.2.1 Vergemeinschaftung migrationspolitischer Bereiche 60

      1.2.2 Integration des Schengener Acquis 62

      1.2.3 Fazit 63

   1.3 Europäisierungstrend: Die Rolle der Gemeinschaftsinstitutionen . 64

   1.4 Fazit: Europäisierung des Politikfeldes Migration durch die vertragliche Institutionalisierung auf der europäischen Ebene 67

2. Politikfeld Migration und der europäische Integrationsprozeß 68

   2.1 Integrationspolitische Entwicklungen bewirken einen Funktionswandel der migrationspolitischen Kooperation 69

   2.2 Europapolitische und migrationspolitische Interessen 73

   2.3 Migrationspolitik und die Außenbeziehungen der EU 76

   2.4 Fazit: Europäisierung des Politikfeldes Migration durch Einbindung in den europäischen Integrationsprozeß 80

3. Drei Fallbeispiele zur migrationspolitischen Kooperation der EU–Staaten 81

   3.1 Kriegs– und Bürgerkriegsflüchtlinge aus dem ehemaligen Jugoslawien: Ein Fall für die migrationspolitische Kooperation der EU–Staaten? 81

   3.2 Migrationspolitische Kooperation im Test: Die kurdische Flüchtlingskrise 1997/1998 88

   3.3 Verfeinerung des europäischen Asylzuständigkeitssystems: Das Eurodac–Übereinkommen 94

   3.4 Fazit: Europäisierung durch Nutzung der europäischen Ebene 98

4. Die transnationale Verwaltungskooperation 99
   4.1 Transnationale Arbeitsstrukturen im Bereich Migrationspolitik . 100
      4.1.1 Hierarchische Struktur und Arbeitsbedingungen 100
      4.1.2 Ausdifferenzierung und Spezialisierung 103
   4.2 Informationsaustausch und praktische transnationale Verwaltungskooperation als Motor der Zusammenarbeit der EU–Staaten im Bereich Migrationspolitik 106
   4.3 Elemente einer Institutionalisierung der migrationspolitischen Kooperation 113
      4.3.1 Herausbildung einer migrationspolitischen Bürokratie europäischen Zuschnitts 113
      4.3.2 Programmatische Kontinuität der migrationspolitischen Maßnahmen 116
      4.3.3 Verrechtlichung der Zusammenarbeit 118
   4.4 Fazit: Europäisierung durch transnationale Verwaltungskooperation 119
5. Auswirkungen der migrationspolitischen Kooperation auf die nationale Ebene 121
   5.1 Institutionelle Anpassungen auf (sub)nationaler Ebene 121
   5.2 Nationale Migrationspolitik im europäischen Kontext 127
   5.3 Die europäische Ebene wird zum Bezugsrahmen nationaler Akteure 131
   5.4 Fazit: Europäisierung durch Einbindung des nationalen Asyl– und Migrationssystems in das europ. Mehrebenensystem 133
6. Zweites Zwischenergebnis: Veränderung von Regieren in Europa am Beispiel Migrationspolitik 134

IV. Europäisierung nationaler Migrationspolitik zwischen Demokratieerfordernissen und migrationspolitischen Herausforderungen . 141
   1. Europäisierung der Migrationspolitik und Demokratie 141
      1.1 Demokratierelevante Problematik der Neukonstruktion des politischen Raumes im Politikfeld Migration 142
         1.1.1 Europäische Inklusions– und Exklusionsprinzipien? 143
         1.1.2 Rechtsstaatliche Problematik der Europäisierung nationaler Migrationspolitik 144
         1.1.3 Migrationspolitikspezifische Legitimationslücken 146

1.2 Legitimation durch Beteiligung des Europäischen Parlaments ... 148
   1.2.1 Beteiligung des Europäischen Parlaments an der Europäisierung nationaler Migrationspolitik 148
   1.2.2 Legitimationskraft des Europäischen Parlaments im Politikfeld Migration 150
1.3 Indirekte Legitimation durch Beteiligung der nationalen Ebene . 152
1.4 Legitimation durch gesteigerte Problemlösungskompetenz? 158
1.5 Fazit: Notwendigkeit der begleitenden parlamentarischen Kontrolle im Europäisierungsprozeß nationaler Migrationspolitik 160
2. Europäisierung nationaler Migrationspolitik und die Migrationskrise .. 162
   2.1 Krise des gegenwärtigen Asyl- und Migrationssystems 162
   2.2 Migrationspolitische Kooperation außerhalb des EU-Rahmens .. 166
   2.3 Migrationspolitische Lösungsansätze der EU-Staaten 170
   2.4 Fazit: Migrationspolitische Lösungsansätze im Vergleich 172
3. Drittes Zwischenergebnis: Demokratische und migrationspolitische Vorteile der Europäisierung nationaler Migrationspolitik 174

V. Zusammenfassung und Schluß 177
   1. Zusammenfassung der Ergebnisse 177
   2. Einordnung der Ergebnisse in die integrationstheoretische Literatur 182
   3. Schlußbetrachtungen 185

VI. Anhang 187

VII. Abkürzungsverzeichnis 192

VIII. Literaturverzeichnis 194
   1. Primärliteratur 194
      1.1 Verträge, Verordnungen und Beschlüsse des Rates der Europäischen Union 194
      1.2 Presseerklärungen, Drucksachen, Stellungnahmen, Tätigkeitsberichte, Selbstdarstellungen, Programme und Organigramme .. 197
   2. Sekundärliteratur 201
   3. Periodika 224

I. Einleitung

1. Thema und Zielsetzung der Arbeit

Wenn am Ende des zwanzigsten Jahrhunderts über die Bedingungen nationaler Politik nachgedacht wird, bildet die Frage, wie der Nationalstaat mit den Herausforderungen umgeht, die sich aus der Zunahme transnationaler wirtschaftlicher, politischer, sozialer und kultureller Interdependenzbeziehungen ergeben, eines der Leitthemen *(Kaiser/Maull 1995; Kaiser 1995; Beck 1995).* Zu diesen Herausforderungen gehören auch die internationalen Wanderungsbewegungen. Die Staaten der Europäischen Union[1] sind in den vergangenen beiden Jahrzehnten zu einer der größten Einwanderungsregionen der Welt geworden, wobei hier insbesondere die Bundesrepublik Deutschland als das bedeutendste Aufnahmeland hervorsticht.

Die vorliegende Arbeit untersucht die Strategien, die diese Staaten im Umgang mit internationalen Wanderungsbewegungen entwickeln. Es wird der Frage nachgegangen, wie sich die Bedingungen nationaler Politik durch eine multilaterale Kooperation im Politikfeld Migration verändern. Zielsetzung der Arbeit ist dabei, einen Beitrag zur Erforschung der Veränderung von Regieren in Europa zu leisten *(Jachtenfuchs/Kohler-Koch 1996).*

Die These der Arbeit ist folgende: Transnationale soziale Prozesse wie Wanderungsbewegungen stellen die untereinander eng verflochtenen EU-Staaten vor Herausforderungen an ihre Problemlösungsfähigkeit, deren Bewältigung zur Veränderung von Regieren selbst in Kernbereichen nationalstaatlicher Souveränität führt.

2. Einordnung der Fragestellung in den Forschungsstand

Die vorliegende Arbeit verfolgt mit der empirischen Untersuchung migrationspolitischer Kooperation der EU-Staaten in den neunziger Jahren das Ziel, die Eigendynamik des Europäisierungsprozesses nationaler Politik herauszuarbeiten, die bereits vor einer rechtlichen Vergemeinschaftung des entsprechenden Politikbereichs wirkt. Dabei knüpft sie unter anderem an die Erkennt-

---

[1] Zur Vereinfachung wird in der vorliegenden Arbeit bei den Mitgliedstaaten der heutigen Europäischen Union einheitlich von den EU-Staaten gesprochen, obwohl es sich dabei bis zum Inkrafttreten des Maastricht-Vertrags am 1. November 1993, der die Europäische Union begründet hat, um die EG-Staaten handelte.

nisse von *Kohler–Koch* und *Edler* aus deren Analyse der Veränderung des politischen Bezugsraums im Bereich der Forschungs- und Technologiepolitik an *(Kohler–Koch/Edler 1998)*.

Die bisherige integrationspolitische Forschung zur Veränderung von Regieren in Europa beschäftigt sich vorwiegend mit Politikbereichen, in denen bereits eine Gemeinschaftskompetenz und supranationale Entscheidungsmechanismen bestehen *(Andersen/Eliassen 1993; Jachtenfuchs/Kohler–Koch 1996; Kohler–Koch 1998)*. Dabei stehen in empirischen Analysen insbesondere die Veränderungen des Regierens, die durch die Beteiligung gesellschaftlicher Interessenvertretungen und der Kommission verursacht werden, im Vordergrund (zum Beispiel im Rahmen der Netzwerkanalyse, *Héritier et al. 1994)*. Auch die Veränderungen in den Strukturen des Regierens als Folge institutioneller Anpassungsleistungen des nationalen politischen Systems werden zunehmend untersucht *(Mény/Muller/Quermonne 1996; Wessels/Rometsch 1996a)*. Eine weitere Frage zur Veränderung von Regieren in Europa betrifft allgemein die demokratischen Grundbedingungen von Regieren „jenseits des Staates" *(hierzu Andersen/Eliassen 1996; Kielmansegg 1996)*.

Folgende Punkte unterscheiden die vorliegende Arbeit von den genannten Forschungsarbeiten: Sie bezieht sich auf einen Politikbereich, der erst seit verhältnismäßig kurzer Zeit auf der europäischen Ebene behandelt wird und für den erst mit dem am 1. Mai 1999 in Kraft getretenen Amsterdamer Vertrag eine Gemeinschaftskompetenz vorgesehen ist. Das Politikfeld Migration ist ein stark hierarchisch geprägtes Politikfeld, eine kooperative Einbindung nicht-staatlicher Akteure in den Entscheidungs- und Implementationsprozeß findet nicht statt. Schließlich handelt es sich um einen Politikbereich, der zum Kernbereich nationalstaatlicher Souveränität gehört; seine gesellschaftliche und grundrechtliche Relevanz ist sehr stark ausgeprägt.

Die europäische Zusammenarbeit in der Migrationspolitik rückt seit Anfang der neunziger Jahre zunehmend in das wissenschaftliche Forschungsinteresse. Bedingt durch die jahrelange Diskussion um eine Gemeinschaftskompetenz hat anfänglich die rechtswissenschaftliche Literatur zu der Thematik überwogen. Dabei lag der Schwerpunkt entsprechend der politischen Entwicklung im Bereich der Asylpolitik.[2] Die Analyse des Schengener Prozesses wird bislang ebenfalls von den Rechtswissenschaften dominiert *(Pauly 1993; Taschner 1997)*. Zentrale Fragestellung hierbei ist das Verhältnis zwischen Schengen-Vertrag und Gemeinschaftsrecht.

Je weiter die Zusammenarbeit voranschreitet, um so stärker rückt neben den erwähnten normativen Fragen auch das integrationspolitische Interesse in den

---

[2] vgl. u.a. *Hailbronner 1989; Menke 1993*; siehe für die jüngste rechtswissenschaftliche Forschung, die die Entwicklungen der vergangenen Jahre aufgreift, auch: *Klos 1998; Schieffer 1998*.

Einleitung

Vordergrund. Das Forschungsinteresse richtet sich hier auf Motive und Ergebnisse migrationspolitischer Kooperation sowie auf Fragen der institutionellen Einordnung der Dritten Säule der Europäischen Union *(Korella/Twomey 1993; Monar/Morgan 1994; Bieber/Monar 1995; Papademetriou 1996; Tomei 1997).*

Die EU-Zusammenarbeit im Migrationsbereich spielt entsprechend ihrer gestiegenen Bedeutung darüber hinaus auch eine zunehmend stärkere Rolle in der migrationspolitischen Forschung. Diese ist in Europa vergleichsweise jüngeren Datums. Sie hat vor allem zugenommen, seitdem in den achtziger Jahren Migration zu einem gesellschaftspolitisch brisanten Thema wurde. Während davor das Migrationsphänomen und soziale Folgen des Migrationsprozesses die dominanten Untersuchungsobjekte waren, richtet sich das wissenschaftliche Interesse seit Mitte der achtziger Jahre auf staatliche Steuerungsversuche in diesem Bereich *(Hammar 1985; Angenendt 1992).* Dies gilt insbesondere, seitdem seit Anfang der neunziger Jahre Migrationspolitik in Europa vermehrt unter sicherheitspolitischen Vorzeichen gesehen wird, und die Suche nach geeigneten staatlichen Steuerungsmaßnahmen den Blick über nationale Grenzen hinweg öffnet. Dabei enthalten Sammelbände, in denen nationale Migrationspolitiken verglichen werden, zunehmend auch einen Beitrag zu den Entwicklungen auf europäischer Ebene *(Heinelt 1994; Heckmann/Bosswick 1995; Thränhardt 1996).* Studien, die sich mit dem Phänomen internationaler Migration in Europa beschäftigen, beziehen in neuerer Zeit die EU als Akteur ein *(Collinson 1993; Collinson 1994; Santel 1995; vgl. auch den Sammelband Angenendt 1997b).*

Diesen Arbeiten gemeinsam ist jedoch die relativ unverbundene Darstellung von nationaler und europäischer Ebene. Weniger Beachtung findet das sich entwickelnde Gesamtsystem Europäische Migrationspolitik, in dem nationale und europäische Entscheidungsprozesse und -strukturen zunehmend miteinander verflochten werden. Erst in jüngster Zeit beziehen neuere Länderstudien die europäische Perspektive mit ein, dies allerdings mehr in inhaltlicher Richtung, weniger im Hinblick auf die Frage nach den sich entwickelnden institutionellen Veränderungen *(Angenendt 1997a; Rey 1997).*[3]

In der vorliegenden Arbeit wird die migrationspolitische Kooperation der EU-Staaten als Fallbeispiel dafür gesehen, wie Nationalstaaten auf die Herausforderungen durch transnationale Prozesse reagieren[4] und wie sich dadurch selbst in Kernbereichen nationalstaatlicher Souveränität die Bedingungen nationalstaatlichen Regierens entscheidend verändern.

---

[3] Rey fragt in ihrer Studie der französischen Einwanderungspolitik nach den Handlungsmöglichkeiten im Hinblick auf eine europäische Harmonisierung. Die Beiträge in folgendem Sammelband und die diese zusammenfassende Analyse verfolgen diese Zielsetzung erstmals für die Gesamtheit der EU-Staaten: *Angenendt (1999).*

[4] Grundlegend zur Kooperationsneigung interdependenter Nationalstaaten *Kaiser (1969).*

3. Fragestellungen und theoretische Annahmen

Die vorliegende Arbeit fragt nach den Motiven, Formen und Auswirkungen migrationspolitischer Kooperation der EU–Staaten. Das Interesse an dieser Fragestellung liegt in der gesellschaftlichen Bedeutung und der Souveränitätsrelevanz des Politikfeldes Migration begründet. Die gesellschaftliche Relevanz dieses Politikfeldes bedingt zum einen den innenpolitischen Handlungsdruck, der die nationalen Regierungen zum Aufbau transnationaler Steuerungskompetenz zwingt. Zum anderen stellt sich aber auch wegen der gesellschaftlichen Relevanz dieses Politikfeldes die Frage nach der demokratischen Legitimation transnationalen Regierens auf besonders drängende Weise. Die Souveränitätsrelevanz des Politikfeldes Migration läßt diesen Bereich grundsätzlich als einen der Kooperation äußerst schwer zugänglichen Politikbereich erscheinen. Daher liegt ein besonderes Interesse in der Frage, wie unter diesen Bedingungen Kooperation gestaltet wird. Zum zweiten interessiert die Frage, ob diese Kooperation sich entwickelt und wenn ja, welche Dynamisierungsfaktoren zu identifizieren sind. Zusätzlich zu der allgemeinen politischen Bedeutung des Migrationsthemas im Europa der neunziger Jahre erscheint es schließlich von besonderem Interesse zu untersuchen, wie sich traditionell nach innen ausgerichtete institutionelle Strukturen des Nationalstaates an die Herausforderungen zunehmender Interdependenz anpassen.

Folgende Fragen sollen die Untersuchung der Europäisierung nationaler Migrationspolitik strukturieren: Es wird zunächst nach den Motiven gefragt, die zur zwischenstaatlichen Vereinbarung, in migrationsrelevanten Fragen zu kooperieren, führten. Dann wird die Kooperation im Zeitverlauf betrachtet. Welche Form der Zusammenarbeit ist vereinbart worden und wie hat sich diese im Laufe der Zeit verändert? Welche Dynamisierungsfaktoren lassen sich identifizieren? Welche Auswirkungen inhaltlicher und institutioneller Art sind auf nationaler Ebene zu beobachten? Im Anschluß daran stellt sich die Frage nach der Vereinbarkeit transnationaler Problembewältigung mit demokratischen Erfordernissen. Stellt sich die Europäische Union als die geeignete migrationspolitische Handlungsebene dar?

Folgende Arbeitshypothesen werden angenommen:

Migrationspolitik ist ein stark souveränitätsrelevantes Politikfeld, indem es zur (zögerlichen) Kooperation kommt, weil innenpolitischer Problemdruck in Folge transnationaler Prozesse nicht autonom gelöst werden kann und dadurch auch destabilisierende Effekte auf internationaler Ebene befürchtet werden.

Die einmal begonnene Zusammenarbeit entwickelt eine Eigendynamik, weil institutionelle und inhaltliche Anpassungsleistungen auf nationaler Ebene stattfinden und sich die Erwartungen der beteiligten Akteure zur europäischen Ebene hinwenden.

Im Vergleich erscheint die Europäische Union als der migrationspolitische Kooperationszusammenhang, in dem der Aufbau transnationaler Steuerungskompetenz migrationspolitischen und demokratischen Erfordernissen am ehesten gerecht werden kann.

Die Arbeit verknüpft mehrere integrationstheoretische Ansätze. Sie mißt nationalen Interessen insbesondere zur Erklärung von Kooperationsanfängen eine große Bedeutung bei. Dabei erscheinen Ansätze, die innenpolitische Faktoren zur Bestimmung nationaler Kooperationsinteressen hinzuziehen *(Bulmer 1983; Putnam 1988; Moravcsik/Nicolaïdis 1999)*, gerade in Anbetracht der gesellschaftlichen Relevanz des Politikfeldes Migration von besonderem Erklärungswert. Zur Erklärung der Dynamik des Integrationsprozesses wird der Blick auf den Alltag der Kooperation gewählt, in der Annahme, daß ständige Kommunikationsprozesse konsensfördernd sind und zur Neuformulierung von nationalen Interessen unter den Bedingungen bereits fortgeschrittener Interdependenz beitragen.[5] In Anlehnung an den Europäisierungsansatz von Andersen und Eliassen gilt daher das Interesse der vorliegenden Arbeit der Herausbildung des migrationsspezifischen Gesamtsystems ineineinander verflochtener nationaler und europäischer Strukturen.[6]

---

[5] siehe hierzu die neofunktionalistischen, transaktionsanalytischen und regimetherotischen Ansätze von Haas, Deutsch, Keohane. *Vgl. hierzu Keohane 1982; Cram 1997; Sandholtz/Stone Sweet 1998.*

[6] *Andersen/Eliassen (1993).* Siehe hier auch insbesondere den Beitrag von Soysal, der die hier vorliegende Arbeit stark beeinflußt hat: *Soysal (1993).* Siehe auch das Plädoyer von *Ebbinghaus (1996),* mithilfe der Mehrebenenanalyse die Dynamik des Integrationsprozesses einzufangen.

4. Räumliche und zeitliche Begrenzung der Arbeit, Methodik, Begriffsklärung

Die Untersuchung bezieht sich vornehmlich auf den Zeitraum zwischen Unterzeichnung der Schengener und Dubliner Übereinkommen im Juni 1990 und dem Inkrafttreten des Amsterdamer Vertrags am 1. Mai 1999, wobei aber insbesondere zur Erklärung der Kooperation auch auf die zweite Hälfte der achtziger Jahre eingegangen wird. Die Perspektive ist vornehmlich eine deutsche, europäische Vergleiche werden, soweit möglich, eingebunden.

Die wichtigste Arbeitsmethode bestand in der Auswertung von Primärliteratur (Verträge, Pressemitteilungen des Rates der Europäischen Union, Arbeitsprogramme, Ratsbeschlüsse und Empfehlungen, Tätigkeitsberichte, Organigramme). Als besonders ergiebig haben sich dabei die Presseerklärungen des Rates (Innen und Justiz) erwiesen. Ergänzend hierzu hat die Verfasserin Erkenntnisse aus der teilnehmenden Beobachtung im Rahmen eines Forschungsaufenthalts beim zuständigen Referat des Bundesministeriums des Innern und aus zahlreichen Experteninterviews mit beteiligten deutschen Akteuren gewonnen.[7] Die Forschungsbedingungen haben sich im Laufe des Arbeitsprozesses durch die Transparenzpolitik der Europäischen Union entscheidend verbessert. So sind viele der erwähnten Quellen mittlerweile über das Internet abrufbar.

Unter Europäisierung wird in Übereinstimmung mit der Literatur der Prozeß verstanden, durch den sich der Bezugs- und Handlungsrahmen der beteiligten Akteure vom rein nationalen Rahmen löst *(Kohler-Koch/Edler 1998: S. 171)*. Unter Migrationspolitik wird hier allgemein die Regelung des Zugangs und Aufenthalts von Nicht-Staatsangehörigen, in der Regel Nicht-EU-Bürgern (sogenannten Drittausländern), verstanden.[8]

---

[7] Im Rahmen des Forschungsaufenthalts beim damaligen Referat A 6 Europäische Harmonisierung des Bundesministeriums des Innern im Herbst 1996 hatte die Verfasserin Gelegenheit, an Interressortbesprechungen zur Abstimmung der deutschen Position, sowie an EU- und Schengen-Arbeitssitzungen teilzunehmen. Die Verfasserin hat zwischen 1995 und 1999 zahlreiche und mehrmalige Interviews mit Beamten des Bundesministeriums des Innern, des Bundesministeriums der Justiz, des Auswärtigen Amtes, der ständigen Vertretung der Bundesrepublik Deutschland bei der Europäischen Union, der Vertretungen des Freistaates Bayern und des Landes Nordrhein-Westfalen bei der Europäischen Union, des Generalsekretariats des Rates und des Bundesamtes für die Anerkennung ausländischer Flüchtlinge geführt.

[8] Migrationspolitik wird daher in einem Sinne verstanden, der auch die Asyl- und Flüchtlingspolitik mit umfaßt. Die Begriffe Wanderungsbewegungen und Migration werden synonym verwandt.

5. Aufbau der Arbeit

Die vorliegende Arbeit fragt in einem ersten Teil nach den Kooperationsmotiven und -bedingungen im Politikfeld Migration. Dafür wird zunächst die Ausgangslage für migrationspolitische Kooperation Ende der achtziger und Anfang der neunziger Jahre dargestellt. Als erstes erfolgt hierbei eine Analyse der migrationspolitischen Situation in Deutschland und anderen EU-Staaten. Als zweites werden dann die grundsätzlichen Charakteristika des Politikfeldes Migration herausgearbeitet. Daraufhin werden Schwierigkeiten und Interessen der migrationspolitischen Kooperation identifiziert. Die diesen Teil abschließenden Überlegungen zu Kooperationsmotiven und -bedingungen sollen die empirische Analyse des Europäisierungsprozesses im zweiten Teil anleiten.

Der zweite Teil ist der Untersuchung des migrationspolitischen Kooperationsverlaufs, seiner Dynamik und seinen Auswirkungen für die Bedingungen nationaler Politik im Politikfeld Migration gewidmet. Hierbei werden zunächst die vertraglichen Grundlagen der migrationspolitischen Zusammenarbeit der EU-Staaten vergleichend analysiert. Dies erfolgt im Hinblick auf die Fragestellung, wie in den einzelnen Verträgen jeweils das Interesse an einer Erweiterung nationalstaatlicher Handlungsmöglichkeiten mit dem Interesse an möglichst weit verbleibender Handlungsautonomie in Einklang gebracht worden ist. Im Anschluß daran wird gefragt, inwieweit der europäische Integrationsprozeß der neunziger Jahre migrationspolitische und integrationspolitische Interessen miteinander verknüpft hat. Daraufhin wird anhand dreier Fallbeispiele der Frage nachgegangen, ob sich in den neunziger Jahren eine zunehmende Nutzung der europäischen Ebene zur migrationspolitischen Problembewältigung erkennen läßt. Dabei wird insbesondere die Identifizierung möglicher Einflußfaktoren von Interesse sein. Aufbauend auf diese Fallbeispiele erfolgt die Untersuchung der Praxis der transnationalen Verwaltungskooperation, mit Blick auf die Frage nach möglichen Dynamisierungsfaktoren. Abschließend werden institutionelle und inhaltliche Veränderungen, die sich auf nationaler Ebene feststellen lassen, untersucht. In einem zusammenfassenden Abschnitt werden die Ergebnisse der empirischen Studie im Hinblick auf die Veränderung von Regieren im Politikfeld Migration analysiert. Dafür werden einerseits die Erkenntnisse zum Verhältnis zwischen nationalstaatlicher Handlungsautonomie und Einbindung in die europäische Handlungsebene dargelegt und andererseits wird der Frage nach den Europäisierungsfaktoren nachgegangen.

In einem dritten Teil widmet sich die vorliegende Arbeit der Frage, ob die transnationale Kooperation im Rahmen der Europäische Union als geeignete Handlungsebene zur bestmöglichen Bewältigung migrationspolitischer Herausforderungen bei gleichzeitiger Berücksichtigung demokratischer Erfordernisse erscheint. Zur Beantwortung dieser Frage werden zunächst die demokratietheoretischen Probleme, die in der wissenschaftlichen Diskussion zur Veränderung von Regieren in Europa aufgeworfen werden, für das hier untersuchte Politikfeld konkretisiert. Daraufhin werden vor dem Hintergrund der Krise des internationalen Asylregimes die Lösungsansätze von anderen migrationsbezogenen Kooperationsgremien in Europa mit jenen verglichen, die in der EU-Kooperation erarbeitet werden. Abschließend werden beide unter dem Gesichtspunkt der demokratischen und migrationspolitischen Anforderungen verglichen.

In einem abschließenden Teil werden die Ergebnisse dieser Arbeit zusammenfassend dargestellt und in den integrationstheoretischen Zusammenhang eingeordnet.

II. Ausgangslage: Motive und Bedingungen der Kooperation im Politikfeld Migration

Im ersten Analyseschritt dieser Arbeit wird das Politikfeld Migration mit dem Ziel der Erklärung von transnationaler Kooperation in diesem Bereich untersucht.

Diese Erklärung ist auf den Moment der Kooperationsanfänge in der zweiten Hälfte der achtziger Jahre und den Anfang der neunziger Jahre konzentriert. Im vorliegenden Teil steht also die Analyse der Kooperationssituation zu einem spezifischen Zeitpunkt im Vordergrund. Im Anschluß daran wird der Kooperationsprozeß im zeitlichen Verlauf analysiert.

Erkenntnisleitende Frage im vorliegenden Teil ist demnach die nach den Möglichkeiten von Kooperation in Abhängigkeit von der Interessen- und Problemstruktur des Politikfeldes Migration. Die Untersuchung richtet sich dabei zunächst auf die Charakteristika, die das Politikfeld Migration Anfang der neunziger Jahre in den Staaten der Europäischen Union kennzeichnen (1). Darauf aufbauend werden ausgehend von kooperationstheoretischen Überlegungen Kooperationsmotive und -bedingungen identifiziert (2).

1. Problemdruck für die EU-Staaten im Politikfeld Migration zu Beginn der neunziger Jahre

Das folgende Kapitel soll die Charakteristika des Politikfeldes Migration für die Staaten der Europäischen Union herausarbeiten. Zunächst geht es dabei um die Darstellung der Migrationssituation Anfang der neunziger Jahre. Fokussiert ist die Darstellung auf die deutsche Situation im europäischen Vergleich (1.1). Daraufhin wird der Frage nach der grundsätzlichen Bedeutung von Migrationskontrolle für den Nationalstaat nachgegangen (1.2). Im Anschluß daran werden die Schwierigkeiten des Nationalstaates identifiziert, sein Interesse an Migrationskontrolle durchzusetzen (1.3). Schließlich wird auf die besonderen Bedingungen eingegangen, die sich für die migrationspolitischen Steuerungsfähigkeiten der EU-Staaten aufgrund ihrer Mitgliedschaft zur Europäischen Union ergeben (1.4).

1.1 Die migrationspolitische Situation Anfang der neunziger Jahre ist in einzelnen EU-Staaten von dem Gefühl der Krise geprägt

Die Wanderungsgeschichte West-Europas in den viereinhalb Jahrzehnten zwischen Ende des Zweiten Weltkrieges und Ende des Kalten Krieges wurde von der Ansiedlung von Vertriebenen in der unmittelbaren Nachkriegszeit, der Anwerbung von Gastarbeitnehmern, der Zuwanderung aus ehemaligen Kolonien, der Familienzusammenführung und der Aufnahme von Asylbewerbern bestimmt.[9] Diese unterschiedlichen Wanderungsformen spiegeln sich einerseits in der Herkunft der ansässigen Ausländer wieder, andererseits auch in den Ausländerbestandszahlen der einzelnen EU-Staaten.

Von den ca. 17,5 Millionen Ausländern, die sich gegenwärtig in den EU-Staaten aufhalten, sind ein Drittel EU-Bürger, die nicht im Staat ihrer eigenen Staatsangehörigkeit leben, ein weiteres Drittel stammt aus der Türkei und dem ehemaligen Jugoslawien, knapp 20% stammen aus Afrika, und ungefähr 10% aus Asien *(Council of Europe 1997: S. 8.* Die Zahlen beziehen sich auf 1995). Die EU-Staaten mit dem höchsten Drittausländeranteil sind Deutschland, Frankreich, Belgien, Niederlande, Österreich und Schweden. Deutlich mehr als die Hälfte der Drittausländer, die ihren ständigen Wohnsitz in der EU haben, befinden sich in Deutschland und Frankreich *(Lederer 1997: S. 36ff.).*[10]

Deutschland gehört in Europa zu den Staaten, die in der Zeit des wirtschaftlichen Aufschwungs nach dem Zweiten Weltkrieg besonders intensiv Anwerbepolitik betrieben haben. Mit zahlreichen südlichen und südosteuropäischen Staaten wurden Anwerbeabkommen geschlossen, aufgrund derer die Zuwanderung ausländischer Arbeitskräfte in den sechziger Jahren stetig anstieg. Als im Herbst 1973 im Zusammenhang mit der Ölkrise der Anwerbestop verhängt wurde, befanden sich über 2,5 Millionen ausländische Arbeitskräfte in

---

[9] vgl. zum historischen Überblick über die Wanderungsbewegungen in und nach Europa: *Fassmann/Münz 1996.*

[10] Notwendig erscheint an dieser Stelle der Hinweis, daß die statistische Größe Ausländerbestandszahl kein völlig adäquates Bild der Migrationssituation in einem Land wiedergeben kann. Aus den Ausländerstatistiken verschwinden beispielsweise die Migranten, die sich haben einbürgern lassen. Ein Blick auf die Einbürgerungszahlen verschiedener EU-Staaten zeigt, daß hier ganz erhebliche Unterschiede bestehen. Während beispielsweise Schweden in den Jahren von 1986 bis 1994 knapp 600 von 1000 Ausländern eingebürgert hat, die im Jahr 1985 ansässig waren, beläuft sich die Vergleichszahl für die Bundesrepublik Deutschland auf 50. Gleichzeitig gehen allerdings in Deutschland die 3,7 Millionen (Spät-)Aussiedler, die zwischen 1950 und 1996 in die Bundesrepublik einreisten und per Definition deutsche Staatsbürger sind, nicht in die Ausländerstatistik ein. *Lederer (1997: S. 81 und S: 235).* Vgl. auch seine methodenkritischen Hinweise generell zur internationalen Vergleichbarkeit von migrationsrelevanten Statistiken (S. 198).

Deutschland, die ausländische Wohnbevölkerung war auf vier Millionen angestiegen *(Santel 1995: S. 56f.).*

In ihrem ersten Jahresbericht zur Lage der Ausländer in der Bundesrepublik Deutschland betonte 1993 die damalige Ausländerbeauftragte Schmalz-Jacobsen:

> *"Mit dem Tag, als der erste Anwerbevertrag zwischen der Republik Italien und der damals noch jungen Bundesrepublik Deutschland unterzeichnet wurde, beginnt die neuere Geschichte unseres Landes als ‚Einwanderungsland'. Das mag so nie beabsichtigt und noch weniger so geplant gewesen sein, Tatsache ist es dennoch. Die anfängliche Annahme, die Gastarbeiter würden nach einer gewissen Zeit und nach getaner Arbeit wieder in ihre Heimat zurückkehren, erwies sich für beide Seiten – und aus den unterschiedlichsten Gründen – rasch als Illusion."* Beauftragte der Bundesregierung für die Belange der Ausländer *(1994: S. 11).*

Mit dieser Klarstellung stand die Ausländerbeauftragte der Bundesregierung allerdings im Widerspruch zur offiziellen Stellungnahme der damaligen Bundesregierung, die bis 1998 die Ende 1981 beschlossene Position „Es besteht Einigkeit, daß die Bundesrepublik Deutschland kein Einwanderungsland ist und auch nicht werden soll" wiederholt hat *(vgl. z.B. Bundesministerium des Innern 1998a: S. 10).* Während die Darlegung der Ausländerbeauftragten sich auf die Realität von gegenwärtig über 7,3 Millionen Ausländern bezieht, von denen jeder fünfte in Deutschland geboren wurde, ein Drittel seit zwanzig Jahren und länger in Deutschland lebt, und die Hälfte mehr als zehn Jahre,[11] stellt die Aussage der Bundesregierung die Position klar, „daß Deutschland keine aktive Politik der Aufnahme von Ausländern mit dem Ziel ihrer dauerhaften Niederlassung betreibt".[12]

Dieser Widerspruch zwischen Migrationssituation und offizieller Politik wurde Ende der achtziger, Anfang der neunziger Jahre besonders offensichtlich: Die Zuzugszahlen verdoppelten sich allein in den Jahren von 1987 (knapp 600 000) bis 1990 und erreichten 1992 einen Höchststand von knapp 1,5 Millionen

---

[11] Daten entnommen aus: Beauftragte der Bundesregierung für Ausländerfragen 1999: Daten und Fakten zur Ausländersituation. Siehe hier (S. 10) auch den Hinweis darauf, daß die durchschnittliche Aufenthaltsdauer durch die naturgemäß niedrigen Aufenthaltszeiten von Migrantenkindern und die starke Zuwanderung in den neunziger Jahren gesenkt wird.

[12] Zitat entnommen aus: Bundesregierung 1996: Antwort der Bundesregierung auf die Große Anfrage der Abgeordneten Çem Özdemir, Kerstin Müller (Köln), Volker Beck (Köln), weiterer Abgeordneter und der Fraktion Bündnis 90/Die Grünen – Drucksache 13/2990, S. 2.

(Lederer 1997: S. 181).[13] Auch in anderen westlichen Industriestaaten wurde Anfang der neunziger Jahre die Lücke zwischen Politikzielen und sozialem Geschehen im Migrationsbereich immer größer *(Cornelius/Martin/Hollifield 1994: S. 3).* So verzeichnete die Mehrzahl der EU-Staaten in den Jahren von 1985 bis 1992 steigende Nettomigrationsraten.[14] Auch die traditionellen Auswanderungsländer des Südens wurden zu Einwanderungsländern *(King/Fielding/Black 1997).* Hier ragt vor allem Italien hervor, das Anfang der neunziger Jahre aufgrund seiner geographischen Nähe zu den Krisenregionen auf dem Balkan in den Mittelpunkt des europäischen Migrationsgeschehens rückte. Auch Griechenland liegt an einem der Hauptkreuzungspunkte für die nach dem Zusammenbruch des Ostblocks einsetzende Ost-West-Wanderung. Zudem befindet sich Griechenland nicht nur in direkter Nähe der Balkankrisenregion, sondern ist aufgrund seiner Geschichte und der transnational verschränkten Minderheitengruppen unmittelbar in die Konflikte involviert *(Petrinioti 1994: S. 299).*

Die massive Zuwanderung in die Länder der Europäischen Union fand in einer Zeit des gesellschaftlichen und politischen Umbruchs statt. Die Arbeitslosenzahlen waren hoch, der europäische Integrationsprozeß wurde zunehmend als Bedrohung der nationalen Identität perzipiert und der Zusammenbruch des kommunistischen Herrschaftssystems im Osten Europas weckte Ängste vor Instabilität und vor allem vor weiterer massiver Zuwanderung.[15] In der Bevölkerung wurde die Lücke zwischen dem öffentlich erklärten Ziel der Zuwanderungsbegrenzung und der zunehmend auch sichtbaren Zuwanderung bewußt und führte zum Vertrauensverlust in die Handlungsfähigkeit des Staates in diesem Bereich *(Collinson 1993: S. 3f.).*

In nur drei Jahren stieg der Anteil derjenigen in der Bevölkerung, die der Meinung waren, es gäbe zu viele Ausländer in ihrem Land, in den EU-Ländern von einem Drittel auf die Hälfte an. Ebenso erhöhte sich der Anteil derjenigen, die für eine strikte Zuwanderungsbegrenzung eintraten.[16] In Deutschland gehörte das Thema Asyl in der zweiten Hälfte der achtziger Jahre zu den wichtigsten innenpolitischen Themen. Trotz hoher Arbeitslosenquoten wurde die

---

[13] Hier finden sich auch detailliertere Daten zum Ausländerzuzug und vor allem zum Wanderungssaldo. Für die reale Migrationssituation in der Langzeitwirkung entscheidender sind die Daten zum Wanderungssaldo, aber erstens sind sie bei über 0,5 Mio. pro Jahr immer noch sehr hoch und zweitens wurde die politische Debatte in diesen Jahren vornehmlich von den reinen Zuzugszahlen bestimmt.

[14] *Lederer (1997)*: Tab. 2.1.7. Die Nettomigrationsrate ist der Wanderungssaldo – Zuwanderung minus Abwanderung – pro 1000 Einwohner.

[15] Wie Callovi erinnert, kursierten Gerüchte von über 20 Millionen Personen, die in Osteuropa praktisch auf gepackten Koffern sitzen würden, siehe *Callovi (1998: S. 188).*

[16] Eurobarometer-Daten von 1988 und 1991, entnommen aus: *Betz (1993: S. 198).*

Ausgangslage, Motive und Bedingungen

hohe Zahl der Asylbewerber von Ende 1991 bis Anfang 1993 in Umfragen als wichtigstes innenpolitisches Problem bezeichnet und in einigen Landtagswahlkämpfen instrumentalisiert.[17] Rechtsextreme Parteien feierten mit simplifizierenden xenophoben Slogans nicht nur in Deutschland, sondern auch in einigen anderen EU-Staaten Wahlerfolge, die den Vertrauensverlust der Bevölkerung in die migrationspolitische Kompetenz der etablierten Parteien dokumentierten.[18] Besonders besorgniserregend in Deutschland war die Welle der fremdenfeindlichen Gewalttaten, deren Zahl von knapp 2 500 im Jahr 1991 auf über 6000 in den darauffolgenden beiden Jahren hochschnellte *(Beauftragte der Bundesregierung für Ausländerfragen 1998: S. 16)*.

Die etablierten Parteien gerieten durch die Wahlerfolge der rechtsextremen Parteien unter Handlungsdruck *(Heisler/Layton-Henry 1993: S. 165)*. In Frankreich wurde das Thema Einwanderung seit den ersten Wahlerfolgen des **Front National** Mitte der achtziger Jahre zum „ideologischen Schlachtfeld der parteipolitischen Auseinandersetzung **par excellence**" *(Rey 1997: S. 170)*. In Deutschland konzentrierte sich die migrationspolitische Diskussion in der zweiten Hälfte der achtziger und Anfang der neunziger Jahre auf den Asylbereich. Die Zahl der Asylsuchenden stieg von rund 55 000 im Jahr 1985 auf den bislang einmaligen Höchststand von 438 000 im Jahr 1992 an.[19] Diese hohen Zahlen, die Teil des oben angesprochenen drastischen Anstiegs der Zuwanderungszahlen in relativ kurzer Zeit waren, führten – zusammen mit den angesprochenen Erfolgen rechtsextremer Parteien bei Landtagswahlen und der Zunahme fremdenfeindlicher Gewalttaten – nach jahrelangem Parteienstreit schließlich zum sogenannten Asylkompromiß von Dezember 1992.[20]

Der Versuch der damals im Bundestag vertretenen Parteien, mit dem Asylkompromiß migrationspolitische Gestaltungsmacht zurückzugewinnen, stellt in Europa keinen Einzelfall dar. Mitte der achtziger Jahre hatte eine vergleichende Studie zur Migrationspolitik einiger europäischer Aufnahmestaaten noch zu dem Ergebnis geführt, daß die Migrationspolitiken Frankreichs, Deutschlands, Schwedens, der Schweiz und der Niederlande eine **non-policy** seien und auf Gestaltung verzichten würden. Einzig dem Vereinigten Königreich wurde in dieser Studie attestiert, eine zielgerichtete restriktive Politik

---

[17] vgl. hierzu ausführlicher: *Staas (1994: S. 115ff)*.

[18] So z.B. die Fortschrittspartei in Dänemark, der Front National in Frankreich, in Belgien der Vlaams Blok und der Front National, in Italien die Lega Nord, in Schweden die Neue Demokratische Partei, in Österreich die FPÖ und in Deutschland die Republikaner und die DVU. *Betz (1993: S. 201ff.)*.

[19] *Lederer (1997)*: vgl. insbesondere auch die methodenkritischen Hinweise zur Problematik der Mehrfachanträge S. 270.

[20] vgl. ausführlich zum Asylkompromiß und seiner Analyse *Angenendt 1997: S. 105ff*.

zu formulieren *(Hammar 1985: S. 277f.)*. Dagegen läßt sich seit Anfang der neunziger Jahre für fast alle EU-Staaten eine Phase der intensiven Suche nach einer Neukonzeption der Migrationspolitik feststellen.[21]

Für die migrationspolitische Situation der EU-Staaten Anfang der neunziger Jahre allerdings ist an dieser Stelle ein Gefühl der Krise festzuhalten sowie eine in der Bevölkerung verbreitete Auffassung, staatliche Wanderungskontrolle habe versagt *(Meissner et al. 1994: S. 68)*. Bevor dieses Versagen näher erläutert wird, ist auf die grundsätzliche Bedeutung der Wanderungskontrolle für den Nationalstaat einzugehen.

1.2 Die Wanderungskontrolle gehört zu den vitalen Interessen des Nationalstaates

Im Gegensatz zu anderen transnationalen Prozessen, wie z.B. internationaler Waren- oder Kapitalverkehr, besteht das Wesen der internationalen Migration darin, daß nicht Objekte transnational verschoben werden, sondern selbst handelnde Subjekte Staatsgrenzen überschreiten. Dieser transnationale Prozeß berührt daher nicht nur die territoriale Dimension des modernen Nationalstaats, sondern auch seine personale Dimension. Dieser Unterschied ist konstitutiv für die Sensitivität des Politikfeldes Migration. Denn die Grundspannung im Bereich der Migrationspolitik liegt darin begründet, daß internationale Migration quer zur geltenden Ordnung der Welt in territorial und personal voneinander abgegrenzte Staaten liegt. Der amerikanische Politologe *Zolberg* spricht hier vom "deviant character of international migration" *(Zolberg 1981: S. 7)*.

Es ist unstrittig, daß Nationalstaaten das souveräne Recht haben, über den Zugang zum Staatsgebiet und zum Staatsvolk zu bestimmen. Dieses Privileg des Staates rührt von der Territorialisierung der staatlichen Herrschaft, die jeden – damit auch Nicht-Bürger – der sich auf dem Territorium befindet, umfaßt. Insofern besteht ein vitales Interesse des Staates daran zu entscheiden, wer sich auf seinem Territorium befindet.[22] Der Staat übt jedoch nicht nur Gebietshoheit aus, sondern auch Personalhoheit über die zu seinem Staat gehörenden Personen. Das Recht, diese Zugehörigkeit zu definieren, ist unmittelbarer Ausfluß der

---

[21] Die Mehrzahl der heute geltenden gesetzlichen Zugangsregelungen der EU-Staaten datiert nach 1990. Einen weiteren Beleg für diese Aussage stellt die Vielzahl der in den Staaten der Europäischen Union eingesetzten Expertenkommissionen und der vorliegenden Strategiepapiere und Berichte dar.

[22] Völkerrechtlich hat dieses Interesse seinen Niederschlag darin gefunden, daß es zum Menschenrecht auf Ausreise kein korrespondierendes Einreiserecht gibt, ebenso wie Asylgewährung ein prinzipiell souveränes Recht des Staates ist.

Personalhoheit *(Ipsen 1990: S. 298)*. Migrationspolitik, die die Regelung vom Zugang Fremder zum Staatsgebiet und den Aufenthalt von diesen auf dem Territorium regelt, ist damit Kernbereich staatlicher Hoheitsrechte.

Anknüpfungspunkt für die Unterscheidung zwischen Fremden und Nicht-Fremden ist im modernen Nationalstaat die Staatsangehörigkeit. Sie ist unter anderem entstanden im Zusammenhang mit der Schaffung von staatlichen Fürsorgepflichten, die eine zwischenstaatliche Festlegung klarer Zugehörigkeitsregeln erforderte, da ein Staat andernfalls durch willkürliche Ausweisungen seine sozialen Kosten externalisieren konnte. Bestimmendes Prinzip war die Verantwortung des Staates für seine Bürger. Ausgewiesen werden konnte nur, wer nicht „dazugehörte". Staatsangehörigkeitsregeln waren also im Anfang auch ein Ausfluß von zwischenstaatlichen Ausweisungsverträgen *(Brubaker 1994: S. 52)*.[23] Die politische Seite der Staatsangehörigkeit betrifft politische Bürgerrechte und -pflichten.[24] Die Staatsangehörigkeit eröffnet als "Mitgliedschaftsrecht den Zugang zu einer Vielzahl von Rechtspositionen (...), die nicht universal jedem Menschen, sondern nur den Angehörigen des eigenen Staates eingeräumt sind (...)" *(Preuß 1993: S. 23)*.[25] Hintergrund für diese als legitim empfundene Diskriminierung ist die Vorstellung einer Solidargemeinschaft.

Die angesprochene Solidargemeinschaft ist im Kontext des modernen Nationalstaates die Nation.[26] Da Migrationspolitik bestimmt, nach welchen Regeln sich diese Solidargemeinschaft letztlich erweitert, ist sie der Ausdruck von deren Inklusions- und Exklusionsregeln. Inklusionsregeln operationalisieren das jeweilige nationale Selbstbild und tragen zu seiner weiteren Festigung bei *(Bauböck 1996: S. 330ff.)*. Damit gehört Migrationspolitik zum Kernbereich nationaler Selbstbestimmung.

---

[23] Die engen Zusammenhänge zwischen Staatsangehörigkeit und wohlfahrtsstaatlichen Leistungen haben nichts von ihrer Aktualität verloren, wenn man sich das zunehmend dichter werdende Netz an bilateralen Rückübernahmeabkommen ansieht. Ihnen gemeinsam ist das Grundprinzip, wonach die Staaten verpflichtet sind, eigene Staatsangehörige, die in den jeweils anderen Staat illegal eingereist sind, zurückzunehmen. Vgl. zum Überblick über die von der Bundesrepublik Deutschland abgeschlossenen Rückführungsabkommen: *Lehnguth/Maaßen/Schieffer (1998)*.

[24] vgl. allgemein zur Entwicklung des deutschen Ausländer- und Staatsangehörigkeitsrechts: *Heintzen (1997)*.

[25] In den U.S.A. hat die Kürzung von Sozialleistungen für legale Zuwanderer einen Einbürgerungsboom ausgelöst und damit die Bedeutung der Staatsangehörigkeit als Schlüssel zu sozialen Leistungen wieder hervorgehoben. *Vgl. Fix (1997)*.

[26] "Eine Nation ist also eine große Solidargemeinschaft, getragen von dem Gefühl der Opfer, die man gebracht hat, und der Opfer, die man noch zu bringen gewillt ist. Sie setzt eine Vergangenheit voraus, aber trotzdem faßt sie sich in der Gegenwart in einem greifbaren Faktum zusammen: der Übereinkunft, dem deutlich ausgesprochenen Wunsch, das gemeinsame Leben fortzusetzen." So Renan in seinem oft zitierten Vortrag "Qu'est-ce qu'une nation?" 1882 in der Pariser Sorbonne, entnommen aus *Schulze (1994: S. 110)*.

Idealtypisch werden ein politisches und ein ethnisches Nationskonzept unterschieden. Das erstere, das auf dem Willen zum Zusammenleben in einer politischen Gemeinschaft aufbaut und traditionell Frankreich zugeschrieben wird, wird dabei als offener gegenüber Fremden angesehen als das zweite, das traditionell Deutschland zugeschrieben wird, und das auf kulturelle und ethnische Gemeinschaft aufbaut und damit eine stärkere Betonung der zeitlichen Komponente beinhaltet. Beide Konzepte teilen allerdings die Bedeutung gemeinsamer Werte. Der Nationalstaat strebt in seinem Innern eine möglichst weitgehende Homogenität an, nicht einen zufälligen Zusammenschluß *(Brubaker 1989: S. 3)*. Dies bedarf gewisser tradierter nationaler Mythen und gemeinsamer Wertvorstellungen. Bei Massenzuwanderung oder großer kultureller Distanz der Zuwandernden schwinden die Möglichkeiten der Akkulturation, also der Gemeinsamkeit von Werten zwischen Eingesessenen und Zuwanderern *(Yinger 1994: S. 38ff.)*.

Der enge Zusammenhang zwischen Migrationspolitik und Nationskonzept begründet die gesellschaftliche Relevanz dieses Politikfeldes. Nationale Identität ist eine der sozialen Identitäten des Individuums, insofern ist jeder einzelne Bürger eines Staates zumindest potentiell von migrationspolitischen Entscheidungen individuell betroffen. Dies vermag die starke Politisierung und Emotionalisierung der Migrationspolitik zu erklären.[27]

Werden Zuwanderungsregeln, die auch Ausdruck der Integrationsbereitschaft einer Gesellschaft sind, umgangen, oder stimmen Zuwanderungsregeln und gesellschaftliche Integrationsbereitschaft nicht (mehr) überein, so wird Migration als Gefährdung des gemeinsamen Wertekonsenses gesehen *(Weiner 1993: S. 14)*.[28]

Sicherheitspolitisch relevant werden Migrationsbewegungen zum einen dadurch, daß Ausmaß und Art die gesellschaftliche und infrastrukturelle

---

[27] Im italienischen Parlament führte die Debatte über eine Verschärfung des Ausweisungsrechts Ende 1997 gar zu Handgreiflichkeiten (vgl. Focus vom 24.11.1997). In Frankreich warf der RPR-Fraktionsvorsitzende Debré der Regierung vor, die Staatsangehörigkeit zu „verschleudern". Die Möglichkeit eines Referendums zu der Frage wurde in Betracht gezogen. Le Chevalier von der rechtsextremen Front National bezichtigte die Regierung gar der Illoyalität gegenüber dem eigenen Volk. „Wir werden sehen, wer im Namen der Franzosen und wer im Namen der Ausländer spricht". Vgl. F.A.Z. vom 27.11.1997.

[28] Die zunehmende Ablehnung von Asylbewerbern in den traditionellen Asylaufnahmeländern Europas in den neunziger Jahren könnte somit nicht nur mit den extrem gestiegenen Zahlen zusammenhängen, sondern ist möglicherweise auch Ausdruck eines schwindenden Wertekonsenses bezüglich ihrer Aufnahme. In einer nach dem Wegfall der bipolaren Weltordnung zunehmend komplexeren Welt erscheint die Einteilung in „gute" und „schlechte" Flüchtlinge immer schwieriger und moralische Urteile fallen schwer. Daß in eindeutigen Notfällen Hilfs- und Aufnahmebereitschaft der Bevölkerung vorhanden sind, läßt sich in den neunziger Jahren an der vielfach spontanen Aufnahme von Flüchtlingen aus dem Balkan in Deutschland, Österreich und Italien beobachten.

Integrationskapazität unter Druck setzen. Daraus entsteht eine gewisse Erpreßbarkeit gegenüber anderen Staaten, die Auswanderungsbewegungen in bestimmte Staaten als politisches Druckmittel einsetzen. Migrationsbewegungen werden aufgrund ihres transnationalen Charakters sicherheitspolitisch auch deswegen relevant, weil sie quasi ein Transmissionsriemen zur Verknüpfung verschiedener Nationalgesellschaften darstellen. Transnationale Migrationen machen Staaten damit durchlässig für Einflüsse von außen, von denen sie sicherlich auch profitieren, die sie aber schwer kontrollieren können. Gefährdungen bestehen im Import fremder Konflikte,[29] in einer möglichen Verwicklung in fremde Konflikte (für Beispiele siehe: *Zimmermann 1995*), in der Einmischung fremder Regierungen in die nationale Innenpolitik.[30] Insgesamt trägt Migration zur Internationalisierung der Beziehungen zwischen dem Staat und seiner Bevölkerung bei und steigert insofern seine Verwundbarkeit.

Zusammenfassend läßt sich aus den vorherigen Ausführungen folgendes festhalten: Nationale Migrationspolitik ist ein nationales Hoheitsrecht und ein Grundelement nationaler Selbstbestimmung. Sie regelt das Zusammenleben im Innern des Staates und das Verhältnis nach außen und betrifft somit zwei der grundlegenden Staatsaufgaben *(Mayntz 1985: S. 44)*. Die Wanderungskontrolle liegt im vitalen Interesse des Nationalstaates, ein Versagen hierin stellt ein Sicherheitsproblem dar. Damit gehört Migrationspolitik zum Kernbereich nationaler Souveränität. Es handelt sich hier um einen Bereich, in dem der nationale Souveränitätsanspruch besonders vehement verteidigt wird gegen seine zunehmende Aushöhlung durch transnationale Prozesse.

> *"In this context it is worth noting that, at a time when states' sovereignty is being eroded by a wide range of transnational economic and political forces, governments are likely to be on the defensive against any development which appears further to undermine their countries' sovereignty. They can be expected to be particularly sensitive about 'unwanted' immigration, not only because it challenges one of the fundamental hallmarks of state sovereignty (control of state borders and the movement of aliens across those borders), but also because it may be seen to challenge the basis of 'national' social and political cohesion upon which the integrity of the nation–state ostensibly depends." (Collinson 1993: S. 14)*

---

[29] Als Beispiel hierzu s. die Austragung des kurdisch–türkischen Konflikts auf deutschem Boden. Daß dies kein reines deutsches innenpolitisches Problem ist, hat eindrucksvoll die europaweite Welle von Ausschreitungen anläßlich der Verhaftung des ehemaligen PKK–Führers Öçalan im Februar 1999 gezeigt. F.A.Z. vom 17.2.1999; F.A.Z. vom 18.2.1999; F.A.Z. vom 19.2.1999.

[30] Siehe hier die Versuche der türkischen Regierung, bei der deutschen Bundestagswahl vom September 1998 die Deutschen türkischer Herkunft in ihrer Wahlentscheidung zu beeinflussen (F.A.Z. v. 21.8.1998). Vgl. allgemein hierzu auch *Weiner (1995: S. 131ff.), Angenendt (1997: S. 81ff.)*.

Somit stellt im Migrationsbereich die Wanderungskontrolle ein vitales Interesse des Nationalstaates dar. Jedoch lassen die Zusammenschau der politischen Willensbekundungen und die tatsächlichen Wanderungszahlen den Eindruck entstehen, daß die Fähigkeit des Nationalstaates zur Wanderungskontrolle begrenzt ist. Woran das liegt, soll im folgenden Abschnitt untersucht werden.

1.3 Migrationspolitische Steuerungsproblematik: Die transnationalen Dimensionen

Wie dargestellt wurde, gehört Wanderungskontrolle zu den souveränen Rechten des Staates. Grundsätzlich gibt es zum menschenrechtlich garantierten Recht der Ausreisefreiheit kein korrespondierendes Einreiserecht. Die Staaten verfügen dabei über verschiedene Möglichkeiten der Migrationskontrolle. Zum einen können sie externe Migrationsbarrieren aufstellen, indem externe Kontrollen an den Grenzen oder in den Botschaften (Visa) durchgeführt werden. Zum anderen bestehen zahlreiche Möglichkeiten, interne Migrationsbarrieren aufzustellen: Kontrolle bei Ausstellung, Verweigerung, Verlängerung von Arbeits- und Aufenthaltserlaubnissen; Kontrolle beim vorübergehenden zum dauerhaften Aufenthaltsrecht und schließlich Kontrollen im Einbürgerungsverfahren *(vgl. hierzu Hammar 1992: S. 252f.)*.[31]

Allerdings wird die Fähigkeit des Nationalstaates zur Wanderungskontrolle durch folgende Faktoren beeinflußt: Die Ursachen von Migration, die räumlichen und normativen Handlungsbeschränkungen, denen der Nationalstaat unterliegt, die Komplexität nationaler Interessen, von denen die Migrationskontrolle nur eines unter vielen darstellt.

Gängige Migrationstheorien beruhen auf einem **push/pull**-Modell, wonach nachteilige ökonomische, politische und ökologische Faktoren in den Herkunftsgebieten Migranten quasi „hinausdrängen" würden, wohingegen bessere Lebensbedingungen oder gar aktive Anreize in den Zielstaaten eine Sogwirkung entfalten würden *(vgl. Überblick bei Waldrauch 1995: S. 27ff.)*. Die in den vergangenen beiden Jahrzehnten zunehmende Tendenz internationaler Flucht- und Wanderungsbewegungen wird darauf zurückgeführt, daß sich das bestehende ökonomische und politische Entwicklungsgefälle zwischen Zen-

---

[31] Bis Anfang der neunziger Jahre ließ sich verallgemeinernd sagen, daß traditionelle Einwanderungsländer hauptsächlich externe Migrationsbarrieren aufstellten, während die ehemaligen Anwerbestaaten auf interne Kontrollen setzten. Seit dem Wegfall des Eisernen Vorhangs und dem EU-Binnenmarktprojekt hat aber auch in den Staaten der Europäischen Union die externe Kontrolle deutlich an Bedeutung gewonnen.

trumsgebieten und Peripherie immer mehr vergrößert. Die zunehmende Erosion traditioneller Lebensstile und eine globale Verbreitung „westlicher" Kultur- und Lebensmuster fördern die psychologische Wanderungsbereitschaft. Der Zusammenbruch des kommunistischen Herrschaftssystems in der ehemaligen Sowjetunion hat nicht nur die lange eingeforderte Ausreisefreiheit ermöglicht, sondern auch politische und ökonomische Transformationsprozesse angestoßen und verstärkt, die destabilisierend wirken. Weltweit hat der Wegfall des Ost-West-Konflikts vorher „eingefrorene" Konflikte freigesetzt und zu vermehrter Destabilisierung beigetragen. Darüber hinaus haben sich die Möglichkeiten, mit deren Hilfe immer mehr Menschen aus immer entlegeneren Gebieten Informationen über die Wachstumsregionen der Welt erhalten und dorthin wandern können, revolutionär verbessert *(Hoffmann-Nowotny 1993; Nuscheler 1995; Opitz 1997; UNHCR 1997; Opitz 1988 ; Rheims 1998).*

Letzteres weist darauf hin, daß Migrationsbewegungen Teil des Globalisierungsprozesses sind, in dem wirtschaftliche, politische, kulturelle und soziale Interaktionsprozesse über Nationalgrenzen hinweg zunehmen. Migrationsbewegungen sind Folge, aber auch Auslöser transnationaler Prozesse.

Ein Blick auf die anhand der Statistiken feststellbaren Hauptherkunftsgebiete der Zuwanderer in den EU-Ländern zeigt die strukturierende Wirkung solcher Prozesse. Über die Jahre hinweg lassen sich bestimmte Wanderungsmuster nachzeichnen. Aufgrund von Anwerbeverträgen, Kolonialbeziehungen, sonstigen historischen Banden, oder aufgrund geographischer Nähe sind spezifische Migrationssysteme zwischen den einzelnen EU-Staaten und jeweils bestimmten Herkunftsländern und -regionen entstanden.[32] Dies gilt beispielsweise für die Verbindungen zwischen Spanien und Lateinamerika und Nordafrika, zwischen dem Vereinigten Königreich und den ehemaligen Kolonien in Afrika und Asien, zwischen Finnland und der ehemaligen Sowjetunion oder auch zwischen Deutschland und der Türkei, Ex-Jugoslawien oder auch den Staaten der GUS *(Council of Europe 1997: Tab. 5).* Innerhalb dieser Migrationssysteme spielen die sich herausbildenden transnationalen sozialen Netzwerke eine entscheidende Rolle.[33] Sie liefern Informationen, Zugangsmöglichkeiten,

---

[32] Die Existenz solcher Migrationssysteme ist auch die Begründung dafür, daß einzelne EU-Staaten ein besonderes nationales Interesse an der wirtschaftlichen und politischen Entwicklung in jeweils bestimmten Herkunftsgebieten haben.

[33] Der Soziologe Pries hat für lang etablierte Migrationsmuster zwischen Mexiko und den Vereinigten Staaten, in denen der Wanderungsprozeß kein einmaliger und unidirektionaler Vorgang ist, sondern sich der Typus eines mehrmals hin- und hermigrierenden Transmigranten herausbildet, das Entstehen von sogenannten transnationalen sozialen Räumen diagnostiziert. Diese sind dadurch gekennzeichnet, daß die sie strukturierenden transnationalen sozialen Netzwerke ein eigenes Bezugssystem entstehen lassen, das von territorialen Grenzen losgelöst ist. *Pries (1996: 456–472).*

Unterstützungsdienste im Aufnahmeland und wirken damit migrationsfördernd. Über einfache **push/pull**-Modelle hinaus ist daher der Komplexität des Migrationsphänomens durch den Hinweis auf die Bedeutung sozialer Netzwerke Rechnung zu tragen.[34]

Solche Netzwerke können familiäre Bande[35] sein, Dorfgemeinschaften, Geschäftsbeziehungen, Vereine und andere soziale Verbindungen, die sich mit Hilfe moderner Kommunikations- und Transportmittel über weite Entfernungen hinweg aufrechterhalten lassen. Eine Form des sozialen Netzwerkes sind auch die international operierenden kriminellen Schleuserbanden, die Zuwanderer gegen hohe Geldsummen teilweise aus den entlegensten Teilen der Welt über weite Strecken hinweg illegal in die EU-Länder bringen. Es ist anzunehmen, daß das Schleuserphänomen traditionelle Wanderungskarten neu zeichnet, da lokale Verwurzelung und Kenntnis über länderspezifische Kontrollschwächen die Entscheidung der Schleuser für bestimmte Wanderungswege beeinflussen *(Council of Europe 1997: S. 29)*.

Wanderungsbewegungen stehen somit im engen Zusammenhang mit der zunehmenden Bedeutung transnationaler Prozesse und sind selbst als ein solcher zu bezeichnen. Ein wesentliches Grundmerkmal transnationale sozialer Prozesse besteht darin, daß sie definitionsgemäß über die territorial begrenzte Handlungsreichweite einzelner Nationalstaaten hinausgehen. Damit sind die Möglichkeiten des Nationalstaates, z.B. vor Ort auf Migrationsursachen einzuwirken, von der Kooperationsbereitschaft des Herkunftsstaates abhängig.[36] Für eine vorverlagerte Grenzkontrolle etwa in den Transitstaaten oder auch in den Herkunftsstaaten gilt dies entsprechend.

Wenn weiter oben darauf hingewiesen wurde, daß transnationale Migration die Beziehungen eines Staates zu seiner Wohnbevölkerung internationalisiert, so gilt dies nicht nur in bezug auf die Heimatstaaten der Migranten, sondern auch im Hinblick auf Normen. Ein weiterer Unterschied zwischen transnationaler Migration und anderen transnationalen Austauschprozessen wie Kapital- oder Güterverkehr besteht nämlich darin, daß es sich bei den Migranten um

---

[34] Nach dem Systemansatz definieren ökonomische und politische Strukturen und Beziehungen ein Migrationssystem und Netzwerke erklären, warum wer wandert. *Vgl. Kritz / Zlotnik (1992); Castles/Miller (1993).*

[35] Für die Länder der OECD-Region stellt Familienzusammenführung insgesamt den vorrangigen Wanderungstypus dar. *Vgl. OECD (1998: S. 18, Tab. 1.2).*

[36] In bezug auf Menschenrechtsverletzungen als Fluchtursache ist hier allerdings eine Einschränkung angebracht: In den neunziger Jahren läßt sich ein Trend beobachten, Menschenrechtsverletzungen eines Staates gegenüber seinen eigenen Staatsangehörigen, die fluchtverursachend wirken, zum Anknüpfungspunkt für sogenannte „humanitäre Interventionen" zu nutzen. Vgl. zur völkerrechtlichen Diskussion hierzu: *Murswiek (1996).*

Individuen handelt, die international verbriefte Rechte „im Gepäck" haben *(Hollifield 1992; Tomei 1996: S. 435f.)*. Durch Entwicklungen im Bereich der Menschenrechte und des Flüchtlingsschutzes werden der autonomen Gestaltungsmacht des Nationalstaates Grenzen gesetzt. Dies trifft für die europäischen Staaten beispielsweise auf dem Gebiet der Familienzusammenführung und der Ausweisung durch die Rechtsprechung des Europäischen Gerichtshofes für Menschenrechte in Straßburg zu. Dieser hat in einigen Grundsatzentscheidungen, in denen sich das souveräne Recht des Staates auf Kontrolle der Einreise, des Aufenthaltes und der Ausweisung von Ausländern und das individuelle Recht auf Achtung des Familienlebens nach Art. 8 Abs. 2 EMRK gegenüberstanden, zugunsten des betroffenen Ausländers entschieden. Im Urteil zum Fall **Moustaquim**, eines in Belgien seit seinem zweiten Lebensjahr lebenden marokkanischen Staatsangehörigen, der als Jugendlicher mehrfach (147 Anklagen) straffällig geworden war und eine Ausreiseaufforderung erhalten hatte, führte das Gericht aus:

„Wenn der betroffene Ausländer in sehr jungem Alter in das fremde Land gekommen ist, seine ganze Familie dort lebt, er keinerlei Beziehungen zu seinem Ursprungsland hat, die meisten Geschwister die Staatsangehörigkeit ihres Wohnortes erworben haben und er die ihm zum Vorwurf gemachten Delikte alle in seiner Jugendzeit begangen hat, dann überwiegt das Interesse des Betroffenen an der Aufrechterhaltung seines Familienlebens gegenüber dem öffentlichen Interesse an der Verteidigung der öffentlichen Ordnung. Die Ausweisung stellt dann eine im Hinblick auf das verfolgte Ziel unverhältnismäßige Maßnahme und damit eine Verletzung von Art. 8 dar." Urteil vom 18.2.1991, Fall Moustaquim gegen Belgien, zitiert nach Europäische Grundrechte Zeitschrift, Jg. 20 (1993), S. 552. [37]

Auch allgemeine gesellschaftliche Entwicklungen finden ihren Niederschlag in der Migrationspolitik und können damit den Steuerungsinteressen des Staates entgegenlaufen. Beispielsweise führt die zunehmende rechtliche Gleichstellung nicht-ehelicher mit ehelichen Lebensgemeinschaften sowie die stärkere Anerkennung auch gleichgeschlechtlicher Partnerschaften in einigen westlichen Industriestaaten zur Erweiterung des Kreises der Anspruchsberech-

---

[37] In Deutschland hat Ende 1998, Anfang 1999 der Fall des mehrfach straffällig gewordenen „Mehmet", in Deutschland geborenes Kind türkischer Eltern, der zusammen mit seinen Eltern abgeschoben wurde, großes Aufsehen erregt (SZ vom 21.10.1998; F.A.Z. vom 14.11.1998). Eine Besprechung der Rechtsprechung im Schnittpunkt zwischen nationalem Ausländerrecht und Konventionsrechten findet sich bei: *Breitenmoser (1993)*.

tigten im Bereich der Familienzusammenführung, obwohl eigentlich eine restriktivere Familienzusammenführungspolitik das Ziel ist.[38]

Die Komplexität des Politikbereiches Migration, die sich in den Migrationsursachen und der rechtlichen und territorialen Beschränkungen der nationalstaatlichen Handlungsautonomie äußert, setzt sich in bezug auf den Einsatz migrationspolitischer Steuerungsinstrumente fort.

Wie bereits festgestellt wurde, entstehen Migrationsbeziehungen nicht zufällig, sondern sind komplementäre Teile anderer zwischenstaatlicher und zwischengesellschaftlicher Austauschbeziehungen *(Kritz/Zlotnik 1992)*. Eine migrationspolitische Steuerung greift demnach immer in ein komplexes Beziehungsgeflecht ein und kann nicht isoliert für den Migrationsbereich betrachtet werden, sondern muß vielfältige und vielschichtige Interessenabwägungen vornehmen. Hier kann es angesichts der Vielzahl betroffener Akteure und Politikbereiche leicht zu konfligierenden Interessen kommen, die eine migrationspolitische Steuerung blockieren. Beispielsweise können im Bereich der Visapolitik migrationspolitische und außenhandels- oder auch sicherheitspolitische Interessen im Widerstreit miteinander liegen.[39] Der Grundkonflikt zwischen einerseits Öffnung und Teilnahme an verschiedenen Aspekten der zunehmenden Globalisierung und andererseits nationaler Schließung kristallisiert sich u.a. auch besonders in der Frage der Zulassung ausländischer Studenten, Gastwissenschaftler und Künstler.[40] Schließlich ist auch die Bewertung der jeweiligen Migrationssituation und somit auch die sich anschließende migrationspolitische Zielformulierung abhängig von widerstreitenden innenpolitischen Interessen.[41] Kurz, Migrationspolitik

---

[38] Vgl. z.B. das dänische Ausländergesetz, die seit Oktober 1997 in Großbritannien erweiterte Zugangsmöglichkeit für unverheiratete, auch homosexuelle Partner, oder für Deutschland das Urteil des Oberverwaltungsgerichts Münster, das in seinem Urteil vom 7. September 1996 dem homosexuellen Partner eines Deutschen ein Aufenthaltsrecht zugesteht (Az. 17 A 1093/95).

[39] In den U.S.A. stößt die Visapflicht für koreanische Staatsbürger zunehmend auf Kritik von Handels- und Tourismusverbänden, die die Diskriminierung der 11. Wirtschaftsmacht der Welt gegenüber vielen europäischen Staaten als handelspolitisches Hindernis bezeichnen (Vgl. San José Mercury News, 12.1.1997). Auch in Deutschland mehren sich die Berichte von Fällen, in denen restriktive Visabestimmungen für deutsche Firmen äußerst lukrative Geschäfte verhindert haben.

[40] Vgl. hierzu die Äußerungen Kinkels, der sich im Januar 1998 für eine Verbesserung ausländerrechtlicher Rahmenbedingungen für diese Personengruppen einsetzte, die seiner Meinung nach für das internationale Ansehen Deutschlands notwendig sei (SZ v. 16.1.1998).

[41] Hier sei nur auf zwei Bereiche verwiesen: im Bereich der Arbeitsmarktpolitik das Interesse einerseits an preisgünstiger Arbeitskraft, andererseits an Beibehaltung eines gewissen sozialen Standards; im ideologischen Bereich der Migrationspolitik Festhalten (oder nicht Festhalten) an einer das kollektive Bewußtsein prägenden humanistischen und toleranten Tradition der jeweiligen Gesellschaft.

muß im Spannungsfeld vielfältiger außen- und innenpolitischer Interessen formuliert werden.

> *„What makes the migration phenomenon so challenging is its multidimensional nature. It intersects with issues of demography and labour market, trade and development, human rights and democratic values, environment and foreign policy. In the same way, migration is not merely a domestic issue over which a State has absolute control. A country's migration policy often affects, and is affected by, other nations' policies."*
> International Labour Organization/International Organization for Migration/United Nations High Commissioner for Refugees (1994: S. 19).

Das Politikfeld Migration ist folglich vor allem durch seine Transnationalität gekennzeichnet. Sie bringt es mit sich, daß Problembereich und nationalstaatliche Handlungsebene räumlich und normativ nicht deckungsgleich sind. Eine autonome staatliche Wanderungskontrolle scheint damit, wenn überhaupt, dann nur unter Hinnahme hoher Kosten möglich.[42] Eine zusätzliche Schwierigkeit für die nationalstaatliche Wanderungskontrolle liegt in der Komplexität sich teilweise widerstreitender Interessen.

1.4 Migrationspolitische Steuerungsproblematik: Der europäische Integrationsprozeß

Wenn insgesamt für das migrationspolitische Politikfeld festgehalten werden muß, daß sein Hauptcharakteristikum in der Transnationalität liegt, so gilt das für die EU-Staaten in besonderem Maße. Aufgrund der geographischen Nähe und des hohen Verflechtungsgrades untereinander sind sie von den jeweiligen nationalen migrationspolitischen Maßnahmen wechselseitig sehr abhängig. So ließen sich beispielsweise in Folge der restriktiven deutschen Asylrechtsreform 1993 in den Niederlanden deutlich steigende Asylbewerberzahlen feststellen *(Lederer 1997: Tab. 2.5.8).* Diese gegenseitige Abhängigkeit ist seit Mitte der achtziger Jahre besonders augenfällig geworden.

---

[42] Freeman weist daraufhin, daß auch für liberale Demokratien migrationspolitische Steuerung grundsätzlich möglich ist und ja auch realisiert wird. Allerdings betont er, daß für eine vollständige Kontrolle die gesellschaftlichen Kosten zu hoch sind. Er plädiert daher für einen offenen Diskurs, welches Niveau an unerwünschter Migration für eine Gesellschaft tragbar ist. *Vgl. Freeman (1994).*

Nach innen hin war die Europäische Gemeinschaft seit ihrer Gründung 1957 auf ein gemeinsames Migrationsregime ausgerichtet, indem nämlich den Bürgern der Mitgliedstaaten in ihrer Eigenschaft als Arbeitnehmer Freizügigkeit gewährt wurde. Das Freizügigkeitsrecht der Gemeinschaft mit dem Postulat der Inländergleichbehandlung stellt den normativen Rahmen eines gemeinsamen Arbeitsmarktes in Europa dar *(vgl. Oppermann 1999: S. 630ff.).* Es berechtigt die Bürger der Gemeinschaft, in jedem beliebigen Mitgliedstaat um Arbeit nachzusuchen. Nationales Zugangs- und Aufenthaltsrecht sind damit im Hinblick auf Arbeitsmigranten, die die Staatsangehörigkeit eines EU-Staates haben, europäisch normiert.

Besondere Bedeutung hat dieses Freizügigkeitsrecht für Arbeitnehmer vor allem auch durch die Rechtsprechung des Europäischen Gerichtshofs erfahren. Die von ihm entwickelte Ausstrahlungswirkung des Freizügigkeitsrechts der Arbeitnehmer auch auf ihre Familienangehörigen, oder auf Personen, die sich auf den Arbeitsmarkt erst vorbereiten (z.B. Studenten) hat im nachhinein Eingang gefunden in zahlreiche Richtlinien und Verordnungen *(Magiera 1990).*

Das nach innen gerichtete gemeinsame Migrationsregime der EU-Staaten hat folglich normative Vorgaben auch für die Behandlung von Drittausländern entwickelt, sofern es sich dabei um Familienangehörige von Arbeitnehmern mit der Staatsangehörigkeit einer der Mitgliedstaaten handelt. Die Rechtsprechung des EuGH hat allerdings auch noch in bezug auf eine andere Gruppe von Drittstaatsangehörigen gemeinschaftsrechtlich gesetzte Normen hervorgebracht.

Die EuGH-Rechtsprechung zur unmittelbaren Anwendbarkeit von Verträgen, die die Gemeinschaft mit Drittstaaten schließt, führte letztlich auch zur Anerkennung einer unmittelbaren Wirksamkeit von Assoziationsratsbeschlüssen *(vgl. hierzu Ehlermann/von der Groeben/Thiesing 1997).* Dies hat insbesondere in Deutschland, dem Mitgliedstaat, in dem die meisten türkischen Staatsangehörigen leben, zu einer starken (für die Mehrheit der nationalen Stellen überraschenden) Bedeutungszunahme des Assoziationsvertrags EG/Türkei und vor allem des Assoziationsratsbeschlusses von 1980 geführt. So hat der Europäische Gerichtshof in seiner Entscheidung Kus von 1992 festgestellt, daß der Assoziationsratsbeschluß, der einem türkischen Arbeitnehmer „nach vier Jahren ordnungsgemäßer Beschäftigung freien Zugang zu jeder von ihm gewählten Beschäftigung im Lohn- oder Gehaltsverhältnis" garantiert *(Art. 6, Nr. 1, dritter Spiegelstrich ARB 1/80),* implizit auch ein Aufenthaltsrecht gewährt *(Beauftragte der Bundesregierung für die Belange der Ausländer 1994a: S. 83f.; Gutmann 1996).* Damit unterliegt das nationale Recht in bezug auch auf Arbeitnehmer aus der Türkei gemeinschaftsrechtlichen Vorgaben.

Es bestehen somit unabhängig von einer intendierten migrationspolitischen Zusammenarbeit der EU-Staaten für diese Staaten migrationsrelevante Verflechtungen, die sich allein aus ihrer Mitgliedschaft ergeben. Sie sind primär eine Konsequenz dessen, daß sich die 1957 gegründete Wirtschaftsgemeinschaft als gemeinsamer Arbeitsmarkt begriff. Der nächste Schritt, der die migrationspolitische Bedeutung des europäischen Integrationsprozesses für die EU-Staaten noch weiter erhöhen sollte, stellte die integrationspolitische Leitidee eines „Europa der Bürger" dar.

1974 proklamiert, gewann sie besonderen Auftrieb durch das in der Einheitlichen Europäischen Akte von 1987 festgeschriebene Projekt eines Binnenmarktes, in dem der freie Verkehr von Waren, Personen, Dienstleistungen und Kapital gewährleistet ist. *(Art. 7a EGV)* Zuvor hatte bereits der „Druck von der Straße", nämlich eine Blockade der Lastwagenfahrer im Sommer 1984 an den innereuropäischen Grenzen, mit der sie gegen die durch lange Kontrollen an den Binnengrenzen verursachten Wartezeiten protestierten, Konsequenzen gehabt. Auf deutsch-französischen Vorschlag hin beschloß der Europäische Gipfel von Fontainebleau daraufhin, dem „Europa der Bürger" durch die Erleichterung von Binnengrenzkontrollen einen neuen Schub zu verschaffen. Das vor der zweiten Direktwahl des Europäischen Parlaments im Juni 1984 in Saarbrücken unterzeichnete bilaterale Abkommen zum schrittweisen Abbau der Personenkontrollen an der deutsch-französischen Grenze fand seine multilaterale Ausweitung in dem **Schengener Abkommen über den schrittweisen Abbau von Grenzkontrollen**, das im darauffolgenden Jahr von Deutschland, Frankreich und den Benelux-Staaten vereinbart wurde *(Taschner 1990; Taschner 1997: S. 15ff.)*.

Offene Grenzen zwischen den Partnern führen zu einer Bedeutungserhöhung der Grenzen zu Nicht-Mitgliedstaaten. Das Binnenmarktprojekt 1992, das nicht nur die Abschaffung der Binnengrenzkontrollen für Güter, Dienstleistungen und Kapital, sondern eben auch für Personen zum Ziel hatte, hat migrationspolitische Fragen im Rahmen flankierender Maßnahmen auf die Agenda der EU-Staaten gesetzt. Dieser primär integrationspolitisch motivierte Zusammenhang wurde Ende der achtziger Jahre durch den geopolitischen Epochenwechsel (und damit Wegfall des strikten Grenzregimes im Osten Europas) und durch steigende Wanderungszahlen auf entscheidende Weise zusätzlich intensiviert. Jetzt ging es nicht mehr nur allein um die Ermöglichung der Reisefreiheit zwischen den EU-Staaten, sondern auch darum, daß dieses Projekt den Migrationsdruck, den die Mitgliedstaaten zunehmend verspürten, nicht noch verstärke. Den EU-Staaten wurde bewußt, daß sie bei Verzicht auf Kontrollen zu ihren Nachbarstaaten von deren migrationspolitischer Performanz mit abhingen *(Tomei 1997: S. 16f.)*.

1.5 Fazit: Die migrationspolitische Gestaltungsmacht der EU–Staaten Anfang der neunziger Jahre ist beschränkt

Wanderungsbewegungen in Europa haben sich seit Anfang der achtziger Jahre grundlegend verändert. Hauptmerkmal dieser Veränderung ist der perzipierte schwindende staatliche Einfluß. Während die drei Jahrzehnte nach Ende des Zweiten Weltkriegs in West–Europa von staatlich organisierter Arbeitsmigration und Flüchtlingsaufnahme geprägt waren, sind Wanderungs– und Fluchtbewegungen seitdem durch einen höheren Individualisierungsgrad gekennzeichnet. Verstärkt wurde dieser Trend durch den Wegfall der restriktiven Freizügigkeitsbeschränkungen im Osten Europas nach dem Ende des kommunistischen Herrschaftssystems. Diese Entwicklung, zusammengenommen mit gestiegenen Wanderungszahlen, erzeugte Anfang der neunziger Jahre eine Krisensituation, die sich in den Staaten der Europäischen Union in einer sicherheitspolitischen Perzeption transnationaler Wanderungsprozesse äußerte.

Die politische Brisanz des Migrationsthemas in Europa läßt sich unter anderem auf folgendes zurückführen. Die Erkenntnis der gewachsenen und dauerhaften kulturellen Heterogenität europäischer Aufnahmegesellschaften stellt deren Integrationsfähigkeit vor neue Herausforderungen. Die Wanderungsdaten entsprechen nicht dem politisch deklarierten Ziel der Zuwanderungsbegrenzung. Dies erzeugt den Eindruck der Nichtbeherrschbarkeit von Wanderungsströmen. Die gesellschaftspolitische Relevanz des Politikfeldes Migration und seine Eignung zu simplifizierenden Schuldzuschreibungen, erleichtert die Politisierung mangelnder Problemlösungsfähigkeit im innenpolitischen Parteienwettbewerb.

Vor diesem Hintergrund ist Anfang der neunziger Jahre eine Renaissance des migrationspolitischen Steuerungsanspruchs des Nationalstaates zu beobachten. Dieser sieht sich allerdings mit dem auch für andere Politikbereiche geltenden Grundproblem konfrontiert, daß die autonome Gestaltungsmacht des Nationalstaates aufgrund der transnationalen Dimensionen des Politikbereichs Migration beschränkt ist. Handlungs– und Problemfeld sind räumlich und normativ nicht deckungsgleich. Wenn aber für das Politikfeld Migration die Transnationalität grundsätzlich ein bestimmendes Charakteristikum ist, so gilt dies in besonderem Maße für die EU–Staaten, die aufgrund der geographischen Nähe und des hohen Verflechtungsgrades untereinander in ihrer migrationspolitischen Gestaltungsfähigkeit voneinander abhängig sind.

Zusammengefaßt stellt sich die migrationspolitische Situation der EU–Staaten Anfang der neunziger Jahre folgendermaßen dar: In einem Politikbereich, der für die nationalstaatliche Souveränität und die Grundlagen gesellschaftlicher Stabilität als besonders wichtig erachtet wird, herrscht extremer Handlungsbedarf. Da das Politikfeld aber wesensgemäß stark transnational geprägt ist, erscheint die nationalstaatliche Handlungsebene als ungenügend.

2. Migrationspolitische Kooperation der EU-Staaten zur Erweiterung der Handlungsmöglichkeiten: Interessen und Schwierigkeiten

Aufbauend auf der grundsätzlichen Problematik, die sich für die nationalstaatliche Gestaltungsfähigkeit der EU-Staaten im Politikfeld Migration ergibt, steht die Frage nach den Möglichkeiten und Hindernissen einer Kooperation in diesem Bereich im Vordergrund.

Im folgenden werden zunächst die ersten migrationsrelevanten Kooperationsansätze der EU-Staaten dargelegt (2.1). Vor dem Hintergrund der Souveränitätsrelevanz des Politikfeldes Migration (2.2) werden ausgehend von kooperationstheoretischen Überlegungen (2.3) die Kooperationsinteressen Deutschlands und anderer EU-Staaten identifiziert (2.4).

2.1 Ansätze zur migrationspolitischen Kooperation zwischen EU-Staaten

Eine Kompetenz der Gemeinschaft zur Behandlung migrationspolitischer Fragen, die die Kommission qua Sachkompetenz zunächst reklamiert hatte, wurde von den Mitgliedstaaten abgelehnt.[43] Der Einheitlichen Europäischen Akte von 1987, die die Errichtung des Binnenmarktes zum 31.12.1992 zum Ziel hatte, wurde eine Erklärung der Mitgliedstaaten zur Freizügigkeit beigefügt, in der sie erstmals in einem Gemeinschaftsdokument ihre Absicht bekundeten, hinsichtlich der Einreise, der Bewegungsfreiheit und des Aufenthalts von Staatsangehörigen dritter Länder zusammenzuarbeiten. Wie der damalige Kommissionsbeamte de Jong deutlich machte, ging die Initiative für eine Kooperation in migrationsrelevanten Fragen nicht unbedingt von den für Einwanderungsfragen zuständigen Ministern aus:

> (...) forced by the political movements towards reduction or abolition of internal border controls they (die für Einwanderungsfragen zuständigen Minister, V.T.) have, however, tried to do as much – what they perceived as – damage–limitation as possible, i.e. by elaborating a range of compensatory measures." (De Jong 1993: S. 49).

---

[43] zu dieser Entwicklung vgl. u.a.: *Taschner 1990; Cruz 1993; Tomei 1997: S. 19f.*

Zahlreiche intergouvernementale Gremien behandelten die zum Binnenmarkt flankierenden Ausgleichsmaßnahmen. Die vom Europäischen Gipfel in Rhodos 1988 eingesetzte Gruppe der Koordinatoren für den freien Personenverkehr legte dem Europäischen Gipfel in Madrid 1989 einen diese Arbeiten zusammenfassenden Maßnahmenkatalog vor. Im migrationspolitischen Bereich waren unter den notwendigen, kurzfristig durchzuführenden Maßnahmen Visapolitik, Asylrecht und Regeln über die Ausweisung aufgeführt. Unter den Maßnahmen, die langfristig als wünschenswert erachtet wurden, fanden sich eine gemeinsame Migrationspolitik und gemeinsame Regelungen zum Aufenthaltsrecht *(Callovi 1992: S. 361)*.

Im Rahmen der 1986 gebildeten Ad-hoc-Gruppe Einwanderung, in der hochrangige Beamte der nationalen Fachministerien zusammenkamen, wurde das 1990 unterzeichnete **Übereinkommen über die Bestimmung des zuständigen Staates für die Prüfung eines in einem Mitgliedstaat der Europäischen Gemeinschaften gestellten Asylantrags** (Dubliner Übereinkommen) ausgehandelt.

Demnach soll nur ein Vertragsstaat für die Behandlung eines Asylbegehrens zuständig sein. Das Abkommen sieht Kriterien zur Feststellung der Zuständigkeit vor und bestimmt die Verpflichtung des Staates, unerlaubt in einen anderen Vertragsstaat weitergereiste Asylbewerber zurückzunehmen und Asylbewerber im Falle der Ablehnung aus dem gesamten Vertragsgebiet auszuweisen *(Klos 1998: S. 41f.)*. In der Ad- hoc-Gruppe Einwanderung wurden Anfang der neunziger Jahre auch Fragen der Familienzusammenführung und verschiedene Ansätze zur Reform des Asylrechtsverfahrens (Konzepte sicheres Herkunftsland, sicherer Drittstaat, unbegründeter Asylantrag) besprochen. Die Mitgliedstaaten vereinbaren darüber hinaus die Einrichtung zweier Gremien für den Informations- und Erfahrungsaustausch im Asyl- und Migrationsbereich.[44]

Das oben angesprochene Schengener Übereinkommen zum schrittweisen Abbau der Personenkontrollen an den Binnengrenzen, das am 14. Juni 1985 zwischen den Regierungen Deutschlands, Frankreichs und der Benelux-Staaten geschlossen worden ist, enthielt migrationsrelevante Absprachen.

„Die Vertragsparteien bemühen sich, ihre Sichtvermerkspolitik und ihre Einreisebedingungen zu harmonisieren. Soweit erforderlich, bereiten sie ferner die Harmonisierung ihrer Regelungen in bestimmten Teilbereichen des Ausländerrechts gegenüber Angehörigen von Staaten vor, die nicht Mitglieder der Europäischen Gemeinschaften sind." Art. 20 *des Schengener Übereinkommens von 1985).*

---

[44] Auf die Bedeutung der Arbeiten von CIREA und CIREFI wird in III 4 eingegangen.

Ausgangslage, Motive und Bedingungen

Diese Leitlinien prägten die Verhandlungen zum Schengener Durchführungsübereinkommen, das 1989 zeichnungsreif war, dessen Unterzeichnung aber auf Bitten der deutschen Bundesregierung wegen der Ereignisse in der damaligen DDR um ein Jahr verschoben wurde. Kern des Abkommens ist die Abschaffung der Personenkontrollen an den Binnengrenzen und die gemeinsame Verantwortung für die Sicherung der Außengrenzen. Die Vertragsstaaten haben sich dafür auf eine gemeinsame Visapolitik, die für kurzfristige Aufenthalte bis zu drei Monaten die Einführung einer einheitlichen Liste visapflichtiger Staaten und eines gemeinsamen Visums umfaßt, geeinigt. Darüber hinaus enthält auch das Schengener Durchführungsübereinkommen ein Asylzuständigkeitssystem *(Taschner 1997: S. 35ff.).* Wie im Dubliner Übereinkommen gilt auch nach dem Schengener Durchführungsübereinkommen das Prinzip, das ein Asylbewerber im gesamten Vertragsgebiet nur einen Asylantrag stellen kann, so daß der aufgrund vereinbarter Kriterien zuständige Vertragsstaat das Asylverfahren im Grunde für seine Partner mit durchführt.

Zusammengefaßt ist an dieser Stelle festzuhalten, daß Anfang der neunziger Jahre zwischen den EU-Staaten bereits erste migrationspolitische Kooperationsansätze auszumachen sind. Dabei ging es zunächst um die Identifizierung der Maßnahmen, die als notwendige Ergänzungsmaßnahmen für die Verwirklichung des Binnenmarktes schienen. Wie dargestellt, kristallisierten sich hierbei insbesondere die Bereiche Visa und Asyl als abstimmungsbedürftig heraus. In dem einen Fall erforderte die Betrachtung des gemeinsamen Raumes als einen Raum ohne Binnengrenzen eine Vereinheitlichung der Modalitäten bezüglich der zum Betreten dieses Raumes erforderlichen Einreisegenehmigungen (dies gilt nur für Schengen, vgl. unten II 2.4). In dem anderen Fall galt es, für die humanitären Verpflichtungen der Mitgliedstaaten aus der Genfer Flüchtlingskonvention eindeutige Verantwortungsbereiche zuzuschreiben.

Mit dem Schengener Durchführungsübereinkommen und den intergouvernementalen Verhandlungen im Rahmen der damals zwölf EU-Staaten betraten die Regierungen auf zwischenstaatlicher Ebene völliges Neuland. Die zuständigen nationalen Fachminister, die als Innen- und Justizminister bis dahin primär nach innen ausgerichtet waren, mußten nicht nur erstmals lernen, transnational zu verhandeln, sondern sie mußten auch eine Politikmaterie, die vorher der exklusiven Hoheitsgewalt des Nationalstaates angehörte, transnationalisieren.[45]

---

[45] Diese bis dahin historische Einmaligkeit wird von damals beteiligten Akteuren besonders hervorgehoben. „The relatively long time it took before these negotiations could be concluded gives witness to the fact that virtually every area in which measures had to be taken was new territory in terms of international agreements: there were no examples to draw on – neither in the framework of the EC nor in any other treaties or international organizations." *Nanz (1995: S. 30).* „(...) [I]nterior ministers, as their name suggests, were probably always going to be among the least enthusiastic about agreeing to have their habits changed by external pressures coming from the Union." *Fortescue (1995: S. 26).*

2.2 Die Souveränitätsrelevanz migrationspolitischer Kooperationsbereiche

Führt man sich die oben angesprochene Souveränitätsrelevanz der Migrationspolitik allgemein vor Augen, so erscheint die Ablehnung der Mitgliedstaaten, der Gemeinschaft in diesem Bereich Kompetenzen einzuräumen, nicht verwunderlich. Wie erstaunlich aber auch die intergouvernementale Kooperation ist, die teilweise bereits Vertragspflichten hervorgebracht hat, sollen folgende Ausführungen zur Bedeutung gerade der soeben dargestellten Kooperationsbereiche verdeutlichen.

Der Bereich der Visapolitik stellt ein Element der Migrationspolitik dar, das unmittelbar mit außenpolitischen Interessen verknüpft ist. Grundlagen der Migrationspolitik sind die Grenzkontrolle und die Staatsangehörigkeit als Hauptinstrumente sozialer und territorialer Schließung (vgl. hierzu oben II 1.2). Während eigene Staatsangehörige freien Zugang zum jeweiligen Staatsgebiet haben, kann der entsprechende Staat bei der übrigen Menschheit den Sichtvermerk, der eine Einreiseerlaubnis darstellt, als hauptsächliches Steuerungsinstrument einsetzen.

Die Gestaltungsmacht des Staates liegt hier darin, daß er im Grunde eine Dreiteilung der Welt vornehmen kann, in Staaten, deren Staatsangehörige grundsätzlich einreiseberechtigt sind, und solche Staaten, deren Staatsangehörige zur Einreise eines Sichtvermerks bedürfen, wobei hier wiederum noch nach Staaten unterschieden werden kann, bei denen die Visaerteilung nach besonders restriktiven Kriterien erfolgt und jenen, bei denen dies nicht der Fall ist.

Die Visapolitik wird in den westlichen Industriestaaten als Wanderungskontrollmittel genutzt. Die Bestimmung von Staaten, deren Angehörige zur Einreise eines Visums bedürfen, richtet sich zunehmend nach dem Motiv der Zuwanderungsverhinderung. Konkret heißt dies, daß gerade solche Staaten auf die Liste visapflichtiger Staaten gesetzt werden, die besonders viele Flüchtlinge oder Migranten "produzieren" *(Hildebrandt/Nanz 1999: S. 34)*. Da nicht von den Bürgern aller Staaten solche Sichtvermerke verlangt werden, ist dies ein diskriminierendes Mittel, das sich negativ auf die bilateralen Beziehungen zwischen Herkunfts- und Zielland auswirken kann. Die Visapolitik ist daher das Steuerungsmittel der Migrationspolitik, das am leichtesten zu Kompetenz- und Zielkonflikten zwischen den Innen- und Außen- oder auch Wirtschaftsressorts führen kann. Der Wunsch der Innenminister, die Visavergabe in den Auslandsvertretungen verstärkt nach dem Gesichtspunkt der Abwehr unerwünschter Zuwanderung auszurichten, kann mit anderen Zielen der Außenpolitik kollidieren (vgl. dazu bereits oben II 1.3.).[46]

---

[46] Im Juni 1998 hat in Deutschland erstmals eine vom Auswärtigen Amt und dem Bundesministerium des Innern einberufene Konferenz der Botschafter und Leiter von Konsularabteilungen mehrerer deutscher Auslandsvertretungen in sogenannten „high risk" Staaten, mit Sicherheitsexperten vom Bundeskriminalamt, Bundesgrenzschutz und Bundesamt für die

Wenn dies innerstaatlich bereits zu konfligierenden Zielkonflikten führt, so stellt sich die zwischenstaatliche Verhandlung erst recht als ein äußerst komplexes Feld dar. Wie bereits dargestellt, sind die einzelnen EU-Staaten mit einer Vielzahl von Staaten in unterschiedlichen Regionen der Welt über traditionelle Migrationsbeziehungen, die ein Teil komplementärer Austauschbeziehungen sind, verbunden (s. oben II 1.3). Diese verschiedenen Beziehungsgeflechte überschneiden sich untereinander jedoch nur teilweise, so daß hier verschiedene Herkunftsstaaten für einzelne EU-Staaten ganz unterschiedliche Bedeutung haben können. Beispielsweise befanden sich auf der gemeinsamen Schengen-Liste der visapflichtigen Staaten eine Reihe von Commonwealth-Staaten, denen das Vereinigte Königreich Visafreiheit gewährt *(Nanz 1996)*.

In der Visapolitik geht es um die Verteilung knapper Ressourcen. Nicht alle Staaten können von einer Visapflicht befreit werden, ansonsten verliert das Mittel seine Steuerungswirkung. Damit handelt es sich bei der Frage Visapflicht oder nicht, gleichzeitig auch um ein Statussymbol, das über den reinen Visabereich hinaus die Stellung eines Staates in der Welt-Staaten-Ordnung repräsentiert. Die Gruppe privilegierter, von der Visapflicht befreiter Staaten suggeriert eine politische und wirtschaftliche Ebenbürtigkeit und partnerschaftliche Verbundenheit zwischen diesen Staaten.[47] Der symbolische Charakter der Visapolitik wird besonders dann ersichtlich, wenn die Einführung einer Visumspflicht zum Ausdruck bringen soll, daß eine Störung in einem ansonsten partnerschaftlichen Verhältnis vorliegt.[48]

Aus diesen Überlegungen wird ersichtlich, daß es sich bei der Harmonisierung von Visapolitik nicht nur um die Abwägung zwischen konfligierenden Interessen aus unterschiedlichen Politikfeldern handelt, sondern um einen Bereich, der zur Außenpolitik gehört. Nicht nur die Visapolitik, auch die Asylpolitik ist untrennbar

---

Anerkennung ausländischer Flüchtlinge stattgefunden, um die Zusammenarbeit zwischen Innen- und Außenressort gegen illegale Einreisen zu verstärken. Auslösendes Moment für die Gründung dieser Interressort-Arbeitsgemeinschaft waren vermehrt zu beobachtende illegale Einreisen durch Visa-Erschleichungen, F.A.Z. v. 9.6.1998.

[47] Umgekehrt wird daher auch von der Teilnahme an einer strategischen Partnerschaft die Aufnahme in diesen exklusiven Club der nicht visumspflichtigen Staaten erwartet. So ließ sich im Sommer 1997 beobachten, daß die Tschechen, Polen und Ungarn nach der Beitritts-Einladung der NATO an ihre jeweiligen Heimatländer weniger bereit waren, sich mit der restriktiven amerikanischen Visapolitik abzufinden. In ihren Augen widersprachen sich militärische Partnerschaft und Begrenzungen der Reisefreiheit. (Vgl. Los Angeles Times, 11.8.1997).

[48] So geschehen beispielsweise 1995, als Spanien während der Dauer des "Fischereistreites" vorübergehend die Visumspflicht für Kanada einführte. Vgl. *Hildebrandt (1996: S. 48)*. Ein Beispiel für das Sanktionspotential im Bereich der Visapolitik war im Zusammenhang mit dem EU/U.S.A.-Streit bzgl. der Helms-Burton-Gesetzgebung die Drohung des EU-Kommissars Sir Leon Brittan, die Visumspflicht für U.S.-Bürger einzuführen. (Vgl. Die Welt, 16.7.1996).

mit außenpolitischen Interessen verbunden. Die Flucht von Menschen aus ihrem Heimatstaat desavouiert diesen und die Aufnahme dieser Flüchtlinge gibt dieser individuellen Entscheidung eine Entsprechung auf der Makroebene der Staaten. So war während der Zeit des Kalten Krieges jeder Flüchtling aus dem Osten eine Trumpfkarte für den Westen im Wettstreit um das bessere Gesellschaftssystem *(Loescher 1992: S. 16f.).* Umgekehrt gilt aber auch, daß Staaten gute bilaterale Beziehungen nicht durch die Gewährung von Asyl gefährden möchten. Insofern ist Asylpolitik eine heikle diplomatische Angelegenheit.

Führt man sich die bis heute bestehenden Probleme bei der Auformulierung einer Gemeinsamen Außen- und Sicherheitspolitik vor Augen, ist die bereits Ende der achtziger Jahre erfolgte Einigung in dermaßen souveränitätsrelevanten Teilbereichen des Politikfeldes Migration erklärungsbedürftig.

2.3 Kooperationstheoretische Ausgangsüberlegungen

Zwischenstaatliche Kooperation erscheint prinzipiell dann möglich, wenn nationale Alleingänge im Vergleich zum erwarteten Kooperationsergebnis zu einer als unzureichend betrachteten Problemverarbeitung führen, und wenn das Interesse an dieser Problemverarbeitungsdifferenz größer ist als das Interesse an nationaler Autonomie *(vgl. hierzu: Stein 1983: S. 120; Müller 1993: S. 31).* Daher ist für den Bereich der Migrationspolitik nach dem Kooperationsbedarf, dem diesen realisierenden Kooperationsdruck und dem Interesse an nationaler Autonomie zu fragen.

Grundsätzlich entsteht ein migrationspolitischer Kooperationsbedarf schon allein aus der Tatsache, daß internationale Migration per definitionem über Staatsgrenzen hinausgeht und daher ein Staat, der Wanderungsbewegungen steuern möchte, zwangsläufig in Positionen anderer Staaten eingreift, sei es der Nachbarstaaten, der Herkunftsstaaten der Migranten oder derjenigen Staaten, die möglicherweise in Folge stärker oder schwächer Zielpunkt von Migration sind. Kooperation erscheint hier erstens notwendig, um mögliche Konfliktsituationen zu vermeiden.

Aus den vorangegangenen Ausführungen ergibt sich weiterhin, daß das Politikfeld Migration definitionsgemäß von transnationalen sozialen Prozessen bestimmt ist. Hier besteht für den Nationalstaat die Tendenz, auf nationalstaatliche Steuerungsverluste mit zwischenstaatlicher Kooperation zu reagieren *(Grundlegend hierzu Kaiser 1969).*

Auf die durch Migrationsbewegungen erhöhte Verletzlichkeit des Nationalstaates, die oben festgestellt worden ist, mit einer Abschottung der Grenzen zu reagieren, scheidet für die EU-Staaten als Handlungsalternative aus. Eine totale Grenzschließung wäre nur unter Kappung sämtlicher politischer, sozialer und wirtschaftlicher Außenbeziehungen möglich und ihre Durchsetzung wäre mit den in einer liberalen Gesellschaft zu hohen Kosten der totalen Kontrolle zu erkaufen. Da aber Migration alle drei Elemente der klassischen Staatslehre (Staatsgebiet, Staatsgewalt, Staatsvolk) tangiert, würde der völlige Steuerungsverzicht ebenfalls eine radikale Systemänderung mit sich bringen. Somit bleibt als dritte Handlungsalternative der EU-Staaten der Versuch, migrationspolitische Steuerungsfähigkeit über die Kooperation mit anderen Staaten zu verbessern.

Ein migrationspolitischer Kooperationsbedarf ergibt sich demnach bereits aus der Transnationalität des Politikbereiches. Die zwischen den EU-Staaten bestehende Interdependenz schränkt die autonome Gestaltungsfähigkeit der einzelnen EU-Staaten noch weiter ein, wie gezeigt werden konnte, erhöht also insofern den Kooperationsbedarf. Andererseits erscheint das zwischen den EU-Staaten bestehende Interdependenzsystem besonders zur transnationalen Erweiterung nationalstaatlicher Steuerungsfähigkeit geeignet, da auf bereits bestehende Vertrauensbeziehungen zwischen den teilnehmenden Akteuren aufgebaut werden kann.[49]

Damit dieser allgemeine migrationspolitische Kooperationsbedarf erkannt wird, bedarf es eines spezifischen Kooperationsdrucks. Dieser entsteht zum einen dadurch, daß sich der Handlungsdruck für den einzelnen Staat in einem bestimmten Bereich erhöht. Angesichts der gesellschaftlichen Relevanz des Politikfelds Migration erscheint es hier besonders angebracht, auf den Kooperationsdruck von innenpolitischen Entwicklungen her zu schließen.[50] Die oben aufgeführte Analyse des migrationspolitischen Problemdrucks Anfang der neunziger Jahre hat die gestiegene Bedeutung migrationspolitischer Problemlösungsfähigkeit im innenpolitischen Parteienwettweberb herausgestellt. Daraus läßt sich insbesondere für die regierenden Parteien in Deutschland, Frankreich, Italien und Belgien ein Interesse an einer Steigerung ihrer Problemlösungskompetenz durch Erweiterung ihres Handlungsrahmens über die nationale Ebene hinaus erwarten.

Zum anderen ist ein Handlungsdruck für die EU-Mitgliedstaaten aber auch aus dem terminierten Ziel der Schaffung eines Raumes ohne Binnengrenzen entstanden. Dieses integrationspolitische Ziel erfuhr seine migrationspolitische Bedeutung insbesondere auch durch die Ängste der Bevölkerung, die Öffnung der Binnengrenzen würde zu noch weiter steigenden Zuwanderungszahlen führen; Ängste, die durch den Systemumbruch im Westen Europas noch verstärkt wurden *(Callovi 1998: S. 188)*. Insofern sind in der Analyse der migra-

---

[49] Zur Bedeutung von Vertrauensbeziehungen und ihrer Herstellung siehe die regimetheoretischen Ansätze in: *Krasner (1983)*. Zur allgemeinen makrosoziologischen Analyse von Vertrauensbeziehungen vgl. *Coleman (1991: S. 229ff.)*.

[50] zur Bedeutung der Innenpolitik für die Analyse zwischenstaatlicher Kooperation vgl.: *Bulmer (1983); Putnam (1988)*.

tionspolitischen Kooperation zwischen EU-Staaten nicht nur migrationspolitische Interessen, sondern auch europapolitische Positionen der einzelnen Mitgliedstaaten zu beachten.

Desweiteren ist in der Analyse der Interessenstruktur der Tatsache Rechnung zu tragen, daß es sich bei dem hier behandelten Politikfeld um einen Kernbereich nationalstaatlicher Souveränität handelt. Es ist daher insbesondere auch auf das Verhältnis zwischen dem Interesse an erweiterter Problemlösungskompetenz und dem Interesse an nationalstaatlicher Handlungsautonomie einzugehen.

2.4 Migrationspolitische Kooperationsinteressen der EU-Staaten

Wie in der Darstellung zur migrationspolitischen Situation der EU-Staaten Anfang der neunziger Jahre ersichtlich geworden ist, lag ein Schwerpunkt der migrationspolitischen Problematik im Asylbereich. In nur neun Jahren hatte sich die Zahl der in Europa gestellten Asylanträge verzehnfacht, 70 000 Anträge des Jahres 1983 standen rund 700 000 Anträgen im Höchstjahr 1992 gegenüber *(Council of Europe 1997: S. 11)*. Die EU-Mitgliedstaaten, die die meisten Asylbewerber zu verzeichnen hatten, waren Deutschland, Frankreich, das Vereinigte Königreich und die Niederlande. Weitere wichtige europäische Asylzielländer waren Schweden und die Schweiz.[51]

Die achtziger Jahre waren überwiegend von unilateralen Handlungen der Staaten geprägt. Mit zunehmend restriktiven Regelungen zum Asylverfahren und zu den Sozialleistungen versuchten die einzelnen Regierungen, die Attraktivität ihres jeweiligen Landes im Vergleich zu den Nachbarstaaten zu senken. Konsequenz dieser nicht abgesprochenen Maßnahmen waren steigende Asylantragszahlen in den Nachbarländern, die dort wiederum ähnliche Reaktionen der Regierungen hervorriefen *(Santel 1995: S. 177f.)*.

Als dann das Binnenmarktprojekt auf der Tagesordnung stand, wurden die Gefahren dieses unsolidarischen Verhaltens für die Beziehungen der Mitgliedstaaten untereinander und die Wirkungslosigkeit unilateraler Handlungen in diesem Bereich erkannt. Als erstes Ergebnis der Analyse von Kooperationsmotiven kann somit das Interesse an gegenseitiger Einbindung festgehalten werden. Wenn man schon von den asylpolitischen Handlungen der jeweiligen Partner betroffen war, so wollte man doch zumindest durch gegenseitige Unterrichtung

---

[51] Im Verhältnis zur Gesamtbevölkerung stellten 1992 deutlich mehr Personen einen Asylantrag in Schweden, als in Deutschland, das in absoluten Zahlen gemessen die überwiegende Mehrzahl der in der EU gestellten Asylanträge zu verzeichnen hatte. Vgl. zum internationalen und intertemporalen Vergleich der Daten zu Asylsuchenden *Lederer (1997: S. 295ff.)*.

vorbereitet sein und darauf hinwirken, keine Nachteile zu erleiden. Eine der ersten migrationspolitischen Kooperationsmaxime war denn auch die Vermeidung von sekundären Wanderungsströmen *(Ad–hoc–Gruppe Einwanderung 1991: S.13)*.

Dieses Interesse verband vor allem diejenigen Asylaufnahmestaaten, deren Interdependenz durch die geographische Nähe gegeben war, also die kontinentaleuropäischen.[52] Zwischen diesen und dem Vereinigten Königreich lag nicht nur der Ärmelkanal, sondern auch ein Auslegungsstreit darüber, welche personelle Reichweite die im Binnenmarktprojekt enthaltene Freizügigkeit habe. Das Vereinigte Königreich war der Auffassung, daß der davon begünstigte Personenkreis nur EU–Bürger umfasse. Dagegen vertraten die kontinentaleuropäischen Mitgliedstaaten mehrheitlich die Meinung, die Personenfreizügigkeit liefe leer, wenn zur Unterscheidung zwischen EU–Bürgern und Drittausländern Personenkontrollen beibehalten werden müßten *(Nanz 1995: S. 31)*. Hintergrund der britischen Haltung ist die durch die geographische Lage begünstigte Inselmentalität, die bei der Migrationskontrolle primär auf externe Migrationsbarrieren setzt.[53]

Unabhängig von dem Meinungsstreit über die Abschaffung der Binnengrenzkontrollen waren sich die zuständigen Fachminister der EU–Staaten Anfang der neunziger Jahre in ihrer Analyse einig, daß die Asylproblematik eine allen gemeinsame Herausforderung darstelle, für die gemeinsame Antworten gefunden werden müßten *(Ad–hoc–Gruppe Einwanderung 1991: S. 14)*. Hieraus lassen sich zwei weitere Kooperationsinteressen lesen.

Von der Gemeinsamkeit der Anstrengungen zur Problembewältigung werden Synergieeffekte erhofft, die die nationalen Problemlösungsmöglichkeiten erweitern. Die hohen Asylbewerberzahlen hatten in der zweiten Hälfte der achtziger Jahre die Inkohärenz und Ineffizienz bestehender Asylpolitiken und Verwaltungsstrukturen offenbart *(Loescher 1992: S. 18)*. Dies schuf Bedarf an Erfahrungs– und Meinungsaustausch zur Suche nach den **best practices**.

Die Betonung der Gemeinsamkeit der Herausforderungen deutet darüber hinaus auch auf gemeinsam zu bürdende Lasten hin. Im deutschen Interesse lag vor allem eine Verteilung der im europäischen Vergleich überdurchschnitt-

---

[52] An dieser Stelle sei kurz darauf hingewiesen, daß für die Benelux–Staaten die Interdependenz zudem aus ihrer Paßunion resultiert.

[53] Daß sich die geopolitische Stuation des Vereinigten Königreichs seit der Inbetriebnahme des Kanaltunnels entscheidend verändert hat, zeigt das Ansteigen illegaler Einreisen mit dem Eurostar, was im Frühjahr 1998 zu Konflikten zwischen der britischen und der belgischen Regierung geführt hat (FR vom 28.3.1998; FR vom 14.4.1998). Vgl. zur Typologie der externen und internen Migrationsbarrieren oben II 1.3. Zur Fortgeltung der britischen Position und zur Festschreibung ihrer Interpretation vgl. unten III 1.2.

lichen Belastungen.[54] Aus diesem Grund plädierte die Bundesregierung Anfang der neunziger Jahre für eine Gemeinschaftszuständigkeit in der Asylpolitik (vgl. hierzu unten III 1.1.2). Zudem bot die Behandlung asylpolitischer Fragen der Bundesregierung im innenpolitischen Parteienwettbewerb einen Handlungsvorteil. In der innenpolitischen Auseinandersetzung um die Reform des Asylgrundrechts argumentierte die Bundesregierung, die Bundesrepublik Deutschland drohe in Anbetracht der europäischen Harmonisierungsbemühungen mit ihrer liberaleren Regelung zum „Asylreserveland" zu werden.[55] Wie der Kommissionsbeamte *de Lobkowicz* bemerkt, können Regierungen, die beabsichtigen, das nationale Recht zu ändern, die Mitgliedschaft in der Europäischen Union als „Alibi" nutzen, um vor dem eigenen Parlament und der heimischen Öffentlichkeit die Maßnahme zu rechtfertigen *(Lobkowicz 1996: S. 52).*

Somit lassen sich als migrationspolitische Kooperationsinteressen der EU-Staaten Anfang der neunziger Jahre folgende festhalten: Ausschalten einer migrationspolitischen Steuerungsunsicherheit durch Einbindung der europäischen Partner, Erhöhung der nationalstaatlichen Steuerungskompetenz durch Nutzung von Synergieeffekten, Externalisierung von Kosten durch Lastenteilung und Vergrößerung der innenpolitischen Handlungsfreiheit der Regierungspartei(en).

Diese Interessen waren zwischen den EU-Partnern und auf verschiedene migrationspolitische Teilbereiche aufgrund variierender migrationspolitischer Betroffenheit unterschiedlich verteilt. Die jeweilige migrationspolitische Situation, sowie das entsprechende Selbstverständnis, Migrationsgeschichte, außenpolitische Prioritäten und geographische Lage sind Variablen, die die Interessenstruktur der einzelnen EU-Staaten bestimmen. So herrschte im Vereinigten Königreich im Gegensatz zum Kontinent kein Krisengefühl vor, sondern vielmehr der Eindruck, die Situation relativ gut „im Griff" zu haben.[56] Die britische Regierung sah folglich – unabhängig von einer ohnehin bestehenden Abneigung, Kompetenzen an die Europäische Union abzugeben – keine Vorteile in einer migrationspolitischen Kooperation, die ihre autonome Gestaltungsfähigkeit einschränken würde. Auf der anderen Seite stand die

---

[54] Ähnlich wie das britische Interesse an Beibehaltung der Grenzkontrollen ist auch dieses deutsche Interesse (trotz Regierungswechsel) eine der Konstanten der migrationspolitischen Interessenstruktur der neunziger Jahre. Vgl. hierzu nur die in dem Präsidentschaftsprogramm 1999 aufgelisteten Prioritäten: *Bundesregierung (1998): S. 27f.*

[55] Zum two-level game *(Putnam 1988)* und seiner Anwendung auf den Asylkompromiß s. *Schwarze (1998).*

[56] „Die Regierung hält ihre derzeitige Politik für im großen und ganzen richtig und glaubt auch, daß sie populär ist. Sie will diese sicherlich nicht grundsätzlich ändern, sondern höchstens neue Bestimmungen erlassen, um den Status quo vor neuen ‚Bedrohungen' zu bewahren." *Coleman, D. (1996: S. 80).* Vgl. hierzu auch näher *Layton-Henry (1994).*

deutsche Bundesregierung, die – nicht nur traditionell äußerst integrationsfreundlich – in einer asylpolitischen Kooperation mit Verantwortungseinbindung der europäischen Partner nur gewinnen konnte. Eine Zwischenstellung hierzu nahm Frankreich ein *(Guyomarch/Machin/Ritchie 1998: S. 220)*. Auf der einen Seite wurde befürchtet, durch die Abschaffung der Kontrollen an der deutsch-französischen Grenze die in Deutschland fehlgeschlagenen Asylbewerber zu „erben". Auf der anderen Seite wuchs die Bedeutung der Grenzkontrolle an Deutschlands Ostgrenzen und eine Einbindung Deutschlands in Grenzsicherungsverantwortung schien für die französische Regierung von Vorteil. Frankreich war denn auch das erste der Schengen-Unterzeichnerstaaten, die das Schengener Durchführungsübereinkommen von 1990 ratifizierten *(Rey 1997: S. 196f.)*.

In bezug auf das Schengener Durchführungsübereinkommen, das in der zweiten Hälfte der achtziger Jahre ausgehandelt wurde und das unter anderem migrationsrelevante Bestimmungen als Ausgleichsmaßnahmen für die Abschaffung der Binnengrenzkontrollen enthält, tritt zu der migrationspolitischen Intention wie oben angesprochen die europapolitische Motivation des Binnenmarktprojekts hinzu. Damit waren die beiden Initiatoren, Deutschland und Frankreich, über ihre jeweiligen migrationspolitischen Interessen und Bedenken hinaus in ihrer Rolle als „Motoren der europäischen Integration" in der Pflicht. Die europapolitische Intention des Schengener Abkommens vermochte denn auch eventuell divergierende migrationspolitische Interessen zu überwölben. Deutlich wird dies an den Beitritten Anfang der neunziger Jahre. Während es sich bei den fünf Gründerstaaten mit Ausnahme Luxemburgs um Staaten handelte, die das Ziel besonders vieler Asylbewerber waren, sind die Motive Spaniens und Portugals 1991 wohl nicht im Asylbereich zu suchen.[57] Hier steht das mit der europäischen Integration verbundene Modernisierungsprojekt im Vordergrund.[58] Auch für Italien, das Anfang der neunziger Jahre keine migrationsbezogenen Vorteile von einer Schengen-Kooperation erwarten konnte, bestand als Gründungsmitglied der Europäischen Wirtschaftsgemeinschaft ein starkes Interesse an der Zugehörigkeit zu einer Gruppe von Integrationsvorreitern.

Zusammengefaßt läßt sich festhalten, daß konvergierende migrationspolitische Interessen zwischen einigen EU-Staaten, die zum europäischen Zentrum gehören, und die Orientierung an einer gemeinsamen europäischen Leitidee, die migrationspolitisch divergierende Interessen überlagert, das

---

[57] Die Asylbewerberzahlen für das Jahr 1990 werden mit 8 600 für Spanien und 75 für Portugal angegeben, s. *Lederer (1997: Tab. 2.5.8)*.

[58] „Closing off the borders to the south and erecting ‚el muro de España' is an integral part of Europeanising Spain." *Driessen (1996: S. 191)*.

Zustandekommen der im Schengener Durchführungsübereinkommen enthaltenen migrationsrelevanten Zusammenarbeit erklären können.

Über diesen Kreis hinaus konvergieren angesichts übereinstimmend restriktiver migrationspolitischer Zielsetzungen der einzelnen EU-Staaten die Interessen an einer Vergrößerung der nationalen Steuerungsfähigkeit durch Erfahrungsaustausch. Dies vermag die Aktivitäten der auf britischen Vorschlag eingerichteten Ad-hoc-Gruppe Einwanderung zu erklären.

2.5 Fazit: Spannungsverhältnis zwischen migrationspolitischen Kooperationsinteressen und Bewahrung nationalstaatlicher Handlungsautonomie

Die migrationspolitische Kooperation der EU-Staaten ist entstanden als Schadensbegrenzungsmaßnahme zur Verhinderung eines durch die Personenfreizügigkeit erhöhten Zuwanderungsdrucks. Als migrationspolitische Kooperationsinteressen sind folgende identifiziert worden: Abbau eines der Unwägbarkeitsfaktoren transnationaler Migration durch Einbindung der europäischen Partner in gemeinsame Steuerungsverantwortung, Erhöhung der nationalstaatlichen Steuerungskompetenz durch Nutzung von Synergieeffekten, Externalisierung von Kosten durch Lastenteilung und Vergrößerung der innenpolitischen Handlungsfreiheit der Regierungspartei(en).

Die hohe Souveränitätsrelevanz des Politikfeldes Migration begründet aber auch gleichzeitig ein Interesse an Beibehaltung nationalstaatlicher Handlungsautonomie. Deswegen wird der Gemeinschaft keine Handlungskompetenz im Politikfeld Migration eingeräumt. Bei vorteilhafter geographischer Lage (Insellage) und erfolgreicher unilateraler Politik besteht kein Interesse an einer Kooperation, die die Partner einbindet, sondern nur an einer, die weitmögliche Handlungsautonomie beläßt. Insbesondere bei den aufgrund geographischer Nähe stark interdependenten kontinentaleuropäischen Aufnahmestaaten überwiegt jedoch das Interesse an Erhöhung nationalstaatlicher Steuerungskompetenz. Auch europapolitische Interessen können migrationspolitische Kooperation befördern.

3. Erstes Zwischenergebnis: Migrationspolitische Kooperation der EU-Staaten ist nötig und unter bestimmten Bedingungen möglich

Internationale Migration ist **per definitionem** ein den nationalen Handlungsrahmen überschreitendes soziales Phänomen. Transnationale Wanderungsbewegungen führen zur Internationalisierung der Beziehungen zwischen Staatsgewalt und Wohnbevölkerung im Aufnahmeland und erhöhen damit dessen Verwundbarkeit gegenüber äußeren Einflüssen. Sie sind Ausdruck, aber auch dynamisierender Faktor, der zunehmenden zwischenstaatlichen und zwischengesellschaftlichen Interdependenzbeziehungen. Sie erhöhen den Druck auf die Integrationsfähigkeit der Aufnahmegesellschaften und erfordern Anpassungsleistungen. Daraus ergibt sich ein Bedarf an aktiver, gestaltender Politik zur Regelung der Beziehungen im Innern und zur Steuerung der Zuwanderung. Ende der achtziger Jahre und Anfang der neunziger Jahre war die migrationspolitische Situation in einigen EU-Staaten von dem Gefühl der Krise und Nichtbeherrschbarkeit von Wanderungsströmen geprägt. Fremdenfeindliche Gewalttaten und Einstellungen sowie die Wahlerfolge rechtsextremer Parteien erzeugten innenpolitischen Handlungsdruck.

Wegen der transnationalen Dimensionen des Migrationsphänomens ist die autonome Steuerungskompetenz des Nationalstaates jedoch beschränkt. Für die EU-Staaten verschärft sich dies zusätzlich durch den hohen Verflechtungsgrad untereinander und das integrationspolitische Projekt der Abschaffung der Binnengrenzkontrollen. Migrationspolitische Kooperation ist daher notwendig.

Sie ist Ende der achtziger und Anfang der neunziger Jahre auch aus folgenden Gründen möglich: Der innenpolitische Handlungsdruck ist sehr stark, nationale Regierungen können im innenpolitischen Parteienwettbewerb einen Vorteil aus der migrationspolitischen Kooperation ziehen. Migration wird zunehmend als Sicherheitsbedrohung perzipiert. Es liegt zwischen den EU-Staaten eine Interessenkongruenz vor in bezug auf das Ziel Vermeidung weiterer Zuwanderung. In europapolitischer Perspektive besteht eine Interessenkongruenz bezüglich der Verhinderung von innergemeinschaftlichen Konflikten. Migrationspolitische Kooperation erscheint im Hinblick auf die Binnenmarktöffnung als notwendige Schadensbegrenzung.

Jedoch ist der innenpolitische Handlungsdruck der einzelnen Regierungen aufgrund verschiedener geographischer Lage und Migrationsgeschichte unterschiedlich groß. Die Souveränitätsrelevanz des Politikfeldes Migration bestimmt die Suche nach einer Kooperationsform, die autonomieschonend ist und nationalstaatliche Steuerungskompetenz erhöht. Es erfolgt deswegen keine Kompetenzabgabe an die Gemeinschaft.

Für den vorliegenden Teil ist somit das folgende Zwischenfazit zu ziehen: Anfang der neunziger Jahre ist migrationspolitische Kooperation der EU-

Staaten nötig und möglich, soweit sie das Interesse an Erhöhung nationalstaatlicher Steuerungskompetenz in diesem Bereich mit der Bewahrung nationalstaatlicher Handlungsautonomie verbindet.

Im folgenden Teil ist daher zunächst zu fragen, wie die migrationspolitische Kooperation konzipiert wird, damit Kooperationsbedarf und Souveränitätsbeharren in Einklang gebracht werden. Werden institutionelle Lösungen gefunden, die migrationspolitische Kooperation im Sinne der Interessen der einzelnen EU–Staaten ermöglichen? Zudem wird im folgenden Teil die Betrachtung der Kooperation zu einem bestimmten Zeitpunkt verlassen, im Mittelpunkt der Analyse steht dann die Kooperation im Zeitverlauf. Dies ermöglicht die Frage nach einer möglichen Entwicklungsdynamik und dadurch verursachten Veränderungen institutioneller und inhaltlicher Art, sowie nach Einstellungsänderungen (siehe zu den Wirkungen institutionalisierter Kooperation auf die Einstellungen der Akteure z.B.: *Keohane 1996*).

III. Europäisierung des Politikfeldes Migration

Nachdem die transnationale Zusammenarbeit keine einmalig stattfindende Aktion darstellt, sondern einen auf Dauer angelegten Prozeß, dient der folgende Teil der Untersuchung, wie dieser Prozeß im Laufe der neunziger Jahre verlaufen ist und welche Auswirkungen festzustellen sind. Das Hauptinteresse gilt hierbei der Entwicklungsdynamik, die diesem einmal in Gang gesetzten Prozeß innewohnt.

Zunächst sind die vertraglichen Grundlagen der migrationspolitischen Zusammenarbeit der EU-Staaten mit der Fragestellung zu analysieren, wie das Interesse an einer Erweiterung der nationalstaatlichen Handlungsmöglichkeiten in Einklang gebracht worden ist mit dem Interesse an möglichst weit verbleibender Handlungsautonomie (1). Nachdem mit den Schengener, Maastrichter und Amsterdamer Verträgen mehrere Augenblicksaufnahmen dieses vertraglich fixierten Ausbalancierens vorliegen, soll der Vergleich zwischen diesen Verträgen mögliche Weiterentwicklungen identifizieren. Die Frage nach der hinter diesem Prozeß stehenden Entwicklungsdynamik führt im Anschluß daran zur Untersuchung der Rolle, die der europäische Integrationsprozeß der neunziger Jahre für die Entwicklung dieser Zusammenarbeit gespielt hat (2). Anhand dreier Fallbeispiele wird daraufhin die migrationspolitische Zusammenarbeit untersucht, und zwar mit der Fragestellung, inwieweit die europäische Ebene tatsächlich zur Erweiterung nationaler Handlungsmöglichkeiten genutzt wird (3). Darauf aufbauend rückt die transnationale Verwaltungskooperation in das Zentrum der Untersuchung, mit der Frage nach den feststellbaren Entwicklungsprozessen (4). Den Abschluß der empirischen Analyse der Entwicklung der migrationspolitischen Zusammenarbeit bildet der Blick zurück auf die nationalstaatliche Ebene, deren Problemlösungsdefizite ja der Ursprung der migrationspolitischen Zusammenarbeit sind. Hier wird dann nach institutionellen und inhaltlichen Anpassungsleistungen gefragt (5). Ein zusammenfassendes Kapitel am Ende analysiert die Ergebnisse der empirischen Studie im Hinblick auf die Veränderung von Regieren in Europa im Politikfeld Migration (6).

1. Institutionalisierung der Migrationspolitik auf der europäischen Ebene: Die Entwicklung der vertraglichen Grundlagen in den neunziger Jahren

Ausgehend von den Erkenntnissen des vorherigen Kapitels zu den Kooperationsbedingungen im Politikfeld Migration folgt nun eine Untersuchung der Verträge, die die Grundlage für die migrationsrelevante Zusammenarbeit in den neunziger Jahren darstellen. Inwiefern wird in den Verträgen von Schengen, Maastricht und Amsterdam das Spannungsverhältnis zwischen nationalem Souveränitätsbeharren und dem vorhandenen Kooperationsbedarf aufgelöst? Die Verträge stellen jeweils eine Augenblicksaufnahme des ausgehandelten Balancierens zwischen diesen beiden Kooperationsbedingungen dar. Wie sich dieses Austarieren zwischen diesen beiden Notwendigkeiten im Laufe der neunziger Jahre entwickelt hat, läßt sich im Vergleich zwischen den Verträgen beobachten. Die Darstellung konzentriert sich auf drei Bereiche: Die Berücksichtigung nationaler Interessen durch die Wahl der Kooperationsform (1.1), die Berücksichtigung nationaler Interessen durch das Einräumen von Sonderpositionen für einige Mitgliedstaaten (1.2) und der Europäisierungstrend, der sich an der Entwicklung der Rolle der Gemeinschaftsinstitutionen ablesen läßt (1.3).

1.1 Berücksichtigung nationaler Interessen: Kooperationsform

1.1.1 Schengen

Dem Schengener Abkommen sind bis heute mit Ausnahme des Vereinigten Königreichs und Irlands alle EU-Staaten beigetreten.[59]

Das Schengener Abkommen ist als völkerrechtlicher Vertrag abseits des Gemeinschaftsrechts geschlossen worden. Wie dargestellt, ist der Schengen-Vertrag Ausdruck der Notwendigkeit einer zum Binnenmarkt flankierenden Zusammenarbeit in migrationspolitisch relevanten Bereichen gewesen. Gleichzeitig war der Schengen-Vertrag auch Ausdruck der Bedeutung dieser Fragen für die nationalstaatliche Souveränität.

Dies zeigte sich zum einen in der Wahl des institutionellen Rahmens der rein intergouvernementalen Zusammenarbeit. Die Gemeinschaftsinstitutionen

---

[59] Die Beitrittsdaten sind folgende. Italien: 27.11.1990; Portugal und Spanien: 25.6.1991; Griechenland: 6.11.1992; Österreich: 28.4.1995; Dänemark, Finnland und Schweden: 19.12.1996. Daten entnommen aus: *Hailbronner/Thiery (1998: Fn. 83)*. Zur Genese des Abkommens s. oben II 2.1. Vgl. auch *Nanz (1994)*.

Kommission, Parlament und auch Gerichtshof blieben außen vor. (Auf die Rolle der Gemeinschaftsorgane in den verschiedenen Verträgen wird unter III 1.3 eingegangen). Entscheidende Akteure waren die Mitgliedstaaten, und hier insbesondere die Ministerien des Äußeren und des Inneren. Entscheidungsgremium war der Exekutivausschuß, der einstimmig beschloß.

Zum zweiten zeigte sich die Beachtung des nationalen Souveränitätsinteresses der Mitgliedstaaten auch in bezug auf die Bindungskraft des Vertrags. In dem Vertrag wird zwischen dem Zeitpunkt des Inkrafttretens *(Art. 139 Abs. 2 SDÜ)* und demjenigen des Inkraftsetzens (Ziffer 1 Nr. 2 der Schlußakte zum SDÜ) unterschieden. Während für den Zeitpunkt des Inkrafttretens wie bei anderen völkerrechtlichen Verträgen auch auf eine bestimmte Frist (zwei Monate) nach Hinterlegung der letzten Ratifikationsurkunde abgestellt wurde (also am 1. September 1993), bedurfte es zur tatsächlichen Anwendung eines separaten politischen Beschlusses.[60] Die einzelnen Mitglieder behielten sich dadurch die Möglichkeit vor, den Vertrag erst dann tatsächlich anzuwenden (d.h. auf das souveräne Recht der Kontrollen an den Binnengrenzen zu verzichten), wenn sie der Ansicht waren, daß die tatsächlichen Voraussetzungen zur Anwendung, insbesondere in Sicherheitsfragen, auch wirklich in allen Mitgliedstaaten vorlagen. Daß diese Möglichkeit von den einzelnen Regierungen genutzt wurde, zeigt sich darin, daß der Zeitpunkt des Inkraftsetzens erst nach mehrmaligen Verschiebungen auf den 26. März 1995 festgelegt wurde. Zu diesem Zeitpunkt wurde der Vertrag zusätzlich zu den fünf Gründungsstaaten auch für die zwischenzeitlich beigetretenen Staaten Spanien und Portugal in Kraft gesetzt.[61]

Auch im Fall der späteren Beitritte war für die Entscheidung über die Anwendung des Schengen–Vertrags in dem jeweiligen Beitrittsland jeweils ein politischer Entschluß des Schengener Exekutivausschusses notwendig. Da Ziel der Schengener Kooperation die Wahrung oder gar Steigerung eines als notwendig erachteten Sicherheitsstandards bei Abbau der Binnengrenzkontrollen war, wurde vor jedem neuen Beitrittsfall stets geprüft, ob der Grenzschutzstandard des betreffenden Beitrittslandes demjenigen der Schengen–Staaten entsprach. (Auf die Konflikte, die sich dabei ergeben können, wird in III 2.2 eingegangen).

---

[60] Dieser erfolgte auf der Sitzung des Schengener Exekutivausschusses am 21.11.1994 in Heidelberg, vgl. Bundesregierung 1994: Abschlußkommuniqué der Sitzung des Schengener Exekutivausschusses am 21.11.1994, Heidelberg.

[61] Bundesministerium des Innern 1996a: Innenpolitik Nr. 1/1996, vom 29.2.1996; dass. 1996b: Innenpolitik Nr. 2/1996, vom 24.5.1996. Frankreich behält auch 1999 noch die Kontrollen zu Belgien bei, weil es wegen der liberalen niederländischen Drogenpolitik der Auffassung ist, daß hier die Voraussetzungen zur Aufhebung der Binnengrenzkontrollen noch nicht vorliegen. Dieser Punkt erzeugt regelmäßig Spannungen zwischen der französischen und der niederländischen Regierung.

1.1.2 Maastricht

Migrationsrelevante Zusammenarbeit beschränkte sich nicht auf den Kreis der Schengen–Staaten, sondern fand auch zwischen den (damals) zwölf EU–Mitgliedstaaten statt. Sie verlief allerdings auch hier auf rein intergouvernementaler Ebene unter anderem im Rahmen der Ad–hoc–Gruppe Einwanderung. Sie bediente sich der klassischen diplomatischen Instrumente Entschließungen, Empfehlungen und völkerrechtliche Verträge. In den Verhandlungen um die Politische Union Anfang der neunziger Jahre gingen die Meinungen hinsichtlich der Zukunft der migrationsbezogenen Zusammenarbeit auseinander.[62] Die kooperationstheoretische Annahme bestätigend, daß derjenige, der den Problemlösungsdruck auf nationaler Ebene am dringlichsten empfindet, sich am vehementesten für die Verlagerung auf die europäische Problemlösungsebene einsetzen wird, plädierte insbesondere die deutsche Regierung für rasche Fortschritte in Richtung auf eine gemeinsame Asylpolitik *(Cloos 1994: S. 492 ff.; Church/Phinnemore 1994: S. 382).*[63]

Der am 1. November 1993 in Kraft getretene **Vertrag über die Europäische Union**, auch Maastricht–Vertrag genannt, schuf in seinem Titel VI **Zusammenarbeit in den Bereichen Justiz und Inneres** erstmals eine vertragsrechtliche Grundlage für die migrationspolitische Kooperation der EU-Staaten. Diese Zusammenarbeit sollte der „(...) Verwirklichung der Ziele der Union, insbesondere der Freizügigkeit (...)" *(Art. K.1)* dienen. Hierfür sahen die Mitgliedstaaten die Bereiche Asylpolitik, Außengrenzkontrollen und Einwanderungspolitik als

---

[62] Die Luxemburger Präsidentschaft hatte zur Frage einer möglichen Weiterentwicklung der migrationsbezogenen intergouvernementalen Kooperation folgende vier Möglichkeiten zur Diskussion gestellt: 1. Die Fortsetzung der Kooperation außerhalb des institutionellen Rahmens der Gemeinschaft; 2. Einführung einer Generalklausel in den Vertrag bzgl. einer Kooperationsverpflichtung der Mitgliedstaaten in diesen Bereichen, jedoch ohne genauere Ausführungen; 3. Ausarbeitung von detaillierten Bestimmungen zu Kooperationsfeldern und –verfahren; 4. Volle Vergemeinschaftung. Während Belgien, die Niederlande, Italien und Spanien sich für die letztgenannte Option einsetzten, traten Deutschland und Frankreich dafür ein, für eine Übergangszeit die Option Nr. 3 zu testen mit der Möglichkeit der späteren Vergemeinschaftung. Portugal sprach sich für die Option Nr. 3 aus, wohingegen das Vereinigte Königreich, Irland und Griechenland der Option 2 den Vorzug gaben. Dänemark war für eine der ersten beiden Optionen. Die luxemburgische Präsidentschaft entschied sich für die dritte Option und bereitete einen Text vor, der sich in dem sogenannten luxem-burgischen non–paper von April 1991 wiederfand. Dieser Text wurde im wesentlichen dann auch so beibehalten, eine der Änderungen betraf die teilweise Einbindung der Visapolitik in den ersten Pfeiler, da Belgien ausgehend von den Erfahrungen im Benelux–Raum die Notwendigkeit einer gemeinsamen Visapolitik betonte. Vgl. hierzu *Corbett (1993: S. 49)*.

[63] Vgl. hierzu auch bereits oben II 2.4. Der damalige Bundeskanzler Kohl hat nach seinen eigenen Worten der Maastrichter Kompromißlösung zugestimmt, weil er sich davon die Möglichkeit einer späteren Vergemeinschaftung der Asylpolitik erhofft hat, vgl. Regierungserklärung des Bundeskanzlers Helmut Kohl vor dem Deutschen Bundestag am 13. Dezember 1991 über die Ergebnisse des Europäischen Rates in Maastricht, gekürzt abgedruckt in: Europa–Archiv, Jg. 47 (1992), (D 113).

„Angelegenheiten von gemeinsamem Interesse" an *(Art.K.1 EUV)*. Damit erfolgte eine institutionelle Einbindung derjenigen Kooperationsgremien, die sich in der zweiten Hälfte der achtziger Jahre zur Vorbereitung des freien Personenverkehrs abseits der Gemeinschaftsinstitutionen gebildet hatten, in den EU-Rahmen. Gleichzeitig stellte die bereits erfolgte intergouvernementale Zusammenarbeit den „organisatorischen und sachlichen Besitzstand" von Titel VI des Unions-Vertrags dar *(von der Groeben/Thiesing Ehlermann 1997: S. 1013)*.

Eine Folge dieser ersten Verrechtlichung der migrationsrelevanten Zusammenarbeit liegt darin, daß sie nicht mehr ausschließlich vom Willen der Mitgliedstaaten an Kooperation abhängig ist. Artikel 3 EUV normiert eine Verpflichtung der Staaten zumindest zur Koordination: „In den Bereichen des Artikel K.1 unterrichten und konsultieren die Mitgliedstaaten einander im Rat, um ihr Vorgehen zu koordinieren.(...)".

Dennoch: Strukturmerkmal der Zusammenarbeit in migrationsrelevanten Bereichen, wie sie in Maastricht normiert war, ist ihre primär intergouvernementale Form und ihre wesentliche Abhängigkeit von der Kooperationsbereitschaft jedes einzelnen Mitgliedstaates. Sie gehörte zur Zusammenarbeit im Bereich Innen und Justiz, die neben den Gemeinschaften und der Gemeinsamen Außen- und Sicherheitspolitik die sogenannte Dritte Säule der Europäischen Union, wie sie durch den Vertrag von Maastricht begründet worden ist, bildete. Hauptentscheidungsorgan war der Rat der Innen- und Justizminister, der nach dem Einstimmigkeitsprinzip entschied und zwar auf Initiative eines Mitgliedstaates oder der Kommission.

Handlungsinstrumente waren die gegenseitige Unterrichtung und Konsultation, Empfehlungen und Entschließungen, der gemeinsame Standpunkt, die gemeinsame Maßnahme und völkerrechtliche Verträge. Empfehlungen und Entschließungen sind politische Absichtserklärungen, die die Staaten rechtlich nicht binden.[64] Die Bindungswirkung völkerrechtlicher Verträge hängt nicht nur von der Zustimmung der Minister im Rat ab, sondern auch vom erfolgreichen Abschluß der nationalen Ratifizierungsverfahren, so daß hier noch nationaler Spielraum bleibt, den Eintritt von Verpflichtungen hinauszuzögern. Dieser Spielraum scheint von den Mitgliedstaaten auch tatsächlich genutzt zu werden, da die Regierungen dazu tendieren, ihren nationalen Parlamenten erst sehr spät den Ratifizierungsvorschlag vorzulegen *(Lobkowicz 1996: S. 51)*.

Neu für die Zusammenarbeit waren die gemeinsame Maßnahme und der gemeinsame Standpunkt, die von den Bestimmungen zur Gemeinsamen Außen- und Sicherheitspolitik übernommen wurden. Deren Rechtsverbindlichkeit ist

---

[64] Allerdings wird ihnen von Europarechtlern sehr wohl eine Art selbstauferlegte politische Bindungswirkung zugesprochen, da es sich um offizielle Verlautbarungen handelt, an die die Mitgliedstaaten aufgrund ihrer Treueverpflichtung in einer Weise gebunden sind, die dem **soft law** ähnelt. *Oppermann (1999: S. 216ff.)*.

umstritten, sowohl unter den Mitgliedstaaten als auch in der Literatur.[65] Die Mitgliedstaaten haben sich bislang auf den Kompromiß geeinigt, in dem jeweiligen Beschluß festzulegen, ob sie eine Verbindlichkeit wünschen oder nicht.[66] Auch hinsichtlich der Handlungsinstrumente ist daher auf die Bewahrung nationaler Handlungsspielräume geachtet worden. Allerdings sind sich die Akteure über die politische Signalwirkung, die von angenommenen Texten in der interessierten Öffentlichkeit ausgehen kann, bei ihrer Ausarbeitung durchaus bewußt.[67]

Zusammenfassend läßt sich für die Integration der migrationspolitischen Zusammenarbeit zwischen EU-Staaten in den EU-Rahmen festhalten, daß der Maastricht-Vertrag lediglich zu einer institutionellen Einbindung dieser Zusammenarbeit beigetragen hat, nicht jedoch zu einem grundsätzlichen Philosophiewechsel bezüglich der Kooperationsform. In der Terminologie von Scharpf ist mit dem Maastrichter Vertrag das Spannungsverhältnis zwischen Kooperationsbedarf und Souveränitätsbeharren in einer möglichst „autonomieschonenden" Kooperationsform aufgelöst worden.[68] Etwas drastischer formuliert es der zuständige Kommissionsbeamte Fortescue:

„*Some of them (the Member States, V.T.) are almost pathological in their determination to keep the Community institutions out of the process – which is one of the reasons you will continue to hear them refer to the Third Pillar activity as ‚intergovernmental', by which they mean that nothing has really changed very much with Maastricht.*" (Fortescue 1995: S. 21).

Eine Einschränkung dieser Aussage ist jedoch notwendig bezüglich der Zusammenarbeit in einigen Bereichen der Visapolitik. Hier hat nämlich nicht

---

[65] Vgl. zum Überblick über den Rechtsstreit in der juristischen Literatur *Klos (1998)*.

[66] So geschehen beispielsweise in dem gemeinsamen Standpunkt zur Flüchtlingsdefinition, ABl. EG Nr. L 63, v. 13.3.1996, S. 2ff. „Dieser Gemeinsame Standpunkt wird in den Grenzen der verfassungsrechtlichen Befugnisse der Regierungen der Mitgliedstaaten erlassen. Er bindet weder die gesetzgebende noch die richterliche Gewalt in den Mitgliedstaaten." Ausführlicher zur differenzierten Betrachtung unterschiedlicher Typen von gemeinsamen Maßnahmen und der Reichweite ihrer Verbindlichkeit: *Lepoivre (1995: S. 333f.)*

[67] Diesen Eindruck gewann die Verfasserin bei der Teilnahme an Sitzungen der migrationsrelevanten EU-Arbeitsgruppen.

[68] Einschränkend gilt es hier darauf hinzuweisen, daß nur der Begriff „autonomieschonend" übernommen wird. Die Ausführungen Scharpfs beziehen sich aber mehr auf koordinierendes Regieren mit Hilfe gesellschaftlicher Akteure, wohingegen es sich beim Migrationsbereich um ein stark hierarchisch strukturiertes Politikfeld handelt. *Scharpf (1994)*.

nur eine institutionelle Einbindung in den Unionsrahmen, sondern gleich eine Vergemeinschaftung von Teilen der Kooperation stattgefunden. In bezug auf das gemeinsame Visaformular sowie hinsichtlich der Liste von Staaten, deren Angehörige zur Einreise in das EU-Gebiet eines Visums bedürfen, stehen somit die gemeinschaftsrechtlichen Instrumente Verordnung und Richtlinie zur Verfügung.[69] Hinzu kommt, daß der Maastricht-Vertrag hier auch den automatischen Übergang vom Einstimmigkeitsprinzip zum Verfahren der qualifizierten Mehrheit ab dem 1. Januar 1996 festgeschrieben hat *(Art. 100c EGV)*. Damit ist in einem kleinen Fenster der migrationspolitischen Kooperation das Austarieren zwischen dem Interesse an nationaler Autonomie und dem Kooperationsbedarf zugunsten von letzterem ausgefallen.

1.1.3 Amsterdam

Aus diesem kleinen Fenster ist mit dem Amsterdamer Vertrag von 1997 eine ganze Glasfront geworden. Die wesentliche Neuerung, die der am 1. Mai 1999 in Kraft getretene Amsterdamer Vertrag für die Migrationspolitik bringt, ist die Überführung migrationspolitischer Bereiche in Gemeinschaftszuständigkeit. Allerdings ist diese Aussage zu relativieren.

Die Gemeinschaft erhält nicht die ausschließliche Kompetenz für das Politikfeld Migration *(Hailbronner 1998: S. 1048)*, sondern nur für die im Vertrag aufgezählten Bereiche. Die Bereiche, die in den Artikeln 62 und 63 genannt sind, entsprechen inhaltlich den Bereichen, in denen die Mitgliedstaaten in den vergangenen Jahren bereits tätig geworden sind (vgl. Abbildung 2 im Anhang).

Zwischen den Mitgliedstaaten ist in diesen Punkten somit bereits ein inhaltlicher Konsens erzielt worden, und zwar unter Bedingungen, in denen jeder Mitgliedstaat seine Bedenken äußern konnte und dann eine Annäherung verschiedener nationaler Politiken erst einmal ohne Eingehen von rechtlichen Verpflichtungen testen konnte.

In den ersten fünf Jahren nach Inkrafttreten des Vertrags entscheidet der Rat weiterhin einstimmig. Nach diesen fünf Jahren kann (muß aber nicht) der Rat einstimmig entscheiden, daß in Teilen oder der Gesamtheit der im Vertrag aufgezählten Bereiche nach dem Mitentscheidungsverfahren beschlossen wird *(Art. 67 EGV n.F.)*, was für den Rat Entscheidungsfindung mit qualifizierter Mehrheit bedeutet.[70] Jeder Mitgliedstaat hat es also in der Hand, ob er weitere Kontrolle aus derselben geben möchte.

---

[69] Diese werden zum sekundären Gemeinschaftsrecht gezählt. Während die Verordnung unmittelbar in den Mitgliedstaaten Rechtswirkungen entfaltet, bedarf die Richtlinie der Umsetzung in jeweiliges nationales Recht, ist aber nach der Rechtsprechung des Europäischen Gerichtshofs unter gewissen Umständen auch unmittelbar anwendbar. *Oppermann (1999: S. 204 ff.)*

[70] Auf die Rolle des Europäischen Parlaments in diesem Verfahren wird unter III 1.3 eingegangen.

Eine Ausnahme bildet hier wiederum der Bereich der Visapolitik, in dem zum einen der Bedarf an einheitlichen Regelungen sehr groß ist und zum anderen die Harmonisierungsarbeiten auch sehr weit gediehen sind. Wie bislang nach den Maastrichter Bestimmungen, so ist auch im Amsterdamer Vertrag vorgesehen, daß Entscheidungen bezüglich der Liste visapflichtiger und visabefreiter Länder und bezüglich der einheitlichen Visumgestaltung mit qualifizierter Mehrheit auf Vorschlag der Kommission getroffen werden. Was Maßnahmen zu Verfahren und Voraussetzungen für die Visumerteilung, sowie die Vorschriften für ein einheitliches Visum anbelangt, so wird das Mitentscheidungsverfahren nach fünf Jahren automatisch eingeführt, bedarf also nicht mehr eines einstimmigen Ratsbeschlusses *(Art. 62 Nr. 2 i.V. m. Art. 67 Nr. 4 EGV n.F.).*

Neben dem Initiativrecht der Kommission bleibt für die ersten fünf Jahre auch weiterhin das Initiativrecht der Mitgliedstaaten erhalten. Dies stellt eine Kompromißlösung zwischen Intergouvernementalität und Supranationalität dar, die dem Gemeinschaftsvertrag sonst grundsätzlich fremd ist.[71]

Die Abhängigkeit eines weiteren Integrationsfortschritts in diesen Bereichen vom Willen der Mitgliedstaaten zeigt sich auch hinsichtlich des Schicksals der bislang erzielten Kooperationsergebnisse. Hier ist keine automatische Vergemeinschaftung vorgesehen, sondern zu jedem im Rahmen der Dritten Säule verabschiedeten Beschluß bedarf es einer neuen Beschlußfassung des Rates nach den Entscheidungsverfahren des Amsterdamer Vertrages. Ergreift der Rat keine Maßnahmen in einem bestimmten Punkt, der bereits im Rahmen der Dritten Säule verhandelt worden ist, so gilt dieser alte Beschluß weiter *(Hailbronner/Thiery 1998: S. 593),*[72] mit allen bereits erwähnten Unsicherheiten bezüglich der Rechtsverbindlichkeit.

Dem nationalen Souveränitätsinteresse wird somit vor allem dort genüge getan, wo es um die Entscheidung geht, ob die Gemeinschaft in einer bestimmten migrationspolitischen Frage aktiv wird. Ist diese Entscheidung aber einmal gefallen, dann gilt sie auch verbindlich, das heißt, gemeinschaftliche Handlungsinstrumente sind, wie in anderen EU-Politiken auch, Verordnung und Richtlinie. Diese sind dann auch justiziabel.[73]

---

[71] Die Verschiebung des Initiativmonopols der Kommission um fünf Jahre war die Kompromißlösung, die schließlich Frankreichs Widerstand gegen eine Kompetenz der Kommission zu überwinden half. Vgl. hierzu *Moravcsik/Nicolaïdis (1999: S. 79).*

[72] Dasselbe gilt auch für Beschlüsse, die im Schengen-Rahmen verabschiedet worden sind, dazu näher weiter unten.

[73] Zur Rolle des Europäischen Gerichtshofs siehe unter III 1.3.

In engem Zuammenhang mit der Vergemeinschaftung migrationspolitischer Bereiche steht die Beendigung des institutionellen Nebeneinanders von Schengen- und EU-Kooperation in diesem Gebiet. Schengen ist auf Grundlage des **Protokolls zur Einbeziehung des Schengen-Besitzstandes in den Rahmen der Europäischen Union** in den Unionsrahmen integriert worden.[74] Die Entscheidung darüber, welche Bestandteile des Schengener **Acquis**[75] in Gemeinschaftsrecht überführt werden, und welche lediglich zu Regelungen innerhalb der Dritten Säule werden, lag beim Rat.[76] Auch hier wurde also im Vertrag versucht, die Abgabe von Souveränität an die gemeinschaftliche Ebene so schonend wie möglich zu gestalten.

Von besonderer Bedeutung für den Schutz nationaler Interessen ist schließlich die Klausel, wonach die Amsterdamer Bestimmungen in keinem Fall die Zuständigkeit der Staaten berühren, für die Aufrechterhaltung der öffentlichen Ordnung und der öffentlichen Sicherheit zu sorgen *(Art. 62 Nr. 1 EGV n.F.)*. Maßnahmen, die ein Mitgliedstaat in diesem Zusammenhang ergreift, sind von der Rechtsprechungs- und Auslegungsbefugnis des Europäischen Gerichtshofs ausgenommen *(Art. 68 Nr. 2 EGV n.F.)*.

1.1.4 Fazit

Zusammenfassend gilt es festzuhalten, daß in bezug auf die Kooperationsform zwischen den für die migrationspolitische Zusammenarbeit der EU-Staaten relevanten Verträgen der neunziger Jahre eine deutlich abnehmende Berücksichtigung des nationalen Souveränitätsbedürfnisses zu beobachten ist. Die Entwicklung in Richtung auf mehr Einbindung nationalstaatlicher Handlungsgewalt in die gemeinsame europäische Ebene wurde ermöglicht durch die Einräumung gewisser Sonderrollen für einige Staaten.

---

[74] Laut Klos wächst damit zusammen, „was von der Konzeption her zusammengehört". *Klos (1998: S. 77)*.

[75] Dazu gehören laut dem Anhang zum Schengen-Protokoll die beiden Schengener Übereinkommen von 1985 und 1990 einschließlich der zugehörenden Schlußakte und gemeinsamen Erklärungen, die späteren Beitrittsprotokolle und –übereinkommen, einschließlich der zugehörenden Schlußakte und gemeinsamen Erklärungen, die Beschlüsse und Erklärungen des Exekutivausschusses, einschließlich der Rechtsakte zur Durchführung des Übereinkommens, die von Organen erlassen worden sind, denen der Exekutivausschuß seinerseits Entscheidungsbefugnisse übertragen hat.

[76] Die Einordnung des Schengen-Acquis in die verschiedenen Rechtsgrundlagen des Amsterdamer Vertrags ist pünktlich zum Mai 1999 abgeschlossen worden (EU-Bulletin Nr. 4/1999, Nr. 1.5.2.).

1.2 Berücksichtigung nationaler Interessen: Besondere Länderpositionen

Es ist bereits festgehalten worden, daß das Vereinigte Königreich und Irland dem Schengen-Vertrag nie beigetreten sind. Der Maastricht-Vertrag hat die intergouvernementale Philosophie fortgeführt, bei der die Sonderinteressen jedes einzelnen Mitglieds aufgrund des Einstimmigkeitsprinzips grundsätzlich Berücksichtigung finden können. Die Vergemeinschaftung migrationspolitischer Bereiche, wie sie der Amsterdamer Vertrag vorsieht, wird flankiert von Sonderpositionen für einzelne Mitglieder.

1.2.1 Vergemeinschaftung migrationspolitischer Bereiche

Im Prinzip gilt die Vergemeinschaftung der migrationsrelevanten Bereiche nur für zwölf EU-Staaten, drei angefügte Protokolle regeln die Position der übrigen drei Mitgliedsländer.[77]

Irland und das Vereinigte Königreich beteiligen sich grundsätzlich nicht an der gemeinschaftlichen Migrationspolitik und sind demzufolge auch nicht an Maßnahmen gebunden, die die übrigen Staaten in diesem Rahmen beschließen (*Protokoll über die Position des Vereinigten Königreichs und Irlands*). Allerdings ist beiden Staaten die Möglichkeit des sogenannten **opt-in** eingeräumt worden. Sie können innerhalb von drei Monaten, nachdem ein Vorschlag für eine Maßnahme in diesem Bereich vorgelegt worden ist, dem Vorsitz mitteilen, daß sie sich an Annahme und Anwendung dieser Maßnahme beteiligen möchten. Das Protokoll schützt aber die übrigen Mitgliedstaaten vor einer Obstruktionstaktik dieser beiden Staaten. Sollte die Annahme der betreffenden Maßnahme mit Beteiligung von Irland und dem Vereinigten Königreich nicht innerhalb eines angemessenen Zeitraums möglich sein, so bleibt es den anderen Staaten vorbehalten, die Maßnahme auch alleine zu verabschieden. Die unverdaulichen komplexen Regelungen werden in folgendem geschmackvollen Bild um einiges genießbarer:

„Die Politik des Europa à la carte verpflichtet die beiden ‚Inselstaaten' folglich zwar nicht zur Wahl eines kompletten Menüs (Titel IV EGV), entscheidet sich aber ein oder beide Staaten für ein oder mehrere im Menü enthaltenen Gerichte (Einzelmaßnahmen), so kann auf deren Zusammensetzung nur während der Zubereitung (Annahmeverfahren) Einfluß ge-

---

[77] Protokoll über die Anwendung bestimmter Aspekte des Artikels 14 des Vertrags zur Gründung der Europäischen Gemeinschaft auf das Vereinigte Königreich und Irland, Protokoll über die Position des Vereinigten Königreichs und Irlands, Protokoll über die Position Dänemarks. Alle drei enthalten in: Bundesregierung (Presse- und Informationsamt) 1999: Vertrag von Amsterdam.

nommen werden. Ist ein bestimmtes Gericht bereits serviert (erlassen), besteht für die betreffenden Staaten lediglich die Möglichkeit, sich mit an den gemeinsamen Europäischen Tisch zu setzen und gleichsam vom selben Teller zu essen; Sonderwünsche (Änderungen) sind dann nicht mehr möglich. Die Begleichung der Rechnung (Kostenlast) obliegt jeweils nur den Staaten, die auch am Verzehr der Gerichte (Durchführung der jeweiligen Maßnahme) beteiligt sind; das Gehalt für das Servicepersonal (Verwaltungskosten der Organe) ist jedoch von allen Staaten gemeinsam und unabhängig davon, wie viele Gerichte jeder einzelne Staat geordert hat, zu tragen." (Hailbronner/Thiery 1998: S. 599f.).

Irland und das Vereinigte Königreich haben zudem in einem weiteren Protokoll eine Sonderrolle bezüglich eines ganz wesentlichen Punktes eingeräumt bekommen. Erstmalig ist mit dem **Protokoll über die Anwendung bestimmter Aspekte des Artikels 14 des Vertrags zur Gründung der Europäischen Gemeinschaft auf das Vereinigte Königreich und auf Irland** die Interpretation des Vereinigten Königreichs, trotz der Binnenmarktbestimmungen weiterhin das Recht zu Personenkontrollen an den Grenzen zu haben, vertraglich festgeschrieben worden. Zur Aufrechterhaltung des einheitlichen Reisegebiets zwischen Irland und dem Vereinigten Königreich erhält auch Irland das Recht auf Personenkontrollen an den Grenzen. Um die Gegenseitigkeit zu wahren, behalten sich dementsprechend auch die übrigen EU-Staaten das Recht vor, Personen, die aus Irland oder dem Vereinigten Königreich einreisen, zu kontrollieren. Damit ist – zumindest, was den Personenverkehr anbelangt – der gemeinsame Binnenmarkt, der „einen Raum ohne Grenzen, in dem der freie Verkehr von Waren, Personen, Dienstleistungen und Kapital (...) gewährt ist", umfaßt *(Art. 14 EGV n.F.)*, auf den kontinentaleuropäischen Teil der Europäischen Union beschränkt.[78]

Dänemark beteiligt sich gemäß dem beigefügten **Protokoll über die Position Dänemarks** mit Ausnahme der gemeinsamen Visapolitik nicht an der gemeinschaftlichen Migrationspolitik. Es behält sich allerdings das Recht vor, innerhalb von sechs Monaten nach Verabschiedung einer gemeinschaftlichen Maßnahme den Partnern mitzuteilen, ob es diese Maßnahme einseitig ebenfalls auf nationaler Ebene beschließt. Wenn dies der Fall ist, werden hierdurch völkerrechtliche Verpflichtungen gegenüber den anderen EU-Staaten begründet, auch gegenüber Irland und dem Vereinigten Königreich, falls sich diese an der betreffenden Maßnahme beteiligen.

---

[78] Wie Hailbronner und Thiery festhalten, wurde damit der „Grundsatz der einheitlichen Geltung des Gemeinschaftsrechts (...) rechtspolitischen Praktikabilitätsgründen geopfert". *Hailbronner/Thiery (1998: S. 601)*

1.2.2 Integration des Schengener Acquis

Die geographische und juristische Ausdifferenzierung der Anwendung schengenbezogener Maßnahmen gestaltet sich noch um einiges komplexer als dies in bezug auf die vergemeinschaftete Politik in migrationsrelevanten Bereichen der Fall ist.[79]

Der Schengen-Besitzstand ist für die aktiven Schengen-Länder[80] sofort anwendbar, für die anderen Schengen-Vertragsstaaten erst ab dem Zeitpunkt, an dem der Schengen-Besitzstand auf einstimmigen Beschluß des Rates hin für sie anwendbar erklärt wird.[81]

Eine Sonderstellung unter den Schengen-Ländern nimmt auch hier wiederum Dänemark ein. Bei den Teilen des Schengen-Besitzstandes, bei denen der Rat entweder nicht tätig wird oder eine Schengen-inhaltsgleiche Maßnahme gestützt auf eine Rechtsgrundlage der Dritten Säule beschließt, gelten für Dänemark dieselben Rechte und Pflichten wie für die anderen Schengen-Staaten. Beschließt der Rat allerdings die Überführung von Teilen des Schengen-Besitzstandes als gemeinschaftsrechtliche Norm im Rahmen der Gemeinschaftskompetenz, so gilt für Dänemark im Verhältnis zu den anderen Schengen-Staaten die Schengen-Situation fort *(Art. 3 Schengen-Protokoll)*. Damit schließt sich Dänemark auch in bezug auf die Schengen-Kooperation aus dem Übergang in die gemeinschaftsrechtliche Methode aus und verbleibt bei der rein intergouvernementalen, völkerrechtlich geprägten Zusammenarbeit.

Irland und das Vereinigte Königreich als Nicht-Schengen-Länder haben im Vergleich zu der Situation vor Inkrafttreten des Amsterdamer Vertrags eine Erweiterung ihrer Handlungsmöglichkeiten erfahren. Sie haben die Wahl zwischen verschiedenen Optionen. Sie können sich weiterhin von der Zu-

---

[79] Dies liegt zum Teil daran, daß es sich hier um einen – allerdings nicht ganz typischen – Fall der verstärkten Zusammenarbeit handelt. Nicht ganz typisch ist dieser Fall deswegen zu nennen, weil auch innerhalb der verstärkten Zusammenarbeit ein Mitgliedstaat (Dänemark) eine Sonderrolle erhält, und zudem auch Bestimmungen für Staaten enthalten sind, die gar nicht der Europäischen Union angehören (Norwegen und Island). Auf die verstärkte Zusammenarbeit als neues Strukturmerkmal der Europäischen Union wird unter III 2.1 eingegangen.

[80] Zum Zeitpunkt des Inkrafttretens des Amsterdamer Vertrags am 1.5.1999 sind dies: Deutschland, Frankreich, die Benelux-Staaten, Spanien, Portugal, Österreich und Italien.

[81] Protokoll zur Einbeziehung des Schengen-Besitzstandes in den Rahmen der Europäischen Union (Schengen-Protokoll), abgedruckt in: Bundesregierung (Presse- und Informationsamt) 1999: Vertrag von Amsterdam. Texte des EU-Vertrages und des EG-Vertrages mit den deutschen Begleittexten, herausgegeben von Thomas Läufer, Bonn. Insofern gilt das alte Erfordernis einer politischen Entscheidung über die aktive Teilnahme am Schengen-System weiter, s.o. III 1.1.1.

sammenarbeit in schengenrelevanten Bereichen fernhalten, sie können sich aber auch an Initiativen auf Grundlage des Schengen-Besitzstandes beteiligen, sofern sie dies innerhalb eines vertretbaren Zeitraums mitteilen. Sie haben auch noch ein nachträgliches **opt-in**-Recht für Teile des Schengen-Besitzstandes oder auch für die Gesamtheit seiner Bestimmungen erhalten *(Art. 4 und 5 Schengen-Protokoll)*. Irland kann einseitig, ohne das Vereinigte Königreich, beschließen, auf die Sonderregelungen zu verzichten und sich an den Maßnahmen der anderen EU-Staaten beteiligen.

Schließlich bleibt noch die Position der beiden Nicht-EU-Staaten Island und Norwegen zu klären, die als Mitglieder der Nordischen Union am 19. Dezember 1996 ein Assoziierungsabkommen mit den Schengen-Staaten unterzeichnet haben. Sie werden bei der Durchführung des Schengen-Besitzstandes und bei seiner weiteren Entwicklung assoziiert, zur Regelung der Verfahren wird ein Übereinkommen geschlossen. Ein weiteres Übereinkommen ist notwendig, um das Rechtsverhältnis zwischen einerseits Irland und dem Vereinigten Königreich und andererseits Norwegen und Island festzulegen *(Art. 6 Schengen-Protokoll)*.

1.2.3 Fazit

Diese Sonderpositionen für einige Mitgliedstaaten zeigen, daß im Hinblick auf eine Vergemeinschaftung derart souveränitätsbehafteter Fragen wie derjenigen im Migrationsbereich manchmal auch die zahlreichen oben beschriebenen Vorsichtsmaßnahmen, die durch die Wahl der Kooperationsform getroffen werden, dem Wunsch nach nationaler Handlungsautonomie nicht genügen. Gleichzeitig ist festzuhalten, daß die Einigung auf die beschriebenen Vertragsbestimmungen eine grundsätzliche Kooperationsbereitschaft der Mitglieder bdeutet. Für die Bestimmungen nach dem Maastricht-Vertrag belegt dies folgendes Zitat des ehemaligen britischen Außenministers Rifkind:

> *„We are happy to cooperate in these areas. But we want the decisions to be taken freely by our own Government, the laws to be enacted by our own parliament, and the implementation of the laws to be monitored by our own courts. That is a legitimate view about the role of the nation state, not a knee-jerk hostility to cooperation. It is why in most areas we believe in intergovernmental action, not integration." (Rifkind 1997)*

Als Problem wird eine institutionelle Eigendynamik gesehen, die durch die Beteiligung der Gemeinschaftsinstitutionen entstehen könnte.

1.3 Europäisierungstrend: Die Rolle der Gemeinschaftsinstitutionen

Über die drei hier besprochenen Verträge hinweg ist im zeitlichen Verlauf eine immer stärker werdende Rolle der Gemeinschaftsinstitutionen zu beobachten. Während sie im Schengen-Vertrag als einem völkerrechtlichen Vertrag abseits des Gemeinschaftsrechts völlig außen vor bleiben und nur die Kommission informell einen Beobachterstatus eingeräumt bekommen hat, stellt der Maastricht-Vertrag hier schon eine ganz andere Grundlage dar. Den Gemeinschaftsinstitutionen wird erstmals vertraglich eine Rolle in migrationsrelevanten Bereichen eingeräumt. Die Kommission erhält ein Ko-Initiativrecht, das Europäische Parlament ein Anhörungsrecht und der Maastricht-Vertrag räumt auch die Möglichkeit ein, daß dem Europäischen Gerichtshof bei völkerrechtlichen Verträgen, die im Rahmen der Dritten Säule geschlossen werden, eine Rechtsprechungsbefugnis erteilt wird *(Art. K.3, Art. K.6 EUV)*.

Die Bedeutung der – wenn auch schwachen – Beteiligung der Gemeinschaftsinstitutionen liegt in ihrer potentiell dynamisierenden Wirkung auf die migrationspolitische Zusammenarbeit. Wenn die Gemeinschaftsinstitutionen von den Mitgliedstaaten erst einmal in einem Politikbereich Kompetenzen eingeräumt bekommen haben, können sie in diesem Rahmen eine gewisse Autonomie entwickeln, die zu Politikergebnissen führen kann, die von den Mitgliedstaaten so nicht von vornherein intendiert waren.[82] Für den Migrationsbereich ergeben sich daraus folgende Überlegungen:

Klos hebt ausdrücklich hervor, daß nach den Maastrichter Bestimmungen die Regierungsvertreter nicht mehr ausschließlich als nationale Abgesandte zusammenkommen, sondern als Mitglieder des Gemeinschaftsorgans Rat.[83] In der integrationstheoretischen Literatur wird auf die kooperationsfördernde Wirkung der Doppelfunktion des Rates als Gemeinschaftsorgan und als intergouvernementales Gremium hingewiesen. Zudem besteht durch die institutionelle Einbindung in den EU-Rahmen die Möglichkeit, daß im Rat – und seinem institutionellen Unterbau, insbesondere dem Ausschuß der ständigen Vertreter – bei schwierigen Verhandlungen Kompromisse im Wege des **package-deals** gefunden werden, bei dem migrationspolitische Fragen mit anderen

---

[82] Vgl. zur Rolle, die supranationale Institutionen im Integrationsprozeß spielen können, sobald ihnen Rechte eingeräumt worden sind, ausführlich: *Pollack (1997)*. Siehe hierzu auch *Cram (1997: S. 1 und S. 167f.)*. Ein anschauliches Beispiel für solche nicht-intendierten Folgen stellen die ausländerrechtlichen Implikationen, die sich für einige Mitgliedstaaten aus der EuGH-Rechtsprechung zur unmittelbaren Anwendbarkeit von Assoziationsratsbeschlüssen ergeben haben, vgl. hierzu bereits oben II 1.4.

[83] „Aus dem Rat der EG-Einwanderungsminister wurde der Rat der EU – Justiz und Inneres – als formaljuristischer Bestandteil der Union. Rechtsakte des Rates aufgrund Art. K EUV sind damit grundsätzlich Rechtsakte des Rates als Institution der Union und gerade nicht mehr Handlungen einer in der Form des Rates organisierten Regierungskonferenz." *Klos (1998: S. 58)*.

Bereichen der EU-Politik verknüpft werden. Dies erleichtert die Konsensfindung auch unter den Bedingungen der Einstimmigkeit und kann zu Integrationsfortschritten führen.[84]

Durch die Einbindung des Europäischen Paralaments besteht die Möglichkeit, Öffentlichkeit herzustellen in diesem Bereich, der traditionell von den Innenministerien aufgrund seiner Relevanz für die innere Sicherheit häufig als Verschlußsache behandelt wird. Für die Interessengruppen der Migranten stellt das Europäische Parlament den wichtigsten Gesprächspartner dar *(Ireland 1996: S. 133)*. Das Europäische Parlament kann durch seine institutionelle Einbindung den gesellschaftlichen Anliegen im migrationspolitischen Bereich nunmehr besser Gehör verschaffen. Die Tatsache, daß der Vertrag die Möglichkeit einer Rechtsprechungsbefugnis des EuGH für völkerrechtliche Verträge, die im Rahmen der Dritten Säule abgeschlossen werden, vorsieht, hat denjenigen Staaten, die für eine solche Befugnis eintreten, eine legitime Grundlage für diese Forderung gegeben. Gleichzeitig ist mit dem Hinweis auf vergangene Erfahrungen, die die Mitgliedstaaten bereits in bezug auf eine Einschränkung ihrer Handlungsautonomie durch die EuGH-Rechtsprechung gemacht haben, auch die zögerliche Haltung etlicher Mitgliedstaaten bezüglich einer EuGH-Rechtsprechungskompetenz in diesen stark souveränitätsrelevanten Politikbereichen erklärt.[85] Die Kommission hat ihre Beteiligung an der intergouvernementalen Zusammenarbeit dazu genutzt, Diskussionsanstöße zur Entwicklung einer umfassenden Migrationsstrategie zu geben und Programme einzurichten, die der Förderung der Verwaltungskooperation dienen.[86]

---

[84] Zur integrierenden und sozialisierenden Funktion des Rates und des Ausschuß der ständigen Vertreter allgemein im Prozeß der europäischen Einigung s. *Hayes-Renshaw/Wallace (1997)*. Siehe auch die Einschätzung von Wessels: „The Council serves to increase the calculability of common or coordinated activities for member governments. In the tension between the need for investment in common or coordinated policies and the strong preference to keep ultimate sovereignty, the Council is the major control mechanism through which states give up autonomy for well-guaranteed access and influence." *Wessels (1991: S. 137)*. Zum Verfahren des package-deals, seine Bedeutung für die Integrationsdynamik und die Rolle, die insbesondere die Kommission und der AStV dabei spielen, siehe folgende Fallstudie: *Falkner (1994)*.

[85] Vgl. hierzu die bereits angeführte EuGH-Rechtsprechung zur unmittelbaren Anwendbarkeit von Assoziationsratsbeschlüssen und ihren Folgen für das nationale Ausländerrecht (II 1.4).

[86] Beispielsweise mit der kurz nach Inkrafttreten des Maastricht-Vertrags veröffentlichten Mitteilung zur Migrationspolitik, s. Kommission der Europäischen Union 1994: Mitteilung Zuwanderungs- und Asylpolitik. Zum Austausch- und Ausbildungsprogramm ODYSSEUS ausführlicher in III 4. Die Tatsache, daß diese Mitteilung bis 1999 auch das einzige umfassende Strategiepapier geblieben ist, das die Kommission vorgelegt hat, kann damit erklärt werden, daß neue Vorstöße der Kommission angesichts der bekannten Positionen der Mitgliedstaaten in diesem Bereich fruchtlos geblieben wären und die Kommission dies antizipiert hat. Vgl. theoretisch zu diesem Punkt *Pollack (1997: S. 110)*.

Im Amsterdamer Vertrag wird die Rolle der Gemeinschaftsinstitutionen in migrationspolitischen Bereichen im Vergleich zu den Maastrichter Regelungen noch weiter gestärkt. In den ersten fünf Jahren entscheidet der Rat in fast allen Fragen noch einstimmig, allerdings – und das ist einer der Fortschritte gegenüber den Maastrichter Bestimmungen – nach Anhörung des Europäischen Parlamentes, welches nach Maastricht lediglich über die durchgeführten Maßnahmen informiert werden sollte.[87] Nach diesem Übergangszeitraum von fünf Jahren erhält die Kommission das Initiativmonopol *(Art. 67 EGV n.F.).*[88]

Der Europäische Gerichtshof erhält in den in Titel IV genannten Bereichen eine Rechtsprechungsbefugnis, die allerdings modifiziert und teilweise eingeschränkt ist. Das Verfahren der Vorabentscheidung kann nur von letztinstanzlichen nationalen Gerichten angestrengt werden.[89] Nationale Maßnahmen im Bereich der Binnengrenzkontrollen, die aus Gründen der öffentlichen Ordnung und des Schutzes der inneren Sicherheit getroffen werden (sog. **ordre public** – Klausel), unterliegen nicht der Rechtsprechungsbefugnis des Europäischen Gerichtshofs *(Art. 68 Nr. 1 und Nr. 2 EGV n.F.).* Trotz dieser Einschränkungen kann nach der Amsterdamer Reform der migrationspolitischen Kooperation in der EU künftig von einer „Verdichtung der Rechtsgemeinschaft" *(Müller–Graff 1997: S. 280)* gesprochen werden.

Fünf Jahre nach Inkrafttreten des Amsterdamer Vertrages kann in bestimmten, im Vertrag aufgezählten migrationspolitischen Bereichen auf einstimmigen Beschluß des Rates hin das Verfahren der Mitentscheidung teilweise oder ganz eingeführt werden *(Art.67, Abs. 2, 2. Spiegelstrich EGV n.F.).* Das Mitentscheidungsverfahren ist als europäisches Beschlußfassungsverfahren erst mit dem Maastrichter Vertrag von 1992 eingeführt worden. Da eine Entscheidung nach diesem Verfahren im Konsens zwischen Rat und Europäischem Parlament erfolgt und das Europäische Parlament in letzter Konsequenz eine Vetomöglichkeit hat, ist dies das Verfahren, das dem Parlament die stärkste Positi-

---

[87] Dies ist ein Formerfordernis, bedeutet also, daß ein vom Rat verabschiedeter Rechtsakt nichtig sein kann, wenn das Anhörungsrecht des Parlaments nicht beachtet worden ist. Vgl. hierzu *Oppermann (1999: S. 112).*

[88] Damit wird die von Müller–Graff als „systemwidrig" bezeichnete Übernahme des zwischen Mitgliedstaaten und Kommission geteilten Ko–Initiativrechts aus der Dritten Säule des Maastrichter Vertrags beendet. Vgl. *Müller–Graff (1997: S. 278).*

[89] Damit wollten die Regierungsvertreter vermeiden, daß nationale Asylgerichtsverfahren durch Vorlagen beim EuGH in die Länge gezogen werden können. Das Vorabentscheidungsverfahren erfüllt im Rechtssystem der Europäischen Union eine Verzahnungsfunktion und trägt wesentlich zur Durchsetzung und einheitlichen Geltung des europäischen Rechts bei.(Vgl. *Oppermann (1999: S. 285ff.).*

on einräumt *(Schweitzer/Hummer 1996: S. 71 f. u. S. 114).*[90] Mit dem Beschluß des Rates, das Mitentscheidungsverfahren teilweise oder ganz auf die im Titel IV aufgezählten Bereiche anzuwenden, wird ebenfalls die Zuständigkeit des Europäischen Gerichtshofs angepaßt. Damit sollen im Sinne eines verbesserten Rechtsschutzes die Zuständigkeiten des EuGH immer der sachlichen Erweiterung der Gemeinschaftskompetenz entsprechen *(Lang 1998: S. 63).*

Der Überblick über die drei hier besprochenen Vertragswerke, die die Grundlage für die migrationspolitische Kooperation der EU-Staaten in den neunziger Jahren bilden, läßt eine deutliche Entwicklung hin zu mehr Beteiligungsmöglichkeiten der Gemeinschaftsinstitutionen in diesem Bereich erkennen.

1.4 Fazit: Europäisierung des Politikfeldes Migration durch die vertragliche Institutionalisierung auf der europäischen Ebene

Das Austarieren des Spannungsverhältnisses zwischen dem nationalstaatlichen Souveränitätsbeharren und dem doppelten Kooperationsbedarf im Migrationsbereich hat sich im Laufe der neunziger Jahre auf dem Kontinuum zwischen Intergouvernementalität und Supranationalität deutlich in Richtung des zweiten Pols bewegt. Hervorzuheben ist hierbei die schrittweise Evolution des Verhältnisses zwischen nationaler Handlungsautonomie und Einbindung in die europäische Handlungsebene. Sie wird davon geprägt, daß eher nach pragmatischen Kompromißlösungen zwischen den im Verhandlungsmoment eingehbaren nationalen Verpflichtungen und einem Höchstmaß an wirksamen und leistungsfähigen Handlungsmöglichkeiten gesucht wird, als nach dem großen, möglicherweise juristisch und institutionell klareren Wurf.[91] Flexible Beteiligungsformen für zögerliche EU-Staaten eröffnen die Möglichkeit späterer engerer Einbindung *(so auch Klos 1998: S. 77).* So hat der britische Regierungschef Blair in seiner Bewertung der Amsterdamer Verhandlungsergebnisse vor dem **House of Commons** einerseits betont, daß die Politik in migrationsrelevanten Fragen auch künftig in London und nicht in Brüssel

---

[90] Das Mitentscheidungsverfahren des Maastrichter Vertrags war in 14 Artikeln vorgesehen, u.a. für die Politikbereiche Freizügigkeit für Arbeitnehmer, Harmonisierung zum Zwecke der Vollendung des Binnenmarktes, Bildung, Kultur, Gesundheit, Verbraucherschutz, Trans-Europäische Verkehrsnetze. Vgl. *Nugent (1995: S. 324).*

[91] So hat denn die Bundesregierung, obwohl sie in Maastricht für eine Vergemeinschaftung der Asylpolitik eintrat, dem Kompromiß der Säulenkonstruktion laut Kohl „in der Erwartung zugestimmt, daß wir nur so rasch zu praktischen Fortschritten kommen können." Regierungserklärung des Bundeskanzlers Helmut Kohl vor dem Deutschen Bundestag am 13. Dezember 1991 über die Ergebnisse des Europäischen Rates in Maastricht, D 110 – D 117 (D 113).

gemacht werden würde. Andererseits hat er aber auch folgendes besonders herausgestrichen: „das Vereinigte Königreich kann auf uns interessierenden Gebieten mitmachen, wenn wir uns dafür entscheiden – als unsere Option. Keine Ausstiegsoption. Eine Beteiligungsoption, wie wir es beschließen."[92]

Festgehalten werden muß an dieser Stelle allerdings, daß für die Mehrzahl der EU-Staaten die migrationspolitische Kooperation nicht mehr jederzeit abhängig vom Kooperationswillen jedes einzelnen Mitgliedstaates ist. Es sind institutionelle Lösungen gewählt worden, die eine Eigendynamik des Prozesses begünstigen. Dabei gilt es hervorzuheben, daß gerade die Einräumung von Rechten für das Europäische Parlament nicht migrationspolitischen, sondern normativen Erwägungen entsprang. Insbesondere für Deutschland, die Niederlande und die skandinavischen Staaten war hier das Interesse ausschlaggebend, ein klares Zeichen für eine stärkere demokratische Legitimation der Europäischen Union zu setzen *(Moravcsik/Nicolaïdis 1999: S. 81)*. Abgesehen von konjunkturellen Faktoren, die mit generell integrationspolitischen Entwicklungen, auf die noch einzugehen sein wird, zusammenhängen, wurden die dargestellten konstitutionellen Reformentscheidungen auch durch Kooperationserfahrungen beeinflußt.[93]

2. Politikfeld Migration und der europäische Integrationsprozeß

Dieses Kapitel dient der Klärung der Frage, wie das Politikfeld Migration in den europäischen Integrationsprozeß eingebunden worden ist und an welchen Entwicklungen sich das festmachen läßt. Um dies zu beantworten, wird zunächst die Bedeutung, die der migrationspolitischen Kooperation im europäischen Integrationsprozeß im Laufe der neunziger Jahre beigemessen wurde und wird, analysiert (2.1). Daraufhin wird das Verhältnis zwischen migrationspolitischen und integrationspolitischen Interessen untersucht (2.2). Schließlich wird gefragt, ob sich eine Einbindung des Politikfeldes Migration in den europäischen Integrationsprozeß auch anhand der Außenbeziehungen der Europäischen Union feststellen läßt (2.3).

---

[92] Erklärung des britischen Premierministers, Tony Blair, am 18.Juni 1997 über die Ergebnisse des Europäischen Rates vom 16. und 17. Juni 1997 in Amsterdam vor dem House of Commons, S. 74.

[93] Hierzu in 2.1. Zur Eigendynamik, die sich aus der einmal in Gang gesetzten Kooperation entwickelt, siehe ausführlicher in III 3 und III 4.

2.1 Integrationspolitische Entwicklungen bewirken einen Funktionswandel der migrationspolitischen Kooperation

Die migrationspolitische Kooperation zwischen EU-Staaten ist entstanden als Ausgleichsmaßnahme zum gemeinsamen Binnenmarkt. Daher hatte die Kommission im Weißbuch zur Verwirklichung des Binnenmarktes auch im migrationspolitischen Bereich Maßnahmen vorgesehen.[94]

Das Schengener Vertragswerk läßt sich lesen als ein Katalog von Maßnahmen, der die Kernbestimmung des Schengener Vertrags, nämlich „[d]ie Binnengrenzen dürfen an jeder Stelle ohne Personenkontrollen überschritten werden." (Art. 2 Schengen-Vertrag), flankieren soll. Die im Maastricht-Vertrag aufgezählten Kooperationsbereiche werden laut Vertrag von den Mitgliedstaaten mit dem Ziel der Verwirklichung des Ziels der Freizügigkeit als Angelegenheit von gemeinsamem Interesse betrachtet (Art. K.1 EUV). Hingegen liest sich der Amsterdamer Vertrag vom Tenor her etwas anders. Migrationspolitische Bestimmungen sind hier eingeordnet in den Titel IV „Visa, Asyl, Einwanderung und andere Politiken betreffend den freien Personenverkehr", das Ziel ist der „schrittweise Aufbau eines Raums der Freiheit, der Sicherheit und des Rechts" (Art. 61 EGV n.F.). Zu den in Artikel 2 des Unionsvertrags genannten Zielen der Union tritt nun

„die Erhaltung und Weiterentwicklung der Union als Raum der Freiheit, der Sicherheit und des Rechts, in dem in Verbindung mit geeigneten Maßnahmen in bezug auf die Kontrollen an den Außengrenzen, das Asyl [und] die Einwanderung (...) der freie Personenverkehr gewährleistet ist;" (Art. 2, 4. Spiegelstrich EUV n.F.).

Damit sind die migrationspolitischen Bereiche nicht nur dadurch aufgewertet worden, daß sie in den Gemeinschaftsrechtsrahmen eingefügt worden sind, sondern sie haben zudem eine zentrale Rolle bei den Kernzielen der Union zugesprochen bekommen. Die Entwicklung hierhin läßt sich anhand der Verhandlungen zur Reform des Maastrichter Vertrags nachzeichnen. Hier standen erstmalig auch die migrationsrelevanten Vertragsbestimmungen im konstitutionellen Verhandlungsprozeß, den Regierungskonferenzen im Rahmen des europäischen Integrationsprozesses darstellen. Regierungskonferenzen eröffnen die Möglichkeit, festgeschriebene Vertragsbestimmungen anzupassen, entweder an veränderte äußere Bedingungen, an Präferenzänderungen der

---

[94] Diese Vorschläge der Kommission stießen bei den Mitgliedstaaten vor allem aus kompetenzrechtlichen Gründen auf Ablehnung. *Hailbronner (1989: S. 20f.)*

Mitgliedstaaten, an neue Interessenskonstellationen infolge von Erweiterungen, oder auch an den mit der Anwendung zwischenzeitlich erworbenen Erfahrungen.[95] So war denn auch im Vergleich zu den Verhandlungen für die Maastrichter Regierungskonferenz inzwischen die deutliche Mehrheit der Mitgliedstaaten für eine Vergemeinschaftung migrationspolitischer Bereiche, um die Effizienz der gemeinsamen Vorhaben in diesem Bereich zu steigern.[96]

Die angesprochene Bedeutungszunahme dieses doch noch relativ jungen Feldes der europäischen Politik läßt sich auch mit der konkreten historischen Situation des europäischen Integrationsprozesses in den neunziger Jahren erklären. Durch die Vorbereitungen der Regierungskonferenz sowie durch diese selbst zieht sich nämlich wie ein roter Faden eine der Hauptlehren des Maastrichter Ratifikationsprozesses: die Legitimation des europäischen Integrationsprozesses steht auf dem Spiel, wenn dem Bürger die Relevanz der europäischen Politik für seinen Alltag nicht einsehbar ist.

Die knappen Referenden in Dänemark und Frankreich sowie die deutlich negative Tendenz der demoskopisch ermittelten öffentlichen Unterstützung des europäischen Integrationsprozesses haben dies den Regierungen drastisch vor Augen geführt.[97] Daraus folgten zwei Kernforderungen: die europäische Politik muß sich der Probleme der Bürger wirksam annehmen, und sie muß transparenter und besser vermittelbar werden *(vgl. hierzu Laursen 1997)*. „Keine andere vorhergehende Regierungskonferenz war so von dem Gedanken geprägt, die Bindungen zwischen der Union und dem Bürger zu stärken und den

---

[95] zu den Funktionen von Regierungskonferenzen vgl. ausführlicher: *Edwards/Pijpers (1997)*.

[96] Hier ist zwischen Beginn der Regierungskonferenz im März 1996 und der irischen Präsidentschaft in der zweiten Jahreshälfte 1996 eine Festigung der Mehrheitsposition zu beobachten. Während nach einer Zusammenstellung der einzelnen Länderpositionen vor Beginn der Regierungskonferenz erst acht Länder für eine Vergemeinschaftung waren, und sechs Länder in diesem Punkt noch unentschieden waren, hatte sich bis zum Herbst 1997 die Mehrheitsposition auf zwölf Länder erstreckt. Dänemark und das Vereinigte Königreich waren strikt dagegen; Frankreich nahm eine ambivalente Haltung ein. (Vgl. dazu die Übersicht bei: *Jopp/Schmuck (1996: S. 248)*. Vgl. auch die Darstellung des Diskussionsverlaufs in: *Europäische Kommission* (1997).

[97] Laut Eurobarometer–Umfragen sank der Anteil der Bürger, die für eine europäische Integration eintraten, von 81% im Jahre 1991 auf 73% im Herbst 1993. Der Anteil der Bürger, die der Meinung waren, die Mitgliedschaft ihres Landes in der Union sei eine gute Sache, sank von 72% im Jahr 1991 auf nur 54% im Frühjahr 1994. Zahlen übernommen von *Anderson (1995: S. 111)*.

Sorgen der Menschen Rechnung zu tragen".[98] Die Lehren aus den Schwierigkeiten des Maastrichter Ratifikationsprozesses haben die migrationspolitischen Bereiche zu einem der Schlüsselelemente der Vertragsrevision von 1996 gemacht.

Folgende Passagen des Berichts der Reflexionsgruppe lassen den Zusammenhang zwischen der Betonung des Interesses der Bürger und der Bedeutung des migrationspolitischen Bereichs deutlich hervortreten:

> „(...) Die Konferenz muß dafür sorgen, daß die Union größere Bedeutung für ihre Bürger erhält. Der richtige Weg für die Union, um das Engagement ihrer Bürger wiederzuerlangen, besteht darin, daß vornehmlich danach gefragt wird, was auf europäischer Ebene erforderlich ist, damit die Probleme in Angriff genommen werden, die den meisten Bürgern wichtig sind, wie größere **Sicherheit**, Solidarität, Beschäftigung und Umwelt.(...)" (eigene Hervorhebung)
>
> „(...) Die Konsolidierung der inneren Sicherheit in einem Raum ohne Binnengrenzen, in dem Freizügigkeit herrscht, ist eine der größten Herausforderungen, die sich der Union derzeit stellen. (...) Die Bürger fordern ferner einen besseren Umgang mit der Herausforderung, die der steigende Einwanderungsdruck auf die Union für diese darstellt; Ausmaß und Vielschichtigkeit dieses Phänomens erfordern ein gemeinsames Vorgehen.(...)" (Reflexionsgruppe 1995: Bericht der Reflexionsgruppe, Brüssel 5.12.1995 (SN 520/95).

Die Notwendigkeit, bei europäischen Reformvorhaben zuallererst die Belange der Bürger zu beachten, zusammengenommen mit der unmittelbaren Betroffenheit jedes Einzelnen in Bereichen der Migrationspolitik[99], machte die

---

[98] So Wilhelm *Schönfelder*, Leiter der Europa-Abteilung des Auswärtigen Amtes und Reinhard *Silberberg*, Leiter des Arbeitsstabs im Auswärtigen Amt für die Regierungskonferenz. (Vgl.: Schönfelder/Silberberg 1997: S.22). Laut *Dalton* und *Eichenberg* wurde nach den französischen und dänischen Referenden die Sorge um die öffentliche Meinung zum Kennzeichen der europäischen Integration. Vgl. *Dalton/Eichenberg (1998)*. Von dem Gedanken der Transparenz war auch bereits die Regierungskonferenz selbst geprägt. Beispielsweise richtete die Kommission eine Arbeitseinheit ein zur Vermittlung des Beratungsverlaufs an die Bürger. Die offiziellen Regierungspositionen wurden systematisch aufbereitet der Öffentlichkeit auf dem Internet zur Verfügung gestellt und der Kommissar *Oreja* nutzte dieses Medium, um Konferenzverlauf und -ergebnisse in einem monatlichen „Brief an die Bürger Europas" zu erläutern (http://europa.eu.int/en/agenda/igc-home).

[99] Auf die unmittelbare Betroffenheit des einzelnen Individuums durch migrationspolitische Maßnahmen ist bereits oben (II 1.2) eingegangen worden.

Reform migrationsrelevanter Vertragsbestimmungen über ihre migrationspolitische Bedeutung hinaus zu einer Frage der Legitimation des europäischen Integrationsprozesses *(so auch Monar 1996: S. 73)*. In dem Mandat für die Regierungskonferenz, das die Staats- und Regierungschefs der EU-Staaten beim Europäischen Rat am 29. März 1996 in Turin erteilten, tritt dementsprechend die prominente Stellung der migrationsrelevanten Bereiche deutlich zu Tage. Sie werden im Rahmen des ersten der drei Felder genannt, auf die sich die Beratungen vornehmlich konzentrieren sollen:

> „*1. Eine bürgernähere Union*
>
> *Der Europäische Rat bittet die Regierungskonferenz, sich bei ihren Arbeiten stets vor Augen zu halten, daß der Bürger im Zentrum des europäischen Aufbaus steht. Die Union hat die unbedingte Pflicht, auf die Bedürfnisse und Sorgen der Bürger konkret einzugehen. (...) Die Bürger Europas schenken den Fragen der Bereiche Justiz und Inneres wachsende Aufmerksamkeit. In einer Region des freien Personen-, Waren-, Kapital- und Dienstleistungsverkehrs wie der Union muß die Ausübung dieser Rechte im Einklang mit den Bestimmungen des Vertrags mit einem angemessenen Schutz einhergehen. Hierzu trägt eine verstärkte Kontrolle der Außengrenzen der Union bei.*" (Europäischer Rat von Turin: Schlußfolgerungen des Vorsitzes, 29.3.1996, zitiert nach: Jopp/Schmuck 1996, Dokument 9).

Zusammenfassend läßt sich festhalten, daß die durch den Maastrichter Vertrag erfolgte institutionelle Einbindung der migrationspolitischen Bereiche diese zu einem Kernbestandteil der jüngsten europäischen Verhandlungen haben werden lassen, und dies trotz der kurzen Zeitspanne, die vergangen ist, seitdem diese Themen auf die europäische Agenda gesetzt wurden.

Mit der Bedeutungszunahme ist auch eine leichte Zielveränderung einhergegangen. In dem Aktionsplan, den der Innen- und Justizministerrat Ende 1998 zur Verwirklichung der im Amsterdamer Vertrag enthaltenen Bestimmungen verabschiedet hat, hat er die Philosophie des Konzepts eines „Raums der Freiheit, der Sicherheit und des Rechts" folgendermaßen erläutert:

> „*Diese drei Begriffe hängen eng zusammen. Die Freiheit verliert viel von ihrer Bedeutung, wenn sie nicht in einem sicheren Umfeld und mit der vollen Unterstützung eines Rechtssystems genossen werden kann, in das alle Bürger und Gebietsansässigen der Union Vertrauen haben können. Diese drei untrennbar miteinander verknüpften Konzepte haben einen gemeinsamen Nenner – die Menschen –, und die volle Verwirklichung des*

einen setzt die Verwirklichung der beiden anderen voraus. Zwischen ihnen ein ausgewogenes Verhältnis zu wahren, muß für das Vorgehen der Union Richtschnur sein." (Rat der Europäischen Union (Innen und Justiz) 1999a: S. 2.).

Migrationspolitische Maßnahmen können nun nicht mehr lediglich als eines der Instrumente gesehen werden, die notwendig sind, um die Binnengrenzkontrollen abzubauen. Vielmehr scheinen sie mit dem Amsterdamer Vertrag in ein Konzept des gemeinsamen Rechtsraums und der inneren Sicherheit eingebunden zu sein, die an die innenpolitische Einbettung der Migrationspolitik auf nationaler Ebene erinnert. Der europäische Integrationsprozeß der neunziger Jahre hat somit zu einem Funktionswandel und einer Bedeutungszunahme der migrationspolitischen Kooperation geführt.

2.2 Europapolitische und migrationspolitische Interessen

Die Einbindung der migrationspolitischen Kooperation in die Europapolitik macht sich weiterhin darin bemerkbar, daß europapolitische und migrationspolitische Interessen miteinander verknüpft und teilweise auch gegeneinander ausgespielt werden können.

Ein Beispiel hierfür bietet der Konflikt um die aktive Einbeziehung Österreichs und Italiens in das Schengener Vertragssystem. Nach der Ratifikation der Beitrittsurkunde ist zum Inkraftsetzen des Schengener Vertrags in jedem Beitrittsfall die Entscheidung des Schengener Exekutivausschusses notwendig gewesen.[100] Schon Monate vor dem geplanten Termin des Inkraftsetzens Ende Oktober 1997 machte der bayerische Innenminister *Beckstein* Bedenken hinsichtlich der Schengen-Reife Österreichs und Italiens gelten. Dies führte einerseits zum Konflikt mit dem damaligen Bundeskanzler *Kohl*, andererseits zum Konflikt mit Italien und Österreich.

In der deutschen innenpolitischen Auseinandersetzung standen sich migrationsspezifische Sicherheitsinteressen und europapolitische Interessen gegenüber.[101] Der italienische Innenminister verwehrte sich dagegen, daß zwischen

---

[100] Vgl. die Ausführungen oben III 1.1. Nach Inkrafttreten des Amsterdamer Vertrags ist für die Inkraftsetzung des Schengen-Acquis in den Schengen-Beitrittsstaaten Griechenland, Schweden und Finnland (und später wohl auch einmal in den Ländern, die zu den Beitrittskandidaten der EU zählen) die Entscheidung des Innen- und Justizministerrats notwendig, s.o.

[101] Zur Rolle der subnationalen Ebene im Europäisierungsprozeß der Migrationspolitik siehe unter III 5.

den Ländern ein hierarchisches, kooperationsschädigendes Kontrollverhältnis entstehe. Österreich verknüpfte diesen Konflikt innerhalb der migrationspolitischen Zusammenarbeit mit der allgemeinen Europapolitik und machte die Ratifizierung des Amsterdamer Vertrags durch Österreich von der gleichberechtigten Teilhabe Österreichs am Schengen-System abhängig *(NZZ vom 20.7.1997)*.

Bemerkenswert ist, daß der Konflikt nicht zwischen den Fachministern geregelt wurde, sondern eines Treffens der drei betroffenen Regierungschefs *Kohl, Klima* und *Prodi* bedurfte *(NZZ vom 20.7.1997; SZ vom 19./20.7.1997)*. Dies erinnert daran, daß der Schengen-Vertrag trotz aller migrationspolitischen Interessen in seinem Ursprung auf eine europapolitische Initiative von *Kohl* und *Mitterrand* 1984 zurückgeht, dem „Europa der Bürger" mittels Grenzkontrollerleichterungen einen neuen Impuls zu verleihen, also einen entscheidenden Baustein für den Bau Europas darstellte.[102] Damit handelt es sich auch bei Fragen der geographischen Ausdehnung des Schengener Systems um ein integrationspolitisches Projekt, das im Konfliktfall sofort wieder zur „Chefsache" erklärt wird. Daß damit auch in die migrationspolitische Kooperation europapolitische Stellenwerte einzelner Mitgliedstaaten eingehen, äußert sich in dem unterschwellig vorhandenem europapolitischen Tabu, das EG-Gründungsmitglied Italien von der gleichberechtigten Teilhabe am Schengen-System auszuschließen.[103]

Die Integration Schengens in den Amsterdamer Vertrag und die Vergemeinschaftung der Migrationspolitik mit den beschriebenen Ausnahmeregelungen für drei EU-Staaten ist ebenfalls eng mit europapolitischen Entwicklungen und Interessen verbunden. So hat nach längeren Diskussionen in Wissenschaft und Politik die Idee einer „abgestuften Integration"[104] zunehmend Anhänger gefunden und fand schließlich auf deutsch-französischen Vorschlag als Prinzip der verstärkten Zusammenarbeit auch Eingang in den Amsterdamer Vertrag

---

[102] Siehe dazu bereits oben II 2.1. Entsprechend der Einstufung des Schengener Abkommens als „Chefsache" war in der Bundesrepublik Deutschland bis zur Operationalisierung Schengens das Bundeskanzleramt federführend zuständig für die Verhandlungen. Darauf wird in III 4 näher eingegangen.

[103] Einen weiteren Beleg für die Europäisierung der migrationspolitischen Kooperation stellt die frappierende Ähnlichkeit zwischen dem Konflikt um die Schengen-Reife und demjenigen um die Euro-Reife Italiens dar. In beiden Fällen ging es um widerstreitende fachliche und europapolitische Interessen, bei denen sich letztere schließlich durchsetzten.

[104] Grundlegend zum Prinzip der abgestuften Integration: *Grabitz (1984)*.

(Art. 11 EGV n.F.).[105] Das **Protokoll zur Einbeziehung des Schengener Besitzstandes in den Rahmen der Europäischen Union** beruft sich explizit auf dieses neue Strukturprinzip. Damit wird ein flexiblerer Umgang mit dem Dilemma zwischen Kooperationsbedarf und Souveränitätsbeharren ermöglicht. Dieser Wandel in der Integrationsphilosophie wurde vor allem durch das Einlenken der britischen und dänischen Regierungen kompromißfähig *(Hailbronner/Thiery 1998: S. 585)*. Ausschlaggebend erscheint hier der Regierungswechsel im Vereinigten Königreich und der Wunsch des neuen britischen Premierministers Blair, die grundsätzliche Obstruktionshaltung seines Vorgängers aufzugeben und eine Führungsrolle in Europa zu übernehmen.[106]

Die Dominanz europapolitischer Überlegungen gegenüber migrationspolitischen Interessen bei der Ausarbeitung des Amsterdamer Vertrags wurde zudem von der Verhandlungsstruktur begünstigt. So machen Beobachter darauf aufmerksam, daß die von den Außenpolitikern dominierte Verhandlungsführung europapolitischen Gesichtspunkten den Vorrang vor fachlichen Argumenten gegeben hat *(Andreae/Kaiser 1998: S. 37; Moravcsik/Nicolaïdis 1999: S. 66)*. Unter dem Druck, Integrationsfortschritte vorweisen zu müssen, war ein Kompromiß im Bereich der Migrationspolitik für die Außenpolitiker wohl leichter herzustellen als im Bereich der Gemeinsamen Außen- und Sicherheitspolitik.

Die herausragende Bedeutung des nationalen Interesses im Migrationsbereich wird allerdings dann deutlich, wenn selbst der überzeugte Europäer *Kohl* angesichts der besonderen migrationspolitischen Betroffenheit Deutschlands die Notwendigkeit der Vetomöglichkeit betont:

„In den Bereichen Asyl- und Visapolitik, Einwanderung (...) hat die Konferenz von Amsterdam die Grundlagen für ein gemeinsames effektiveres Handeln gelegt. Dabei konnten und mußten wir zur Wahrung unserer Interessen sicherstellen, daß in Fragen der Einwanderung und des Asyls auch künftig das Prinzip der Einstimmigkeit gilt. (...) Es gibt in Brüssel Behauptungen, wonach wir, die Deutschen, eine Renationalisierung der EU-Politik betreiben würden. Davon kann überhaupt keine Rede sein. Ich will das Beispiel anführen, das ich auch in Amsterdam genannt habe. Wir hatten im Jahr 1996 in Deutschland 117 000 Asylbewerber. Das waren 52 Prozent der Asylbewerber in der gesamten Europäischen Union. Das heißt,

---

[105] *Schönfelder/Silberberg (1997: S. 209); Philippart/Edwards (1999);* zur Diskussion um das Flexibilitätsprinzip vgl. auch *Giering (1997).*

[106] Ob das Beharren auf britische Sonderrechte im migrationspolitischen Bereich mit strukturellen Fragen der britischen Politik, wie beispielsweise der Haltung zu Personenkontrollen im Inland zusammenhängt, oder lediglich ein Eingeständnis der Blair-Regierung an die öffentliche Meinung ist, ist nicht eindeutig zu klären. Vgl. hierzu: *Pinder (1997: S. 142).*

die Mehrheit der Asylbewerber, die nach Europa kommt, geht nach Deutschland. (...) Wir sind nicht europamüde, aber wir haben hier wohlverstandene eigene Interessen zu vertreten. Ich glaube auch nicht, daß in den nächsten Jahren eine Veränderung unseres Standpunkts möglich ist." (Erklärung der deutschen Bundesregierung zum Europäischen Rat in Amsterdam, abgegeben von Bundeskanzler Helmut Kohl am 27. Juni 1997 in Bonn, S. 83).

An der deutschen Position läßt sich somit ablesen, daß auch derjenige, der ein europäisches Handeln aufgrund überdurchschnittlicher Belastung anstrebt, aus eben diesem Grunde ebenfalls vor einem Ebenen- und Entscheidungsdilemma steht: Zwar sucht er die europäische Handlungsebene zur Erleichterung des Handlungsdrucks auf nationaler Ebene, möchte jedoch die Entscheidungshoheit darüber nicht völlig aus der nationalen Hand geben.[107]

Aus den vorangegangen Ausführungen zum Verhältnis zwischen migrationspolitischen und europapolitischen Interessen wird eine Einbeziehung der migrationspolitischen Zusammenarbeit in die generelle Europapolitik daran erkennbar, daß diese eingegangen ist in die europapolitische Verhandlungsmasse.

2.3 Migrationspolitik und die Außenbeziehungen der EU

Im folgenden sind die Außenbeziehungen der EU danach zu untersuchen, inwiefern sie bereits die migrationspolitische EU-Zusammenarbeit mit umfassen.

Unter britischem Vorsitz 1998 bekräftigte der Rat seine Auffassung, daß Fragen der Zusammenarbeit in den Bereichen Innen und Justiz „eine der Schlüsselfragen für den Erweiterungsprozeß darstellen" *(Rat der Europäischen Union (Innen und Justiz): vom 19.3.1998).* Die Beitrittskandidaten müssen, um den Beitrittsanforderungen zu entsprechen, ihre Migrationspolitik entsprechend dem EU-Modell gestalten *(OECD 1998: 52).* Der zwischen den EU-Staaten erreichte migrationspolitische **Acquis** wird als Teil des von den Beitrittskandidaten zu erfüllenden gemeinschaftsrechtlichen **Acquis** betrachtet.[108] Nachdem mit dem Amsterdamer Vertrag der Schengen-Besitzstand in

---

[107] vgl. generell zum Ebenen- und Entscheidungsdilemma *Wessels (1992)* Fusionsthese.

[108] „Die Ausdehnung der Europäischen Union stellt eine Herausforderung und gleichzeitig eine Chance dar zur Lösung gemeinsamer grenzüberschreitender Probleme im Bereich von Migration und Asyl (...) zwischen der derzeitigen EU und den Ländern Mittel- und Osteuropas. Genauso wie etwaige Schwächen der beitrittswilligen Länder in diesen Bereichen eine Bedrohung für die derzeitigen EU-Mitgliedstaaten darstellen werden, wird

den EU-**Acquis** integriert worden ist, müssen die Beitrittskandidaten auch den Schengen-Standard erfüllen. Damit entfaltet die migrationspolitische Zusammenarbeit zwischen den EU-Staaten bereits jetzt normative Ausstrahlungskraft für Staaten außerhalb dieses Kooperationsgremiums.[109]

In Vorbereitung auf die Erweiterung werden mit den Beitrittskandidaten der ersten und zweiten Runde aus Mittel- und Osteuropa sowie Zypern im Rahmen des strukturierten Dialogs migrationspolitische Fragen behandelt.[110] Damit wird bereits vor der Erweiterung Kooperation eingeübt. Die Beitrittskandidaten werden über die Maßnahmen der EU-Staaten in diesem Bereich informiert und umgekehrt sichern sich die EU-Staaten laufende Information über die in den Beitrittsstaaten ergriffenen Maßnahmen. Die Beitrittskandidaten werden bei der Vorbereitung auf die zwischen den EU-Staaten vereinbarten Standards unterstützt. Die EU-Staaten verfolgen damit das Ziel, im Falle der Erweiterung den erreichten Sicherheitsstandard zu erhalten. Die Hilfestellung umfaßt technische, administrative, gesetzgeberische und finanzielle Mittel zur Unterstützung des Aufbaus eigener Asyl- und Grenzschutzverwaltungen.[111]

---

auch eine kräftige Entwicklung in den Bereichen Justiz und Inneres in den beitrittswilligen Ländern einen positiven Beitrag zu Sicherheit und Freiheit der Bürger in der heutigen EU leisten. Es liegt auch im allgemeinen Interesse, dafür zu sorgen, daß Maßnahmen in den Bereichen Justiz und Inneres in der gesamten erweiterten EU nach gemeinsamen, hohen Standards durchgeführt werden und daß jeder neu beitretende Staat in der Lage ist, die EU-Anforderungen angemessen zu erfüllen." (Europäische Kommission 1997: Agenda 2000, dem Europäischen Parlament vorgelegt von der Europäischen Kommission am 16. Juli 1997 in Straßburg, S. 113).

[109] Umgekehrt liegt hierin auch ein Dynamisierungsfaktor für die EU-interne Zusammenarbeit im Bereich Migration. Die EU-Staaten müssen bei der Inventarisierung des von den Beitrittskandidaten zu erfüllenden Acquis die bislang erzielten Kooperationsergebnisse nochmals bestätigen. Zudem sind die EU-Staaten möglicherweise eher bereit, Beschränkungen ihrer migrationspolitischen Handlungsautonomie hinzunehmen, wenn sie bedenken, daß neu vereinbarte Standards auch von den Beitrittskandidaten erfüllt werden müssen, und damit letztendlich die migrationsrelevante Sicherheit aller erhöhen.

[110] Zudem haben die Beitrittskandidaten Anfang 1999 vorzeitig das vertrauliche Schengener Handbuch zur Außengrenzkontrolle erhalten, um rechtzeitig auf die Erfüllung der Schengener Sicherheitsvoraussetzungen vorbereitet zu sein. Vgl. hierzu *BMI (1999: S. 9)*.

[111] Die Vorbereitung erfolgt dabei auch auf bilateralem Wege. Besonders Deutschland, das an einer Sicherung der Ostgrenzen der Beitrittsländer Polen und Tschechische Republik ein besonderes eigenes Interesse hat, ist hier sehr aktiv. Gemeinsame Einsatzleitungen und Ermittlungsgruppen sowie Maßnahmen zur Besserung der Kommunikation, von Sprachkursen bis hin zur Errichtung neuer Computersysteme sind z.B. Gegenstand der deutsch-polnischen Kooperation. (Vgl. SZ vom 20.8.1998 und 21.8.1998).

Die migrationspolitische Zusammenarbeit mit den mittel- und osteuropäischen Staaten (MOEL) und Zypern ist auf die Bekämpfung illegaler Migration konzentriert. Darüberhinaus dient sie auch der Ausdehnung des Schutzmechanismus der Genfer Flüchtlingskonvention nach Osten. Den Beitritt der MOEL zur Genfer Flüchtlingskonvention umsetzende Gesetze und Asylverfahren werden mit Hilfe der EU-Staaten eingeführt, Beamte werden geschult, die Bedeutung der Zusammenarbeit mit UNHCR und Nichtregierungsorganisationen in diesem Bereich wird betont (*Rat der Europäischen Union (Innen und Justiz): vom 26.5.1997*). Insgesamt stellt somit die migrationspolitische Vorbereitung der MOEL auf ihren EU-Beitritt auch einen Beitrag zur demokratischen Transformation dieser Staaten des ehemaligen kommunistischen Herrschaftssystems dar.

Eine andere Konstellation als im Fall der Beitrittskandidaten ergibt sich in bezug auf andere Drittstaaten, mit denen die Europäische Union Außenbeziehungen unterhält. Zunehmend setzt die EU diese Beziehungen auch zu migrationspolitischen Zwecken ein. So sollen gemischte Abkommen (Abkommen, die zwischen der Europäischen Gemeinschaft und ihren Mitgliedstaaten einerseits und Drittländern andererseits), die abgeschlossen werden, Klauseln über die Rücknahme eigener Staatsangehöriger (Rückübernahmeklauseln) enthalten (*Rat der Europäischen Union (Innen und Justiz): vom 23.11.1995 und vom 26.5.1997*). Auch im Rahmen der mit der Deklaration von Barcelona im November 1995 ins Leben gerufenen **Euro-Mediterranen Partnerschaft** werden Migrationsfragen behandelt. Dabei stehen die Zusammenarbeit bei der Bekämpfung illegaler Migration und Rücknahmeklauseln im Vordergrund.[112]

Die zunehmende Einbindung migrationspolitischer Kooperation in die Beziehungen der EU zu Drittstaaten erfolgt jedoch nicht nur auf Initiative der EU. Zahlreiche Anfragen von Drittstaaten bezüglich einer Beteiligung an der migrationspolitischen Kooperation der EU-Staaten können als Hinweis für ihre zunehmende Bedeutung gewertet werden.[113]

---

[112] Die EU-Staaten wollten unter dem 3. Korb „Partnership in Social and Human Affairs" auch das heikle Thema Rückübernahme regeln. Dabei war jedoch insbesondere der folgende Wunsch der EU-Staaten konfliktträchtig: „The Union will ask its Mediterranean partners to acknowledge their obligations as regards the readmission of their nationals who had left the country." (Europäischer Rat 1995a: S. 30). Die Programme zur Unterstützung der demokratischen Kräfte in den südlichen und südöstlichen Mittelmeeranrainerstaaten beziehen jedoch teilweise auch Aspekte der Integration legaler Einwanderer in die EU-Staaten mit ein. Vgl. zur Euro-Mediterranen Partnerschaft und ihren migrationspolitischen Implikationen näher: *Jünemann (1997)*.

[113] Auf die migrationspolitische Kooperation der EU-Staaten, die außerhalb des institutionellen Rahmens der Union mit hier genannten Drittstaaten stattfindet, wird unter IV 2 eingegangen.

Europäisierung des Politikfeldes Migration

So sind migrationspolitische Fragestellungen auch in der Transatlantischen Agenda vom 3. Dezember 1995 enthalten. Seitdem beraten im Rahmen des transatlantischen Dialogs Experten aus den USA und den EU-Staaten unter anderem über Asyl- und Migrationsfragen. Auch Sachverständige aus Kanada nehmen an diesen Beratungen teil. Treffen des EU-Vorsitzes mit den zuständigen Ressortchefs auf der amerikanischen Seite finden einmal während jeder Präsidentschaft statt.[114]

Bei der Schweiz handelt es sich aufgrund ihrer geographischen und politischen Situation um einen besonderen Drittstaat in bezug zur Europäischen Union. Einerseits ist die Schweiz wegen der ablehnenden Haltung ihrer Bevölkerung zu einer EWR- (und gar EU-) Mitgliedschaft weder Teil des EU-internen Kooperationszirkels, noch beteiligt an den sich in Vorbereitung der künftigen Erweiterungsrunden herausbildenden weiteren Kooperationsgeflechten. Andererseits entspricht die migrationspolitische Situation der Schweiz derjenigen der nördlichen EU-Staaten, insbesondere was die Asylbewerberzahlen anbelangt, wo die Schweiz im Pro-Kopf-Anteil eine Spitzenstellung einnimmt.[115] Aufgrund ihrer geographischen Lage inmitten Europas ist die Schweiz in besonderem Maße von den migrationspolitischen Entwicklungen in ihren Nachbarländern abhängig *(Garonne 1993: S. 219)*. Mit Ausnahme von Liechtenstein ist die Schweiz seit März 1998 von Schengen-Staaten vollständig eingerahmt. Steigende Asylbewerberzahlen deuten darauf hin, daß hier ein Verdrängungseffekt entsteht *(Mrusek 1998)*. Dies stellt die Schweiz vor die Herausforderung, migrationspolitischen Kooperationsbedarf mit den anderen europäischen Asylstaaten auch ohne formelle EU-Mitgliedschaft zu befriedigen. Sie versucht dies auf informellem, an pragmatischen Gesichtspunkten orientierten Weg, bemüht sich aber auch um eine Aufnahme in das EU-Asylzuständigkeitssystem des Dubliner Übereinkommens *(NZZ v. 29.3.1999. Vgl. auch Epiney 1995: S. 344; Achermann/Maya 1998: S. 603)*.

---

[114] Rat der Europäischen Union (Innen und Justiz) 1996: Réalisations dans le domaine „Justice et Affaires intérieures" au cours de l'année 1996 et Actualisation du rapport du Conseil au Conseil européen, Dok. 1185/5/96 JAI 68 REV 5.

[115] Betrachtet man die kumulierten Asylbewerberzahlen der Jahre 1990 bis 1998 in Relation zur Gesamtbevölkerung, hat die Schweiz in diesen Jahren die meisten Asylbewerber zu verzeichnen, gefolgt von Schweden. Vgl. *Lederer/Rau/Rühl (1999: S. 30)*.

2.4 Fazit: Europäisierung des Politikfeldes Migration durch Einbindung in den europäischen Integrationsprozeß

Der migrationspolitischen Kooperation wird im Schengener und Maastrichter Vertrag eher eine den Binnenmarkt flankierende Funktion zugeordnet. Nach den negativen Erfahrungen der Maastrichter Referenden war allerdings deutlich geworden, daß es aus integrationspolitischen Gründen notwendig ist, bei europäischen Reformvorhaben zuallererst die Belange der Bürger zu beachten. Diese Erkenntnis, zusammen mit der gesellschaftspolitischen Bedeutung des Migrationsthemas, hat die Reform migrationsrelevanter Bestimmungen des Maastrichter Vertrags zu einer Frage der Legitimation des europäischen Integrationsprozesses gemacht.

Die Einbindung der migrationspolitischen Kooperation in den europäischen Integrationsprozeß läßt sich zudem daran ablesen, daß europapolitische und migrationspolitische Interessen zueinander in Beziehung gesetzt und gegeneinander ausgespielt werden können. Dabei zeigt sich, daß die Migrationspolitik eingegangen ist in die europäische Verhandlungsmasse; migrationspolitische Interessen können als neue „Währungen" in den politikfeldübergreifenden Verhandlungsprozeß eingehen.[116]

Auch die zunehmende Bedeutung migrationsrelevanter Fragen in den Außenbeziehungen der EU deutet auf die Einbindung der migrationspolitischen Zusammenarbeit in den europäischen Integrationsprozeß hin. So gehören die bisher erzielten Ergebnisse der migrationspolitischen Zusammenarbeit zum gemeinsamen **Acquis**, den die Beitrittskandidaten im Falle der Erweiterung zu erfüllen haben. Dies bindet jedoch nicht nur die Beitrittskandidaten, sondern entfaltet zumindest eine moralische Verpflichtung der EU-Staaten, sich an die von ihnen gesetzten Standards auch selbst zu halten.

Durch die zunehmende Einbindung des Politikfeldes Migration in den europäischen Integrationsprozeß ist eine Entwicklung in Gang gesetzt worden, die diesen Politikbereich immer weniger als einen Bereich erscheinen läßt, der der ausschließlichen Entscheidungsgewalt des Nationalstaates unterliegt. Er wurde insofern europäisiert, als er Teil des europäischen Einigungsprojekts geworden ist. Damit tritt als zusätzlich dynamisierender Faktor neben die politikfeldspezifische Dynamik auch noch die Entwicklung des europäischen Integrationsprozesses.

---

[116] vgl. hierzu allgemein für die Europapolitik *Wallace (1990: S. 223f.)*.

3. Drei Fallbeispiele zur migrationspolitischen Kooperation der EU-Staaten

Wie aus den vorhergehenden Ausführungen ersichtlich wurde, sind die EU-Staaten in ihren migrationspolitischen Entscheidungen nicht mehr völlig autonom, sondern an vertragliche Kooperationspflichten und politische Zusammenhänge gebunden. Andererseits sind damit die Voraussetzungen dafür geschaffen worden, daß das Kooperationsinteresse der Staaten, nämlich eine Erweiterung ihrer Handlungsmöglichkeiten durch eine Nutzung der europäischen Ebene, befriedigt werden kann. Im folgenden soll anhand von Fallbeispielen die Praxis der migrationspolitischen Zusammenarbeit untersucht werden. Ziel dieser Analyse ist die Klärung der Frage, ob die Nutzung der europäischen Ebene zur Erweiterung migrationspolitischer Handlungsmöglichkeiten tatsächlich erfolgt, und welcher Entwicklungstrend sich im Laufe der neunziger Jahre beobachten läßt.

Als Fallbeispiele wurden gewählt: Der Umgang mit der Problematik der Bürgerkriegsflüchtlinge (3.1), die Reaktionen auf die kurdische Flüchtlingskrise zum Jahreswechsel 1997/1998 (3.2) und schließlich die Verhandlungen zur Eurodac-Konvention (3.3). Die Auswahl erfolgte unter folgenden Gesichtspunkten: Die Problematik der Bürgerkriegsflüchtlinge betrifft die für die neunziger Jahre neue europäische Herausforderung im Politikfeld Migration. Die kurdische Flüchtlingskrise soll der Illustration europäischer oder nationaler Reaktionen auf eine Krisensituation dienen. Sie hatte letztlich auch entscheidenden Einfluß auf die Verhandlungen zur Eurodac-Konvention, die der Verfeinerung des europäischen Asylsystems dienen soll.

3.1 Kriegs- und Bürgerkriegsflüchtlinge aus dem ehemaligen Jugoslawien: Ein Fall für die migrationspolitische Kooperation der EU-Staaten?

Bei den migrationspolitischen Problemfeldern im Europa des ausgehenden 20. Jahrhunderts gehört die Frage der Herangehensweise in bezug auf Kriegs- und Bürgerkriegsflüchtlinge zu den besonders drängenden Problemen. Inwiefern wird die europäische Ebene zur Bewältigung dieser Herausforderung genutzt und welche Lösungen zeichnen sich ab?

Als Anfang der neunziger Jahre auf dem Balkan Flucht und Vertreibung in einem in Europa seit dem Zweiten Weltkrieg ungekannten Ausmaß stattfanden, war der Maastricht-Vertrag noch nicht in Kraft und migrationspolitische Fragen noch nicht „Angelegenheiten von gemeinsamem Interesse" der

Mitgliedstaaten. Die Aufnahme der Flüchtlinge fand nicht konzertiert statt und verteilte sich sehr ungleichgewichtig auf die einzelnen Mitgliedstaaten.[117]

Allerdings befaßte sich der Europäische Rat im Dezember 1992 in Edinburgh mit der Frage des Einwanderungsdrucks und hier insbesondere mit den Flüchtlingen im ehemaligen Jugoslawien. Die Mitgliedstaaten vereinbarten, ihre Zusammenarbeit in bezug auf diese besondere Herausforderung zu verstärken und erklärten sich prinzipiell auch zur vorübergehenden Aufnahme besonders schutzbedürftiger Personen bereit, und zwar „im Rahmen eines koordinierten Vorgehens aller Mitgliedstaaten" *(Europäischer Rat 1992: S.25 ff.).*

Kurz nach Inkrafttreten des Maastrichter Vertrags legte die Kommission dem Rat eine Mitteilung zur Einwanderungs- und Asylpolitik vor, die eine umfassende Migrationsstrategie für die Union und ihre Mitgliedstaaten anregte. Sie machte darin unter anderem darauf aufmerksam, daß auch unabhängig vom konkreten Konfliktherd Balkan die Union und ihre Mitgliedstaaten auf Flüchtlingsbewegungen größeren Ausmaßes vorbereitet sein müssen. Sie mahnte hierfür zum einen die Harmonisierung der nationalen Regelungen in bezug auf den vorübergehenden Schutz an. Zum zweiten schlug sie die Ausarbeitung eines Systems zur Beobachtung der Aufnahmekapazitäten vor, sowie die Errichtung eines Mechanismus, der für den Fall eines Massenzustroms die Unterstützung von Mitgliedstaaten durch andere Mitgliedstaaten ermöglicht *(Kommission der Europäischen Union 1994).*

Damit hatte die Kommission die beiden Aspekte aufgezeigt, die die Diskussion zwischen den Mitgliedstaaten über die Aufnahme zum Zweck des vorübergehenden Schutzes den Rest des Jahrzehnts bestimmen sollten. Es handelt sich hierbei erstens um die Frage eines einheitlichen Vorgehens bei der vorübergehenden Aufnahme von Flüchtlingen und zweitens um die Frage eines Lastenausgleichssystems zwischen den Mitgliedstaaten.

Beide Punkte stehen seit 1994 im Arbeitsprogramm des Rates. Eine Entschließung und ein Beschluß zur Frage der Lastenteilung wurden verabschie-

---

[117] So nahm Deutschland in absoluten Zahlen betrachtet mit mehr als 400 000 Flüchtlingen aus dem ehemaligen Jugoslawien mit Abstand die meisten auf (58%). Vgl. hierzu *Bundesministerium des Innern (1997: S. 118).* Setzt man die Zahl der aufgenommenen Flüchtlinge in Verhältnis zur Bevölkerungsgröße, so hat Österreich mit sechs Kriegs- und Bürgerkriegsflüchtlingen pro tausend Einwohner die meisten Flüchtlinge aufgenommen, gefolgt von Schweden (und dem Nicht-EU-Mitglied Schweiz) mit je fünf Flüchtlingen pro tausend Einwohner. Vor allem Frankreich und das Vereinigte Königreich haben sich mit der Aufnahme von Flüchtlingen zurückgehalten und zusammen weniger als die Hälfte der Flüchtlinge aufgenommen, die die kleineren EU-Staaten Österreich, Schweden und die Niederlande jeweils alleine aufgenommen haben. Vgl. hierzu *Lederer (1997: Tabelle 2.7.2 und S. 315).* Die ungleiche Verteilung der Bürgerkriegsflüchtlinge läßt sich auf mehrere Faktoren zurückführen: Familiäre Bindungen der Flüchtlinge zu ansässigen Drittausländern, geographische Lage, Offenheit des Asylsystems.

det. Kommissionsvorschläge für eine gemeinsame Maßnahme wurden und werden beraten. Der Amsterdamer Vertrag sieht ein Vorgehen in diesen Fragen vor.[118] Die Problematik des vorübergehenden Schutzes ist also eindeutig ein Thema, das auf der europäischen Ebene behandelt wird.

Als sich im Sommer 1995 der Hochkommissar für Flüchtlinge der Vereinten Nationen (UNHCR) mit der Bitte um die kurz- und langfristige Aufnahme von 55 000 Flüchtlingen aus Ex-Jugoslawien an die EU-Staaten wandte, erteilte der Rat dem Koordinierungsausschuß den Auftrag, die konzertierte Weiterbehandlung der Anträge zu prüfen *(Rat der Europäischen Union (Innen und Justiz): vom 26.9.1995).* Auch in bezug auf die Rückführung der Vertriebenen nach dem Friedensabkommen von **Dayton** wurde ein gemeinsamer und koordinierter Ansatz bezüglich der Rückkehrmodalitäten als notwendig erachtet *(Rat der Europäischen Union (Innen und Justiz): vom 19.3.1996).* Als die Rückführungen der Flüchtlinge in den einzelnen Mitgliedstaaten dann angelaufen waren, vereinbarten die zuständigen Fachminister im Rat einen regelmäßigen Informations- und Erfahrungsaustausch über staatliche Hilfsprogramme zur Unterstützung der freiwilligen Rückkehr. Die jährlichen Berichte sollten den Mitgliedstaaten und der Kommission helfen, eine mögliche Annäherung der Programme zu prüfen.[119] 1998 vereinbarten die Fachminister eine gemeinsame Maßnahme zur Finanzierung von Rückkehrhilfsprojekten *(ABl. EG Nr. L 138, v. 9.5.1998, S. 6f.).*

Die Behandlung der Fragen des vorübergehenden Schutzes auf europäischer Ebene bedeutet aber noch kein gemeinsames und einheitliches Vorgehen der

---

[118] Entschließung zur Festlegung der Prioritäten für die Zusammenarbeit im Bereich Justiz und Inneres für den Zeitraum vom 1. Juli 1996 bis zum 30. Juni 1998, ABl. EG Nr. C 319 v. 26.10.1996; Entschließung zur Festlegung der Prioritäten für die Zusammenarbeit im Bereich Justiz und Inneres für den Zeitraum vom 1. Januar 1998 bis zum Inkrafttreten des Amsterdamer Vertrages, ABl. EG Nr. C 011 v. 15.1.1998; Entschließung zur Lastenverteilung hinsichtlich der Aufnahme und des vorübergehenden Aufenthalts von Vertriebenen; ABl. EG Nr. C 262, 1 v. 7.10.1995; Beschluß zum Warnsystem und Dringlichkeitsverfahren bei der Lastenverteilung hinsichtlich der Aufnahme und des vorübergehenden Aufenthalts von Vertriebenen; ABl. EG Nr. L 63, v. 13.3.1996; Europäische Kommission 1997: Vorschlag des Rates für eine gemeinsame Maßnahme auf der Grundlage von Artikel K.3 Absatz 2 Buchstabe b des Vertrags über die Europäische Union betreffend den vorübergehenden Schutz für Vertriebene, KOM (97) 93 endg., vom 5.3.1997; Rat der Europäischen Union (Innen und Justiz) 1999: Aktionsplan des Rates und der Kommission zur bestmöglichen Umsetzung der Bestimmungen des Amsterdamer Vertrags über den Aufbau eines Raums der Freiheit, der Sicherheit und des Rechts, vom 3.12.98, EG-ABl C 19/1 vom 23.1.1999.

[119] Beschluß des Rates v. 26.5.1997 über den Informationsaustausch betreffend die Hilfen für die freiwillige Rückkehr von Drittstaatsangehörigen, ABl. EG Nr. L 147, v. 5.6.1997, S. 3f.

einzelnen Mitgliedstaaten auf diesem Gebiet.[120] Dies wurde im Frühjahr 1999 hinsichtlich der Aufnahme der Flüchtlinge aus dem Kosovo wieder besonders augenfällig.[121] Zum einen standen hier alle Mitgliedstaaten vor dem grundsätzlichen Dilemma zwischen einerseits der Abneigung, durch eine Aufnahme von Flüchtlingen fernab der Region die Politik der ethnischen Vertreibung zu zementieren, und andererseits der Verantwortung gegenüber den Nachbarstaaten und den Flüchtlingen. Zum anderen haben die Mitgliedstaaten aber auch noch kein einheitliches Instrumentarium in bezug auf den Status der temporären Aufnahme geschaffen. Noch nicht einheitlich geregelt sind die Fragen, welche Rechte den Flüchtlingen während ihres Aufenthalts zu gewähren sind; auf welchen Zeitraum sich der Begriff „vorübergehend" bezieht; was geschehen soll, wenn der fluchtauslösende Konflikt länger dauert; und wie im Falle einer Beendigung des Konflikts die freiwillige Rückkehr der Flüchtlinge durchzusetzen ist. Dies sind alles Fragen, die sich auf die notwendige Weiterentwicklung des internationalen Flüchtlingsschutzes beziehen.[122]

Die Notwendigkeit einer Regelung zum vorübergehenden Schutz auf europäischer Ebene als solche wird von den Fachministern nicht angezweifelt. Umstritten ist aber die europäische Einbettung ihrer Umsetzung. Diejenigen Mitgliedstaaten, die überdurchschnittlich viele Flüchtlinge aus dem ehemaligen Jugoslawien aufgenommen haben, sehen eine unabdingbare Verknüpfung zwischen einer europäischen Regelung zum vorübergehenden Schutz und einer solidarischen Lastenteilung zwischen den Partnern. Für die deutsche Bundesregierung beispielsweise ist ohne die Lösung der Frage der Lastenteilung bei der Aufnahme von Flüchtlingen „die Akzeptanz einer gemeinsamen Flücht-

---

[120] Geschweige denn eine nationale Politik nach europäischem Recht oder gar ein Tätigwerden der Kommission, beides sind europäische Alternativen, die erst bei einer Umsetzung der entsprechenden Bestimmungen des Amsterdamer Vertrages denkbar wären.

[121] Auch in diesem aktuellen Fall variieren die Aufnahmezahlen wieder sehr stark zwischen den einzelnen Mitgliedstaaten: Deutschland war Ende April das einzige EU-Mitglied, das die angebotene Quote von 10 000 Kosovo-Flüchtlingen nahezu erfüllt hatte, während die anderen Partner keine oder deutlich weniger (am meisten Belgien: 676) Flüchtlinge aufgenommen hatten. SZ v. 27.4.1999, Quelle UNHCR, Stand 23.4.1999.

[122] Vgl. dazu die Ausführungen in IV 2.1. Diese Fragen werden beispielsweise in Expertengruppen des UNHCR behandelt, vgl. hierzu Executive Committee of the High Commissioner's Programme, Standing Committee: Progress Report on Informal Consultations on the Provision of International Protection to All Who Need it, EC/47/SC/CRP.27, vom 30.5.1997.

lingspolitik der Europäischen Union in Frage gestellt." *(Bundesministerium des Innern 1997: S. 120)*.[123] Aus deutscher Sicht wäre es nicht vereinbar,

> *„die Aufnahme europäisch zu regeln, die Bewältigung der Lasten aber als nationale Angelegenheit einzustufen, wobei die Höhe der Lasten eines Mitgliedstaats allein von der Entscheidung der betroffenen Menschen über die Wahl ihres Aufnahmelandes oder vom Zufall der geographischen Lage des Krisengebiets zur EU bestimmt würde." So Reermann, Ministerialdirektor im Bundesministerium des Innern, anläßlich einer Tagung zur Zukunft der europäischen Einwanderungs- und Asylpolitik im Februar 1999. (Reermann 1999).*

Das Konzept der Lastenteilung ist zu einem Kernstreitpunkt zwischen den Mitgliedstaaten geworden. Durch die Beratungen der Fachminister im EU-Rat zieht sich folgende Diskussionslinie: Die Notwendigkeit gemeinsamer Anstrengungen zur Bewältigung von Flüchtlingskrisen als solche wird allgemein anerkannt. Umstritten ist jedoch, **welche** Anstrengungen solidarisch geteilt werden sollen. So enthält beispielsweise die 1995 beschlossene **Entschließung zur Lastenteilung hinsichtlich der Aufnahme und des Aufenthalts von Vertriebenen** unter anderem auch die Berücksichtigung

> *„des Beitrags der einzelnen Mitgliedstaaten zur Verhinderung bzw. Lösung der Krise, insbesondere durch die Leistung militärischer Hilfe im Rahmen von Einsätzen und Missionen im Auftrag des UN-Sicherheitsrats oder der OSZE sowie durch Maßnahmen der einzelnen Mitgliedstaaten zum Schutz der bedrohten Bevölkerung an Ort und Stelle oder zur Leistung humanitärer Hilfe". Entschließung des Rates vom 25. September 1995 zur Lastenverteilung hinsichtlich der Aufnahme und des vorübergehenden Aufenthalts von Vertriebenen. (ABl. EG Nr. C 262, v. 7.10.1995, S. 1f.).*

Dies dürfte insbesondere im Interesse des Vereinigten Königreichs und Frankreichs liegen. Darüber hinaus ist aber auch umstritten, ob eine Lastenteilung in Form finanzieller Ausgleichszahlungen oder in Form einer Aufteilung der Vertriebenen unter den Mitgliedstaaten erfolgen sollte. In den vergangenen Jahren hat der Rat mehrmals die fehlende Einigung in dieser

---

[123] Das Ziel einer gerechten Lastenteilung bei der Aufnahme von Flüchtlingen befand sich bereits im Präsidentschaftsprogramm für den deutschen EU-Vorsitz in der zweiten Jahreshälfte 1994, *(Bundesregierung 1994a)*. Auch für die im Herbst 1998 angetretene neue Bundesregierung stellt eine gerechtere Lastenteilung eine Priorität dar, vgl. SZ v. 5.12.1998.

Frage festgestellt und die dazu vorliegenden Vorschläge zur Weiterberatung an die Gremien zurückverwiesen.[124]

Um die Beratungen voranzubringen, hat die Kommission die Fragen vorübergehender Schutz und Lastenteilung in zwei getrennten Vorschlägen für gemeinsame Maßnahmen des Rates behandelt, die sie im Sommer 1998 eingebracht hat. Der Rat hat Ende 1998 in dem **Aktionsplan zur bestmöglichen Umsetzung der Bestimmungen des Amsterdamer Vertrags** die Fragen des vorübergehenden Schutzes und der Lastenteilung als besonders dringliche Maßnahmen bezeichnet. Vergleicht man den Maßnahmenzeitplan, der dort aufgestellt wurde, mit demjenigen, der noch in den achtzehn Monate zuvor vereinbarten Bestimmungen des Amsterdamer Vertrags enthalten ist, so fällt auf, daß der Termindruck sich erhöht hat.[125]

Hintergrund des erhöhten Termindrucks ist der Kosovo-Konflikt gewesen, der den dringenden Handlungsbedarf aufs neue manifestiert hat. Hier ist nach Beginn der Luftangriffe der NATO Ende März 1999 annähernd die gesamte Bevölkerung des Kosovo vertrieben worden und suchte in den Nachbarstaaten Schutz *(vgl. SZ v. 12./13.5.1999)*. Grundsätzlich traten die EU-Staaten hier für eine umfassende Schutzgewährung in der Region mit Hilfe vor Ort ein, um die ethnische Vertreibung nicht zu zementieren. Aus humanitären Gründen und zur Vermeidung der weiteren Destabilisierung wurde jedoch auch die Aufnahme in den EU-Staaten in Betracht gezogen. Die Mitgliedstaaten, die Flücht-

---

[124] Vgl. hierzu Rat der Europäischen Union (Innen und Justiz) 1995a: Pressemitteilung Nr. 4323/95 (Presse 69), vom 10.3.1995; Rat der Europäischen Union (Innen und Justiz) 1997b: Presseerklärung Nr. 12888/97 (Presse 375), vom 4.12.1997. Ende 1998 stellte sich die Diskussionslage folgendermaßen dar:

„Bei den Beratungen zeigte sich, daß die Standpunkte der Delegationen zu diesen Fragen noch immer auseinandergehen, wenn auch allgemein eingeräumt wurde, daß gemeinsame Anstrengungen erforderlich sind, um den Massenzustrom von Zuwanderern zu bewältigen. Die meisten Delegationen verwiesen mit Nachdruck auf die notwendige Verknüpfung zwischen vorübergehendem Schutz und Solidarität, die von anderen Delegationen nicht akzeptiert wird. Eine Reihe von Delegationen betonte, daß die Solidarität nicht auf einen rein finanziellen Beitrag beschränkt werden könne." Vgl. Rat der Europäischen Union (Innen und Justiz) 1998d: Presseerklärung Nr. 13673/98 (Presse 427), vom 3.12.1998.

[125] Während im Amsterdamer Vertrag vorgesehen ist, Maßnahmen zur Regelung des vorübergehenden Schutzes innerhalb von fünf Jahren zu ergreifen, und hinsichtlich der Frage der Lastenteilung lediglich eine Auflistung ohne Terminierung stattgefunden hat, sollen laut dem Aktionsplan, der Ende 1998 verabschiedet wurde, Maßnahmen in beiden Bereichen „so schnell wie möglich" ergriffen werden. Vgl. Rat der Europäischen Union (Innen und Justiz) 1999a: Aktionsplan des Rates und der Kommission zur bestmöglichen Umsetzung des Bestimmungen des Amsterdamer Vertrags über den Aufbau eines Raums der Freiheit, der Sicherheit und des Rechts, vom 3.12.98, ABl. EG Nr. C 19/1 vom 23.1.1999, Nr. 37. Vgl. zu den Zeitplänen des Amsterdamer Vertrags und des Aktionsplans im Vergleich Abbildung 1 im Anhang.

linge aus der Region aufnehmen, sollten im Bedarfsfall finanzielle Unterstützung aus dem Gemeinschaftshaushalt erhalten *(Rat der Europäischen Union (Innen und Justiz): vom 7.4.1999)*. Für die Kosovo-Flüchtlinge haben sich die zuständigen Fachminister Ende Mai 1999 auch auf gemeinsame Regelungen für den vorübergehenden Schutz geeinigt *(vgl. SZ v. 28.5.1999)*. Somit verfügt die EU zwar auch Ende der neunziger Jahre noch nicht über ein gemeinsames generelles Instrumentarium für die Aufnahme zum vorübergehenden Schutz. Jedoch haben die hierzu in den vergangenen Jahren intensiv geführten Diskussionen zu einer verhältnismäßig raschen Einigung über Grundprinzipien für den Krisenfall Kosovo geführt.[126]

Die dargestellten langwierigen Verhandlungen zur Frage des Umgangs mit der Problematik von Bürgerkriegsflüchtlingen mögen auf den ersten Blick den Eindruck entstehen lassen, die Zusammenarbeit zwischen den EU-Staaten werde anhaltend von nationalen Eigeninteressen blockiert. Auf den zweiten Blick ergibt sich allerdings folgendes Bild: Es handelt sich bei der Frage des vorübergehenden Schutzes um einen Problemkomplex, der relativ neu ist und für den auch auf nationaler Ebene noch Lösungen gesucht werden. Diese Suche findet gleichzeitig zur nationalen Ebene auch auf europäischer Ebene statt. Dabei darf der Streit um die Lastenteilung nicht die Sicht darauf verbauen, daß das Prinzip der Solidarität in migrationspolitischen Angelegenheiten als solches nicht bezweifelt wird.[127] In der Solidaritätsforderung manifestiert sich die Betrachtung der europäischen Ebene als einer zusätzlichen handlungsrelevanten Ebene.

Unterhalb der sehr hohen Schwelle gemeinsamer rechtsverbindlicher Normen und eines Ressourcentransfersystems zeigt sich die Nutzung der europäischen Ebene für den Umgang mit der Problematik der Bürgerkriegsflüchtlinge aus dem ehemaligen Jugoslawien in verschiedenen Formen. Die europäische Zusammenarbeit im Rahmen der EU wird genutzt zum Informations- und Erfahrungsaustausch in bezug auf die Aufnahme von Flüchtlingen und in bezug auf Rückführungsmaßnahmen. Die Aktivitäten in beiden Bereichen werden konzertiert, gemeinsame Handlungsanweisungen bestehen allerdings nur in Form von politischen Grundsatzerklärungen.

---

[126] Zu betonen ist allerdings, daß es auch bei diesem Fall nicht um *gemeinsames* Handeln geht, sondern lediglich um *gemeinsam abgestimmtes* Handeln.

[127] Zur Verstärkung dieser Aussage trägt bei, daß unter den im Aktionsplan des Rates von Ende 1998 aufgelisteten Auswahlkriterien für die Prioritätenfestlegung künftiger Arbeiten ausdrücklich die Solidarität erwähnt wird, die zwischen den Mitgliedstaaten bei migrationspolitischen Herausforderungen zum Tragen kommen soll, vgl. *Rat der Europäischen Union (Innen und Justiz) (1999a)*: Aktionsplan des Rates und der Kommission zur bestmöglichen Umsetzung der Bestimmungen des Amsterdamer Vertrags über den Aufbau eines Raums der Freiheit, der Sicherheit und des Rechts, vom 3.12.98, ABl. EG Nr. C 19/1 vom 23.1.1999, Nr. 24 iii.

Eine weitere Dimension der Nutzung der europäischen Ebene besteht in der Inanspruchnahme von Gemeinschaftsinstrumenten. So wurde beispielsweise 1992 ECHO, das Amt für humanitäre Hilfe der EU, eingerichtet und leistet humanitäre Hilfe auf dem Balkan. Die Gelder für den Aufbau von Bosnien-Herzegowina werden von der Kommission verwaltet, ebenso wie spezifische Rückkehrerprogramme.[128] Die Zusammenarbeit in der Frage der Bürgerkriegsflüchtlinge auf dem Balkan ist zudem untrennbar verbunden mit den Aktivitäten der Mitgliedstaaten im Rahmen der Gemeinsamen Außen- und Sicherheitspolitik.[129]

3.2 Migrationspolitische Kooperation im Test: Die kurdische Flüchtlingskrise 1997/1998

Die zunehmenden Verflechtungen zwischen der migrationspolitischen Zusammenarbeit der EU-Staaten, ihrer Beziehungen untereinander und der Gemeinsamen Außen- und Sicherheitspolitik wurden auch im Fall der kurdischen Flüchtlingskrise[130] zum Jahreswechsel 1997/98 manifest.

Wie bereits dargestellt wurde, rückte Italien in den neunziger Jahren aufgrund seiner geographischen Lage mehrmals in den Mittelpunkt des europäischen Migrationsgeschehens (vgl. oben II 1.1). 1991 flohen zweimal binnen weniger Wochen ca. 20 000 Albaner auf überfüllten Flüchtlingsschiffen vor den Verhältnissen in ihrem Heimatland nach Italien. Während der erste Flüchtlingsstrom noch auf eine Welle der Hilfsbereitschaft in der italienischen Bevölkerung traf und der überwiegende Anteil der Flüchtlinge einen humanitären Aufenthaltsstatus erhielt, war die Stimmung zum Sommer hin, als es zu

---

[128] Laut Aussage des damaligen Kommissionsberaters *Widgren* belief sich die Summe der Hilfsleistungen von ECHO vor Dayton auf 1,2 Milliarden ECU, die zugesagte Aufbauhilfe nach Dayton auf 1 Milliarde ECU und die Rückkehrerprogramme für 1998 hatten einen Umfang von ca. 100 Millionen ECU. *Widgren (1998)*. Auch die Hilfe zum Wiederaufbau des Kosovo soll über die EU-Verwaltung erfolgen.

[129] Im Oktober 1998 vereinbarten die für migrationspolitische Angelegenheiten zuständigen Fachminister die Nutzung der Erkenntnisse, die im Rahmen der Gemeinsamen Außen- und Sicherheitspolitik in bezug auf den Kosovo gewonnen wurden, da sie sich der Bedeutung einer gemeinsamen politischen Einschätzung der Lage im Kosovo für eine kohärentere Prüfung der Asylanträge von Kosovo-Bürgern in den verschiedenen Staaten bewußt waren. Vgl. Rat der Europäischen Union (Innen und Justiz) (1998c): Presseerklärung Nr. 11282/98 (Presse 302), vom 24.9.1998.

[130] Der Begriff „Krise" bezieht sich hier auf die durch die kurdischen Flüchtlinge verursachten panikartigen Reaktionen bei den europäischen Fachministern und den im folgenden darzustellenden Konflikt zwischen ihnen, nicht jedoch auf die Zahl der Flüchtlinge.

einem zweiten Massenexodus kam, umgeschlagen. Der überwiegende Teil der Flüchtlinge wurde aufgrund eines zwischenzeitlich abgeschlossenen Rückführungsabkommens nach Albanien zurückgeschickt. Danach bestand zwischen albanischen und italienischen Behörden ein enges Kooperationsverhältnis in Fagen der Grenzkontrollen, die teilweise auf albanischem Territorium von italienischen Grenzbeamten durchgeführt wurden. Flankierend hierzu leistete Italien humanitäre und administrative Hilfe *(Collicelli/Salvatori 1994: S. 180)*.

Somit handelt es sich bei der Reaktion auf den albanischen Massenexodus nach Italien um eine einzelstaatliche Herangehensweise auf nationaler Ebene. Die europäische Ebene wird allerdings zusätzlich genutzt, um durch wirtschaftliche Hilfsmaßnahmen in Albanien die Situation zu stabilisieren und den Auswanderungsdruck zu mildern. So sind aus dem PHARE Programm im Jahr 1991 Gelder für wirtschaftliche Nothilfe in Albanien zur Verfügung gestellt worden, ebenso wie bei dem nochmaligen Massenexodus 1997, als binnen weniger Wochen 16 000 Albaner nach Italien flohen *(Widgren 1998)*.

Im Gegensatz zur albanischen Flüchtlingskrise hat die kurdische Flüchtlingskrise 1997 die migrationspolitische Kooperation zwischen den EU-Staaten entscheidend bestimmt. Sie hat den Beteiligten vor Augen geführt, welche Veränderungen die Einbindung in die migrationspolitische Zusammenarbeit bereits für den nationalen Handlungsrahmen bewirkt hat.

Die im Laufe des Jahres 1997 steigenden Asylbewerberzahlen aus den kurdischen Gebieten der Türkei und des Iraks in einigen Mitgliedstaaten und die Zunahme der Zahl der Kurden, die versuchten, illegal über die italienischen Küsten in das EU-Gebiet zu gelangen, führten zu einer eingehenden Aussprache über das Problem im Rat der zuständigen Fachminister Anfang Dezember 1997. Er stellte dabei fest, daß der Zustrom zwar über Italien (und Griechenland) erfolgte, die eigentlichen Zielländer aber Deutschland, Schweden und die Niederlande seien *(Rat der Europäischen Union (Innen und Justiz): vom 4.12.1997)*.

Diese unterschiedlichen Rollen, die den einzelnen EU-Staaten in bezug auf die kurdische Flüchtlingsproblematik zufielen, spiegeln sich in den innereuropäischen Verwerfungen wieder, die dadurch hervorgerufen wurden. Hierbei sah sich insbesondere Italien der massiven Kritik Deutschlands an seiner Grenzsicherungsfähigkeit, aber auch -bereitschaft ausgesetzt.

Das Jahr 1997 war das Jahr des für Italien und Österreich avisierten Termins für die Inkraftsetzung des Schengener Abkommens.[131] Wie bereits dargestellt, kam es im Vorfeld hierzu zum Konflikt, weil in Deutschland vor allem der bayerische

---

[131] Die Abschaffung der Binnengrenzkontrollen im Schiffs- und Luftverkehr zu Griechenland ist auch Ende 1998 wieder verschoben worden, da die griechischen Außengrenzkontrollen laut Aussage des Schengen-Exekutivausschusses nicht dem Schengen-Standard entsprechen. (Vgl. SZ v. 17.12.1998).

Innenminister für eine Verschiebung des Zeitplans plädierte (vgl. oben III 2.2). Er sah die deutschen (und vor allem bayerischen) Sicherheitsinteressen dadurch gefährdet, daß Österreich und Italien Durchgangsländer für illegale Zuwanderer aus der Türkei und dem Balkan seien, und der Wegfall der Grenzkontrollen ohne hinreichende Ausgleichsmaßnahmen diesen Trend nur verstärken würde. Der italienische Innenminister verwahrte sich daraufhin dagegen, daß ein Land andere Länder einer Prüfung unterziehe. Zur Lösung des Konflikts war schließlich ein Treffen auf höchster Ebene notwendig. Die drei Regierungschefs Italiens, Österreichs und Deutschlands verständigten sich über einen Zeitplan und flankierende Maßnahmen *(vgl. SZ v. 17.3.1997; SZ v. 19./20.7.1997; NZZ v. 20.7.1997)*.[132]

Diese Einigung bedeutete jedoch nicht das Ende des deutsch-italienischen Konflikts. Angesichts steigender Zahlen von Kurden, die in Deutschland einen Asylantrag stellten oder bei der unerlaubten Einreise nach Deutschland aufgegriffen wurden, forderte der deutsche Innenminister von der italienischen Regierung eine bessere Außengrenzkontrolle.[133] Sicherheitsexperten vermuteten, daß kriminelle Schleuserorganisationen zunehmend die Route über die Adria und dann durch Italien in die nordeuropäischen Asylaufnahmeländer wählten *(Brill 1997)*. Italien wurde dabei vorgeworfen, diesem Umstand durch seine Ausländerpolitik Vorschub zu leisten. So wurden nach der Ende 1997 noch gültigen Rechtslage Personen, die ohne die erforderlichen Einreisepapiere aufgegriffen wurden, nicht festgesetzt, sondern erhielten lediglich eine Ausreiseaufforderung, der sie binnen fünfzehn Tagen nachzukommen hatten.

Der innereuropäische Konflikt verschärfte sich, als über die Weihnachtsfeiertage zwei überfüllte Flüchtlingsschiffe an der Küste Süditaliens strandeten, auf denen sich mehrheitlich Kurden befanden.[134] Der deutsche Innenminister vertrat die Auffassung, der Zustrom kurdischer Flüchtlinge nach Italien sei keine **italienische** Angelegenheit, sondern eine **europäische**, wie sich an den Asylbewerberzahlen in den nordeuropäischen Staaten zeige. Er kritisierte, es dürfe in Europa

---

[132] Unter anderem wurde die Einrichtung einer ständigen Expertengruppe beschlossen, die mit den Nachbarländern Österreichs und Italiens (von Slowenien bis zur Tschechischen Republik) über Verbesserungen der Grenzkontrollen und der Fahndung beraten sollte. Die Eingliederung sollte schrittweise erfolgen, zunächst sollten ab dem 26.10.1997 für Italien und ab dem 1.12.1997 für Österreich die Kontrollen an den Flughäfen entfallen, die Dateninformationssysteme und die Visaerteilung vereinheitlicht und die polizeiliche Zusammenarbeit verstärkt werden. Ab dem 1.4.1998 sollten dann die Kontrollen an den Landgrenzen zu beiden Ländern entfallen. (Vgl. F.A.Z. v. 19.7.1997).

[133] Laut dem damaligen Bundesinnenminister *Kanther* hatte sich die Zahl der kurdischen Asylbewerber von 1993 bis 1997 verzehnfacht (1997: 14 000), vgl. F.A.Z. v. 6.1.1998.

[134] Insgesamt landeten damit innerhalb einer Woche rund 1200 kurdische Flüchtlinge an Italiens südlicher Küste. (Vgl. SZ v. 3./4.1.1998). Ein Jahr zuvor, an Weihnachten 1996, war vor der italienischen Südküste ein vollbeladenes Flüchtlingsschiff auf tragische Weise gesunken.

keine „Transitmentalität" geben, und er werde es nicht hinnehmen, daß Deutschland wieder, wie im Falle der bosnischen Bürgerkriegsflüchtlinge, die Hauptlast trage *(SZ v. 30.12.1997; SZ v. 3./4.1.1998)*. Der italienische Innenminister konterte, die italienische Grenzkontrolle könne angesichts von 38 000 Aufgriffen von illegal eingereisten Personen im Jahr 1997 so schlecht nicht sein. Zudem sei es die deutsche Anwerbepolitik der Vergangenheit und die daraus resultierende Anwesenheit von hunderttausenden Kurden in Deutschland, die einen „gigantischen Pol der Anziehung" darstellten für die Kurden, die jetzt in Italien landeten.

Der Konflikt zeigt, daß im Zeitalter von Schengen die nationale Migrationspolitik eines jeden Mitgliedstaates zur Angelegenheit aller werden kann und damit auch der gegenseitigen Kritik ausgesetzt ist.[135] Als auf der Sitzung des Schengener Exekutivausschusses am 17. Oktober 1996 Italien, Österreich und Griechenland erklärten, 1997 den Schengener Vertrag in Kraft setzen zu wollen, hob Deutschland die „gemeinsame Verantwortung aller Schengen-Staaten für das Vorliegen der Voraussetzungen für die Inkraftsetzung" hervor *(Bundesministerium des Innern 1996: vom 8.11.1996)*. Die heftigen Reaktionen in Politik und Presse sind ein Indiz dafür, wie schwierig sich der vertrauensbildende Prozeß in Bereichen gestaltet, die als Fragen der nationalen Sicherheit behandelt werden.[136]

Gleichzeitig gilt es hervorzuheben, daß – trotz einiger Kritiker[137] – an der migrationspolitischen Kooperation auf europäischer Ebene festgehalten wurde.

Die Suche nach Handlungsmöglichkeiten im Umgang mit dem kurdischen Flüchtlingsstrom erfolgte auf der europäischen Ebene.[138] Bereits Mitte Dezember hatte der Europäische Rat in Luxemburg dringend empfohlen, einen Aktionsplan

---

[135] Italien hat wenige Wochen nach diesen Auseinandersetzungen sein Ausweisungsrecht verschärft und die oben erwähnte fünfzehntägige Ausreisefrist abgeschafft. Vgl. *Contel/De Biase (1999: S. 238)*.

[136] Die Heftigkeit der Reaktionen wird vor allem deutlich, wenn man sie in Beziehung setzt zu den tatsächlichen Zahlen und zu der allgemein anerkannten Gefährdungslage der Kurden durch politische Verfolgung und Menschenrechtsverletzungen. Der damalige deutsche Außenminister warnte vor einer Dramatisierung des kurdischen Flüchtlingsstroms. Schließlich sei die Anerkennungsquote sowohl bei türkischen als auch bei irakischen Kurden sehr hoch: „Von den türkischen Kurden seien 11,8 % anerkannt worden, weitere 2,4% hätten Abschiebungsschutz bekommen. Die Anerkennungsquote bei den irakischen Kurden habe bei 16,9% gelegen. Zugleich hätten 62,1% Abschiebungsschutz erhalten." (Vgl. SZ v. 9.1.1998).

[137] Hier profilierten sich insbesondere die vor Wahlkämpfen stehenden Innenminister der deutschen Bundesländer Niedersachsen und Bayern. (Vgl. F.A.Z. v. 6.1.1998; Die Welt v. 8.1.1998). Auf die Rolle der subnationalen Ebene im Europäisierungsprozeß wird unter III 5 gesondert eingegangen.

[138] Dabei verlief der Schengener Aktionsplan parallel zu demjenigen der Europäischen Union, die Schwerpunkte lagen im Bereich praktischer Maßnahmen, die vor allem der besseren Abstimmung mit den mittel- und südosteuropäischen Partnerstaaten dienen sollten *(Bundesministerium des Innern 1998: Innenpolitik Nr. 2/1998, vom 19.5.1998)*.

als Antwort auf den vermehrten Zustrom von Kurden aus dem Irak und Nachbargebieten auszuarbeiten. Direkt nach der Weihnachtspause fand auf italienische Einladung hin ein Treffen hoher Polizeiexperten aus den besonders betroffenen EU-Staaten Deutschland, Österreich, Belgien, Frankreich, Italien, den Niederlanden und Griechenland statt, sowie aus der Türkei. Hier ging es den EU-Staaten unter anderem auch darum, die Türkei davon zu überzeugen, den Flüchtlingsstrom zu unterbinden *(Koydl 1998: S. 3)*. Ende Januar 1998 verabschiedete der EU-Außenministerrat den von den Gremien der Zusammenarbeit im Bereich Innen und Justiz ausgearbeiteten Aktionsplan. Hierin betonte der Rat die dringende Notwendigkeit zur Kooperation mit der türkischen Regierung, weil die Mehrzahl der Zuwanderer entweder türkische Staatsangehörige seien oder aber durch die Türkei in die EU einreisten.[139] Die wichtigsten Punkte des Aktionsplans stellten im wesentlichen eine nochmalige Bekräftigung der bestehenden migrationspolitischen Zusammenarbeit mit besonderer Berücksichtigung der Etablierung einer praktischen Kooperation mit der Türkei dar.[140] Dieser Aspekt wurde von den

---

[139] Hierin äußert sich auch die enge Verknüpfung der migrationspolitischen Zusammenarbeit mit der Gemeinsamen Außen- und Sicherheitspolitik und mit dem europäischen Integrationsprojekt als ganzem. Bei der Kooperation mit der türkischen Regierung handelt es sich um einen diplomatisch besonders heiklen Punkt, da der Türkei gerade erst im Sommer 1997 aufgrund der Menschenrechtslage eine konkrete Beitrittsperspektive versagt worden war.

[140] Rat der Europäischen Union (Allgemeine Angelegenheiten) 1998: Pressemitteilung Nr. 05271/98 (Presse 13), vom 26.1.1998. Die wichtigsten Punkte des Aktionsplans waren:
- Verbesserte Analyse der Ursachen der Zuwanderung und der Herkunft der Zuwanderer.
- Entwicklung eines auf Maßnahmen ausgerichteten Dialogs mit der türkischen Regierung und dem UNHCR
- Gewähr, daß die humanitäre Hilfe einen wirksamen Beitrag leistet, unter anderem auch dadurch, daß den NRO ein besserer Zugang zum Norden Iraks ermöglicht wird
- Wirksame Anwendung der Asylverfahren, um sicherzustellen, daß die humanitären Aspekte dieses Zustroms nicht außer acht gelassen werden
- Verhinderung des Mißbrauchs der Asylverfahren
- Verstärkte polizeiliche Zusammenarbeit bei der Bekämpfung der organisierten Kriminalität
- Durchführung einer Reihe von Maßnahmen zur Bekämpfung der illegalen Zuwanderung in diesen Bereichen:
  - Besserer Informationsaustausch zwischen den Mitgliedstaaten über Migrations- und Asylfragen
  - Verbesserte Verfahren der Visumerteilung und verbesserte Zusammenarbeit der konsularischen Vertretungen bei der Visumerteilung
  - Einsatz von Verbindungsbeamten und Austausch von Beamten
  - Wirksame und konsequente Grenzkontrollen
  - Unverzügliche Rückführung von Personen, die sich illegal im Hoheitsgebiet der Mitgliedstaaten aufhalten, soweit kein Bleiberecht besteht.

migrationspolitisch zuständigen Fachministern der EU im März 1998 nochmals hervorgehoben und ausgeweitet.[141] Im Herbst 1998 zog der Rat eine positive Bilanz der Durchführung des Aktionsplans. In den meisten Mitgliedstaaten sei die Zahl der Zuwanderer aus dem Irak und den Nachbargebieten rückläufig oder zumindest konstant. Dies führte der Vorsitz auf die Durchführung des Aktionsplans zurück, der trotz dieser positiven Bilanz aber fortgesetzt werden müsse. Hier wurde insbesondere die Notwendigkeit des fortdauernden Dialogs mit der Türkei und der Beobachtung der Migrationsströme aus dieser Region betont *(Rat der Europäischen Union (Innen und Justiz): vom 24.9.1998)*.

Dieses Fallbeispiel zeigt, daß sich die migrationspolitische Kooperation auf europäischer Ebene trotz einiger Dissonanzen auch im Krisenfall bewährt und verhältnismäßig kurzfristig als zusätzliche Problemlösungsebene eingesetzt werden kann. In diesem Zusammenhang ist insbesondere das Ineinandergreifen verschiedener Elemente des europäischen Systems hervorzuheben. Die EU-Staaten haben im Rahmen der Gemeinsamen Außen- und Sicherheitspolitik auf eine Lösung des Problems hingewirkt.[142] Kommission und Rat haben Mittel des erst im März 1998 beschlossenen Ausbildungs- und Austauschprogramms für den Bereich Migrationspolitik, ODYSSEUS, für die Kooperation mit der Türkei zur Verfügung gestellt.[143] Die Koordinierung der Aktivitäten der EU- und der Schengen-Arbeitsgruppe, sowie der unter italienischem Vorsitz stattfindenden polizeilichen Koordination einiger Mitgliedstaaten, erfolgte durch den EU-Vorsitz *(Rat der*

---

[141] „Angesichts der Ergebnisse dieser Kontakte erkannte der Rat an, daß eine weitere Zusammenarbeit mit Ankara beispielsweise in folgenden Bereichen nützlich sein könnte: Untersuchung der Möglichkeiten für eine ordnungsgemäße Überprüfung von Asyl-bewerbern und eine Unterstützung für diese Zwecke; Verbesserung der Bedingungen für die Unterbringung illegaler Einwanderer bis zu ihrer Rückführung; Austausch praktischer Erfahrungen mit der Rückführung in Drittstaaten, insbesondere nach Pakistan und Bangladesch; Unterstützung bei der Ausarbeitung neuer Einwanderungsgesetze in der Türkei; technische Hilfe zur Verbesserung der Erkennung gefälschter Dokumente an der Grenze. In diesem Zusammenhang ist die EU bereit, die Türkei bei der Durchführung dieser Maßnahmen vorbehaltlich der üblichen Bedingungen finanziell zu unterstützen." *(Rat der Europäischen Union (Innen und Justiz) 1998a: Presseerklärung Nr. 6889/98 (Presse 73), vom 19.3.1998).*

[142] Umgekehrt wird beispielsweise im Fall des Kosovo auch ein migrationspolitisches Mittel, nämlich die Erklärung einer Verweigerung der Einreisegenehmigung, als Mittel der gemeinsamen Außenpolitik genutzt. So nahm der Rat im März 1998 einen Gemeinsamen Standpunkt betreffend restriktive Maßnahmen gegen die Bundesrepublik Jugoslawien an, der unter anderem als Sanktion vorsah, hochrangigen Vertretern der Bundesrepublik Jugoslawiens und Serbiens, „die für repressive Maßnahmen der Sicherheitskräfte der Bundesrepublik Jugoslawien im Kosovo verantwortlich sind", keine Visa zu erteilen. Vgl. *Rat der Europäischen Union (Innen und Justiz) 1998a: Presseerklärung Nr. 6889/98 (Presse 73), vom 19.3.1998* . Zur außenpolitischen Bedeutung der Visapolitik s. oben II 2.2.

[143] *Rat der Europäischen Union (Innen und Justiz): vom 28.5.1998*. Das Programm ODYSSEUS wird unter III 4 eingehender behandelt.

Europäischen Union (Innen und Justiz): vom 19.3.1998). Daß dieser gerade ausgerechnet beim Nicht-SchengenMitglied Vereinigtes Königreich lag, stellte kein Hindernis für die Kooperation dar.

Zusammengefaßt läßt sich festhalten, daß die kurdische Flüchtlingskrise 1997/1998 die Notwendigkeit der migrationspolitischen Kooperation auf europäischer Ebene bestätigte. Die Zusammenarbeit wurde in bezug auf die Grenzkontrollen von den Regelungen des Schengener Vertragswerks bestimmt. Im Rahmen der EU-Zusammenarbeit im Bereich Justiz und Inneres wurde ein umfassender Aktionsplan ausgearbeitet, der vor allem auf die Verbesserung der Informationslage und der praktischen Zusammenarbeit abzielte.

3.3 Verfeinerung des europäischen Asylzuständigkeitssystems: Das Eurodac-Übereinkommen

Im folgenden wird die europäische Zusammenarbeit dort untersucht, wo sie bereits ein rechtliches Instrumentarium geschaffen hat, in dessen Rahmen sich der Bedarf für Weiterentwicklungen ergeben hat.

Mit dem Dubliner Übereinkommen von 1990 ist ein EU-weites System zur Bestimmung der Zuständigkeit für die Prüfung eines Asylantrages geschaffen worden. Damit sollte zum einen verhindert werden, daß sich keiner der EU-Staaten für zuständig erklärt und Asylbewerber von einem Staat zum nächsten geschickt werden. Zum zweiten sollte die mehrfache Antragstellung in verschiedenen Mitgliedstaaten vermieden werden *(Bundesministerium des Innern 1997: S. 114)*. Das Dubliner Übereinkommen sieht zur Erreichung dieses Ziels eine praktische Kooperation der zuständigen Fachbehörden vor, in der anhand der in dem Vertrag genannten Kriterien die Zuständigkeit für einen Asylantrag geprüft wird. Unter anderem vereinbaren die Mitgliedstaaten darin den Austausch von personenbezogenen Daten des Asylbewerbers, seinen Identitätspapieren und sonstigen zur Identitätsfeststellung erforderlichen Angaben *(Art. 15 DÜ)*.

Ein Mittel zur Identifizierung ist die Überprüfung von Fingerabdrücken. Die Eurodac-Konvention, die in der zweiten Hälfte der neunziger Jahre im Rahmen der EU-Zusammenarbeit im Bereich Innen und Justiz verhandelt wurde, sollte die Rechtsgrundlage dafür liefern, Fingerabdrücke von Asylbewerbern abzunehmen und in einem gemeinsamen Datenverbund auszutauschen und abzugleichen.[144]

---

[144] Auf nationaler Ebene sind solche Fingerabdruckidentifizierungssysteme in den neunziger Jahren in einigen Mitgliedstaaten eingeführt worden. So ist Ende Dezember 1992 beim Bundeskriminalamt in Wiesbaden das IT-System AFIS (Automatisches Fingerabdruck-Identifizierungssystem) in Betrieb genommen worden. Vgl. *Bundesamt für die Anerkennung ausländischer Flüchtlinge (1997: S. 22)*.

1994 gab der Rat eine Machbarkeitsstudie zu einem **europäischen Daktyloskopie-System** (Eurodac) in Auftrag. Nachdem geklärt worden war, daß die Einführung eines solchen Systems technisch grundsätzlich möglich ist, wurden die Arbeiten an den rechtlichen, technischen und finanziellen Fragen in Angriff genommen. Danach erst sollte die politische Opportunität des Vorhabens endgültig entschieden werden.[145] Der italienische Vorsitz hat daraufhin einen ersten Übereinkommensentwurf dazu ausgearbeitet. Der Entwurf enthielt die Ziele des geplanten Systems, Regelungen zu Verfahren für die Datenspeicherung und den Datenschutz, Änderung der Eintragungen, Finanzierung und Streitschlichtung. Nach Vorlage des Entwurfs im Rat ist dieser an die Arbeitsgruppen zur weiteren Ausarbeitung verwiesen worden *(Rat der Europäischen Union (Innen und Justiz): vom 19.3.1996).*

Im Laufe der Beratungen hat sich der Rat mehrmals mit dem Fortgang der Arbeiten auf der Ebene der Arbeitsgruppen beschäftigt und dabei die Klärung technischer Aspekte bestätigt und über einzelne in den Beratungen strittige Punkte verhandelt. Diese betrafen meist datenschutzrechtliche Aspekte. Schwierigkeiten ergaben sich daraus, daß der Datenschutz in den einzelnen EU-Mitgliedstaaten zum Zeitpunkt der Eurodac-Beratungen sehr uneinheitlich und teilweise gar nicht geregelt war.[146] Obwohl also am Anfang lediglich ein Ergänzungsabkommen zum Dubliner Übereinkommen avisiert war, mußten auf einem äußerst sensiblen Gebiet der inneren Verfaßtheit der Mitgliedstaaten Kompromisse gefunden werden.

Desweiteren vermittelt die Betrachtung der Beratungen zur Eurodac-Konvention einen Eindruck davon, wie sich im Laufe jahrelanger Verhandlungen durch zwischenzeitlich gemachte Erfahrungen und externen Druck Inhalte weiterentwickeln können. Ursprünglich schien eine Regelung zum Austausch und Abgleich digitalisierter Fingerabdruckblätter von Asylbewerbern zur Erreichung des Abkommenszwecks (Unterstützung des Dubliner Übereinkommens) ausreichend. So sieht denn auch der Übereinkommensentwurf vor, daß

„die Mitgliedstaaten von jedem mindestens 14 Jahre alten Asylbewerber die Fingerabdrücke abnehmen und die Daten der Zentraleinheit über-

---

[145] *Rat der Europäischen Union (Innen und Justiz) 1995c: Presseerklärung Nr. 1720/95 (Presse 332), vom 23.22.1995.* Auf der Sitzung des Rates vom 19. März 1998 stimmten alle Delegationen darin überein, „daß die Einrichtung von Eurodac für die Durchführung des Dubliner Übereinkommens von 1990 (Übereinkommen über die Bestimmung des zuständigen Staates für die Prüfung eines in einem Mitgliedstaat der Europäischen Gemeinschaften gestellten Asylantrags), das am 1. September 1997 in Kraft getreten ist, von wesentlicher Bedeutung ist." (Zitiert aus: *Rat der Europäischen Union (Innen und Justiz) 1998a: Presseerklärung Nr. 6889/98 (Presse 73), vom 19.3.1998).*

[146] vgl. hierzu *Schild (1991)*; zur Ende 1995 verabschiedeten Datenschutzrichtlinie *Schild (1996).*

mitteln. Diese wird die Daten mit den bereits gespeicherten Daten vergleichen und den Mitgliedstaat, der die Daten übermittelt hat, über die Ergebnisse des Vergleichs unterrichten. Somit kann festgestellt werden, ob eine Person bereits einen Asylantrag in einem Mitgliedstaat gestellt hat oder nicht." (Rat der Europäischen Union (Innen und Justiz): vom 19.3.1998).

Allerdings führten das Inkrafttreten des Dubliner Übereinkommens zum 1. September 1997 und die Erfahrungen damit zu der Erkenntnis, daß sich das Übereinkommen in der Praxis nur auf eine kleine Minderheit der Asylanträge, die in der Europäischen Union gestellt werden, anwenden ließ. Eines der Kriterien des Dubliner Übereinkommens legt fest, daß derjenige Mitgliedstaat für die Behandlung eines Asylantrags zuständig ist, über dessen Außengrenze der Asylbewerber in das Gebiet der Europäischen Union eingereist ist. Die Erfahrung hat aber gezeigt, daß dies im Fall einer illegalen Einreise und bei Fehlen gültiger Papiere nur schwer feststellbar ist *(vgl. hierzu Rat der Europäischen Union (Innen und Justiz) 1998a: vom 19.3.1998)*. In einem solchen Fall greift das Abkommen nicht.[147]

Um die Funktionsweise des Übereinkommens zu verbessern, beschloß der Rat zum einen eine Reihe von sofort zu ergreifenden Maßnahmen, die insbesondere in der Frage der Fingerabdrücke zunächst ein Vorgehen auf bilateraler Basis vorsehen.[148] Zum zweiten wurde eine Ausdehnung der Eurodac-Konvention auf Fingerabdrücke von illegal eingereisten Personen beraten. Hierfür setzte sich vor allem die deutsche Bundesregierung ein. Der damalige Staatssekretär im Bundesministerium des Innern *Schelter* erklärte hierzu:

„Die Praxis hat gezeigt, daß viele Asylbewerber die Außengrenze überschreiten und in dem Mitgliedstaat, den sie zuerst betreten, keinen Asyl-

---

[147] Wie auch im Zusammenhang mit der kurdischen Flüchtlingskrise deutlich geworden ist, werden illegale Zuwanderung und Asyl in der Perzeption der staatlichen Akteure zunehmend vermischt. Seitdem die europäischen Asylaufnahmeländer durch die Einführung des Konzepts des sicheren Drittstaats den Asylantrag an den Landgrenzen zu einem aussichtslosen Unterfangen gemacht haben, nehmen Asylbewerber verstärkt die Dienste von Schleusern in Anspruch, um unbemerkt in das Landesinnere zu kommen. Laut Schätzungen des deutschen Bundesamtes für die Anerkennung ausländischer Flüchtlinge traf dies 1997 für jeden zweiten Asylbewerber zu. Vgl. dpa-Meldung v. 11.2.1998.

[148] Unter anderem wurde vereinbart, Fingerabdrücke von Asylbewerbern bis zum Inkrafttreten des Eurodac-Abkommens auf bilateraler Basis auszutauschen. Sofern die nationalen Rechtsvorschriften es ermöglichen, sollen auch von sogenannten illegalen Einwanderern die Fingerabdrücke abgenommen und ausgetauscht werden. Vgl. hierzu *Rat der Europäischen Union (Innen und Justiz) 1998a: Presseerklärung Nr. 6889/98 (Presse 73), vom 19.3.1998.*

antrag stellen. Sie reisen vielmehr weiter in das Aufnahmeland ihrer Wahl. Wenn sie dort angekommen sind, ist ihnen nicht mehr nachzuweisen, welche Außengrenze sie überschritten haben.

Das Wahlaufnahmeland der Asylbewerber ist daher entgegen den Festlegungen des Dubliner Übereinkommens mangels Nachweisbarkeit der Zuständigkeit eines anderen Mitgliedstaats für die Durchführung des Asylantrags zuständig. Aus diesem Grund hat sich Deutschland dafür eingesetzt, nicht nur die Fingerabdrücke von Asylbewerbern zu erfassen, sondern auch die von illegal einreisenden Ausländern. Nur so kann der Staat festgestellt werden, über dessen Außengrenzen der Asylsuchende zuerst eingereist ist. Nach dem Dubliner Übereinkommen ist nämlich der Staat für das Asylverfahren zuständig in dem der illegal Einreisende seinen Asylantrag hätte stellen können. Die meisten Illegalen bitten aber weder in Griechenland noch in Italien um Asyl, sondern wandern nach Deutschland, um dort den Asylantrag zu stellen. (...)"
Bundesministerium des Innern (1998b)

Aus dieser Aussage wird ersichtlich, daß die Mitgliedstaaten, die sich durch die in der Praxis festgestellten Funktionsmängel benachteiligt sehen, die europäischen Vertragsverhandlungen dazu nutzen, eine Ergänzung der rechtlichen Handlungsinstrumente der Zusammenarbeit in ihrem Sinne durchzusetzen. Diese Staaten stellten auch ein Junktim auf zwischen der Ergänzung der Eurodac-Konvention und ihrer Annahme. Der externe Druck, nämlich die weiter oben dargestellte kurdische Flüchtlingskrise zum Jahreswechsel 1997/98 (Vgl. III 3.2), führte zum grundsätzlichen Einvernehmen über die Ausdehnung des Eurodac-Systems auch auf illegal eingereiste Personen *(Vgl. Rat der Europäischen Union (Innen und Justiz): vom 19.3.1998).*

Die Verhandlungen zur Eurodac-Konvention standen 1998 auch unter dem Einfluß der Weiterentwicklung der vertraglichen Grundlagen der migrationspolitischen Kooperation auf europäischer Ebene (vgl. oben III 1). Die Fachminister bemühten sich, ein inhaltliches Einvernehmen noch im Kooperationsrahmen, der durch den Maastrichter Vertrag vorgegeben war, zu erzielen. Dies erfolgte (unter einigen Parlamentsvorbehalten) Ende 1998. Sodann vereinbarte der Rat, das Verhandlungsergebnis bis zum Inkrafttreten des Amsterdamer Vertrages „einzufrieren" *(Rat der Europäischen Union (Innen und Justiz): vom 3.12.1998).*[149] Die Kommission kündigte an, danach einen inhaltsgleichen

---

[149] Genauso wurde mit dem Protokoll verfahren, das die Anwendung des Eurodac-Systems auf illegal eingereiste Personen ausdehnt, und über das im März 1999 Einvernehmen im Rat erzielt wurde. Vgl. *Rat der Europäischen Union (Innen und Justiz) 1999b: Presseerklärung Nr. 6545/99 (Presse 70), vom 12.3.1999.*

Vorschlag für einen gemeinschaftsrechtlichen Akt zu unterbreiten.[150] Dänemark, Irland und das Vereinigte Königreich erklärten, in der Zwischenzeit die Art ihrer Beteiligung prüfen zu wollen.[151] Ein gemeinschaftsrechtlicher Akt hat den Vorteil, daß das zeitaufwendige Ratifizierungsverfahren entfällt.[152] Wie der Rat feststellte, wird damit „die rasche Einführung von Eurodac ermöglicht" *(Rat der Europäischen Union (Innen und Justiz) 1998d: Presseerklärung Nr. 13673/98 vom 3.12.1998).*

3.4 Fazit: Europäisierung durch Nutzung der europäischen Ebene

Die vorangestellten Ausführungen haben für alle drei behandelten Fallbeispiele eine zunehmende Nutzung der europäischen Ebene im migrationspolitischen Bereich ergeben. Migrationspolitische Herausforderungen werden nicht mehr nur als rein nationale, sondern verstärkt als europäische Angelegenheiten betrachtet. In der Gesamtschau der Fallbeispiele zeichnen sich zudem zwei wesentliche Trends ab, die die migrationspolitische Kooperation zwischen den EU-Staaten deutlich von derjenigen in anderen Kooperationsgremien unterscheiden. (Darauf wird unter IV 2 näher eingegangen).

Zum einen ist das Solidaritätsprinzip als ein wesentlicher Dynamisierungsfaktor der Kooperation identifiziert worden. Dies ist zunächst nicht weiter verwunderlich, entspricht es doch den kooperationstheoretischen Annahmen, daß diejenigen Akteure, die sich in einem Kooperationsbereich besonders belastet sehen, die Kooperation dazu nutzen werden, einen Lastenausgleich anzustreben. Entscheidend ist jedoch gerade in einem so neuen Kooperationsbereich wie der Migrationspolitik, daß die Legitimität dieser Forderung nicht prinzipiell bestritten wird. Dies hängt mit der Einbindung des Politikfeldes Migration in den Prozeß der europäischen Integration zusammen. Solidarität ist eines der integrationspolitischen Grundprinzipien und soll, so hat es der Rat erst Ende 1998 wieder bestätigt, auch angesichts der migrationspolitischen Herausforderungen seine Anwendung finden.

---

[150] Im Mai 1999 legte die Kommission einen zum Konventionsentwurf inhaltsgleichen Verordnungsvorschlag vor, s. *EU-Bulletin Nr. 5/1999, Nr. 1.4.5.*

[151] Vgl. hierzu die Erläuterungen zu den Ausnahmeregelungen, die der Amsterdamer Vertrag für die Beteiligung der drei Staaten an der EU-Migrationspolitik enthält, oben III 1.2.

[152] Immerhin sind im Falle des Dubliner Übereinkommens zwischen seiner Unterzeichnung und dem Zeitpunkt des Inkrafttretens sieben Jahre vergangen. Dies wäre angesichts der erklärten Notwendigkeit, die Funktionsweise des Dubliner Übereinkommens dringend zu verbessern, für den Fall der Eurodac-Konvention doch ein zu langer Zeitraum.

Da sich bei einer einmal in Gang gesetzten Kooperation immer Ungleichgewichte und Distorsionen ergeben können, fördert das Solidaritätsprinzip die zunehmende Europäisierung des Politikfeldes Migration. Die drei Fallbeispiele illustrieren diesen Zusammenhang. Die Ausdehnung der Eurodac-Konvention auf illegal eingereiste Personen mag zu einer Entlastung derjenigen Staaten führen, in denen zwar ein Asylantrag gestellt wird, in den der Asylbewerber aber nicht als erstes eingereist ist. Im Gegenzug werden dann aber die Außengrenzstaaten stärker betroffen sein, die zudem auch für die Außengrenzsicherung verantwortlich sind. Dies verdeutlicht wiederum die Notwendigkeit einer solidarischen Regelung für den Krisenfall. Somit sind die Arbeiten in den drei behandelten Fallbeispielen auf das engste miteinander verwoben.

Der zweite Trend hängt unmittelbar mit dem ersten zusammen und betrifft die in der einmal begonnenen Kooperation eingebaute Entwicklungsdynamik aufgrund eines inhärenten Reformbedarfs. Auch dies ist in der Integrationstheorie keine neue Erkenntnis. Allerdings handelt es sich hier, wie oben ausgeführt wurde, um einen sehr souveränitätsrelevanten Kooperationsbereich, bei dem einer Einschränkung nationaler Handlungsautonomie nur schrittweise zugestimmt wird. Der **spill over Effekt** betrifft hier außerdem nicht nur rein technische Fragen, sondern, wie im Fall der Eurodac-Konvention gezeigt werden konnte, hochsensible politische Fragen wie den Datenschutz.

Dieser Entwicklungsdynamik wird im folgenden auf der Ebene der transnationalen Verwaltungszusammenarbeit nachgegangen.

4. Die transnationale Verwaltungskooperation

In den vorherigen Ausführungen sind indirekt bereits einige Aussagen zu Strukturen und Formen der migrationspolitischen Zusammenarbeit getroffen worden. Ging es dort mehr um inhaltliche Aspekte der Kooperation und um die Erweiterung des nationalen Handlungsspielraums durch diese, so steht nun die Praxis der transnationalen Verwaltungskooperation als solche im Vordergrund. Diese wird im folgenden in bezug auf die Arbeitsstrukturen (4.1) und die Kooperationsinstrumente (4.2) analysiert. Wie in den vorherigen Kapiteln auch, erfolgt dies im Hinblick auf die Frage, ob sich in der Praxis der transnationalen Verwaltungskooperation eine Entwicklungstendenz feststellen läßt, und wenn ja, welche Dynamisierungsfaktoren zu identifizieren sind (4.3).

4.1 Transnationale Arbeitsstrukturen im Bereich Migrationspolitik

4.1.1 Hierarchische Struktur und Arbeitsbedingungen

Wie bereits angemerkt wurde, baute der Maastricht-Vertrag auf eine bereits bestehende intergouvernementale Zusammenarbeit der Mitgliedstaaten im Bereich Migrationspolitik auf (vgl. oben III 1.1). Durch die Eingliederung der bestehenden Gremien in das institutionelle System der EU ergab sich für die Zusammenarbeit in der Dritten Säule eine fünfstufige Arbeitsstruktur. Zusätzlich zu dem im Gemeinschaftsrahmen üblichen Aufbau Rat, AStV und Arbeitsgruppen waren zwischen letzteren noch der im Maastricht-Vertrag festgeschriebene Koordinierungs-, oder auch K.4-Ausschuß, und drei ihm vorgeschaltete Lenkungsgruppen, die die Arbeiten der Arbeitsgruppen im Bereich Innen und Justiz koordinieren sollten, eingefügt.[153] Die Schengener Arbeitsstruktur hingegen war dreistufig gegliedert: Exekutivausschuß, Zentralgruppe, Arbeitsgruppen.[154]

An der fünfstufigen Arbeitsstruktur entzündete sich bereits in den ersten Reformüberlegungen für die Überarbeitung des Maastricht-Vertrags Kritik. Übereinstimmend wurden die Arbeitsstrukturen als zu schwerfällig bezeichnet und für Reibungsverluste in der Zusammenarbeit und Verlangsamung des Entscheidungsprozesses verantwortlich gemacht.[155] Wie in den Fallbeispielen ersichtlich wurde, sind mehrmalige Hin-und Herverweisungen zwischen den verschiedenen Arbeits-, Koordinations- und Entscheidungsebenen im Laufe der Verhandlungen durchaus üblich (s. oben III 3.3). Laut *Klos* ist es Mitgliedstaaten durch die Nutzung der Strukturen möglich gewesen, „Weiterentwicklungen zu verschleppen, ohne auch nur annähernd in den Verdacht einer Verzögerungstaktik zu kommen." *(Klos 1998: S. 63).*

Durch die Vergemeinschaftung der migrationspolitischen Zusammenarbeit im Amsterdamer Vertrag sollte in Zukunft auch in der Migrationspolitik der

---

[153] vgl. für eine Übersicht der Kooperationsstrukturen vor und nach dem Maastrichter Vertrag: *Tomei (1997: S. 23 und S. 28).*

[154] Am 27./28. April 1999 fand in Luxemburg die Abschlußsitzung des Schengener Exekutivausschusses statt, s. Bundesministerium des Innern 1999: Innenpolitik Nr. 3/1999, vom 18.5.1999.

[155] Europäische Kommission 1995: Bericht der Kommission an die Reflexionsgruppe, Luxemburg, S. 52; Rat der Europäischen Union 1995: Bericht des Rates über das Funktionieren des Vertrags über die Politische Union, Brüssel, S. 38; Reflexionsgruppe 1995: Bericht der Reflexionsgruppe, Brüssel 5.12.1995, SN 520/95, S. 16. In den Kritiken wurde insbesondere auch auf die Konkurrenz zwischen den Koordinierungsgremien K.4-Ausschuß und AStV hingewiesen. Vgl. *de Lobkowicz (1996: S. 50).*

gemeinschaftlich übliche Arbeitsaufbau gelten.[156] Allerdings wurde, um den Wegfall des Koordinierungsausschusses, der sich aus hohen Beamten der Fachressorts zusammensetzte, zu kompensieren, zeitweilig eine dritte Ausdifferenzierung des AStV erwogen.[157] Dieser Vorschlag war aus folgenden Gründen umstritten. Zum einen würde durch eine weitere Ausdifferenzierung die Funktion des Ausschuß der ständigen Vertreter, angesichts von rund einhundert Ratsarbeitsgruppen und einer Reihe von Fachministerräten für eine Kohärenz der Gemeinschaftspolitiken Sorge zu tragen, gefährdet. Zum zweiten würde eine solche Reform auf nationaler Ebene in bestehende Aufgabenverteilungen zwischen den einzelnen Ressorts eingreifen und trifft damit (wie jede Organisationsreform) auf das Beharrungsvermögen etablierter Hierarchien *(vgl. hierzu Klos 1998: S. 63f.).* Die Kompromißlösung stellt eine Fortführung des K.4–Ausschusses unter dem Namen **Strategischer Ausschuß** dar.

Trotz der durch Amsterdam bewirkten relativen Verschlankung der Ratsstrukturen auf nunmehr vier Ebenen befürchten Teilnehmer an den Schengen–Arbeitsgruppensitzungen, die Eingliederung Schengens in den EU–Rahmen würde die Arbeiten dort verlangsamen und dem spezifischen Schengener Kooperationsgeist schaden.[158] Diese Einschätzung der Teilnehmer gründet sich

---

[156] In der verbleibenden Dritten Säule ist der Koordinierungsausschuß (Art. 36 EUV n.F.) beibehalten worden. Allerdings sind die Lenkungsgruppen, die ja nicht vertraglich festgeschrieben waren, weggefallen.

[157] Der Ausschuß der ständigen Vertreter ist aufgegliedert in einen AStV I und einen AStV II. Der politisch bedeutendere von den beiden ist der AStV II. Hier kommen die Leiter der ständigen Vertretungen der Mitgliedstaaten wöchentlich zusammen und arbeiten vornehmlich dem Rat der Außenminister (Allgemeiner Rat) und dem Wirtschafts– und Finanzministerrat (ECOFIN) zu. Darüber hinaus werden im AStV II auch diejenigen Fragen anderer Politikbereiche behandelt, die besonders strittig sind. Im AStV I kommen die stellvertretenden Leiter der ständigen Vertretungen zusammen. Die hier vorbereiteten Arbeiten beziehen sich unter anderem auf Verkehr, Binnenmarkt, Soziales und Umwelt. Für den Arbeitsalltag in bezug auf die Gemeinsame Agrarpolitik ist der ebenfalls wöchentlich tagende Fachausschuß für Landwirtschaft zuständig. Vgl. hierzu *Hayes–Renshaw/Wallace (1997: S. 130).*

[158] Dieser spezifische Schengener Kooperationsgeist wird in den Bewertungen der Schengener „Erfolgsgeschichte" übereinstimmend von den Akteuren beschworen (vgl. hierzu auch Bundesministerium des Innern 1999: Innenpolitik Nr. 3/1999, vom 18.5.1999). Teilnehmer der Schengen–Arbeitssitzungen sahen den spezifischen Schengener Kooperationsgeist in der überschaubaren Anzahl und personellen Beständigkeit der Teilnehmer und ihrer technischen, von politischen Aspekten möglichst ferngehaltenen Zusammenarbeit begründet. Diese Bewertungen wurden insbesondere auf der Tagung der Europäischen Rechtsakademie Trier „Von Schengen nach Amsterdam. Auf dem Weg zu einem europäischen Einwanderungs– und Asylrecht" am 18. und 19. Februar 1999 geäußert. Die Staatssekretärin im Bundesministerium des Innern, *Sonntag-Wolgast*, identifizierte auf dieser Veranstaltung folgende drei Elemente des Schengener Erfolgsrezepts: operativer Charakter, flache Arbeitsstrukturen und vereinheitlichtes Verwaltungshandeln.

auf Unterschiede räumlicher und atmosphärischer Art.[159] Die Schengen-Arbeitsgruppensitzungen fanden im Sitzungssaal des Benelux-Sekretariats statt. Der Raum ist wesentlich kleiner als die Sitzungssäle, die im Ratsgebäude zur Verfügung stehen. Die Teilnehmer saßen also enger beieinander. Der Umgangston in den Sitzungen war im Vergleich zu demjenigen im EU-Rahmen etwas weniger förmlich. Die Teilnehmer trafen sich immer in demselben Raum, dem einzigen Sitzungssaal des Benelux-Sekretariats mit Übersetzungskabinen. In den Verhandlungspausen konnten auf der angrenzenden Terrasse oder im kleinen Foyer relativ informell und zwanglos Gespräche geführt und mögliche Verhandlungsblockaden gelöst werden. Hingegen ist die Atmosphäre im Ratsgebäude wesentlich anonymer, auf mehrere Stockwerke verteilt finden unzählige Sitzungen parallel statt.

Ein weiterer, die Arbeitsatmosphäre und -qualität beeinflussender Unterschied wird in der Zusammenarbeit mit den Dolmetschern gesehen. Auch im Schengen-Kontext galt die in der Europäischen Union übliche Sprachenregelung, wonach die Landessprachen der Mitgliedstaaten gleichberechtigte Amtssprachen sind. Im Schengen-Rahmen konnten die Teilnehmer auf fünfzehn Jahre Zusammenarbeit mit einer kleinen, relativ konstant gebliebenen Gruppe von Dolmetschern zurückblicken. Diese waren nur für den Schengen-Bereich zuständig und haben daher über die Jahre hinweg spezialisierte Kenntnisse in einem für Laien hochkomplexen Fachgebiet erworben. Dies betrifft zum einen die oftmals sehr technische Fachterminologie,[160] für die teilweise in bilateraler Zusammenarbeit mit den Teilnehmern nach adäquaten sprachlichen Entsprechungen gesucht wurde. Zum anderen haben die langjährigen Sprachmittler ein historisches Wissen über den Inhalt der Verhandlungen erworben, das es ihnen ermöglicht, adäquat mit Anspielungen und Querverweisen umzugehen, derer sich die Teilnehmer bedienen.[161] Im EU-Rahmen ist die Fluktuation der Dolmetscher, die ja in der Regel als Generalis-

---

[159] Die folgenden Aussagen gründen sich auf eigene Beobachtungen der Verfasserin.

[160] Folgende Zitate aus einer immerhin für eine breitere Öffentlichkeit gedachten Veröffentlichung vermögen einen kleinen Einblick in den Schwierigkeitsgrad der Übersetzungsarbeit zu vermitteln: „Klebeetikett in selbstklebender Ausführung mit Schutzvorkehrungen gegen Fälschungen und Verfälschungen sowie mißbräuchliche Wiederverwendung"; „fortlaufende Vordrucknummern der Blankoformulare"; „kopiergeschützte Sicherheitselemente". Vgl. *Hildebrandt (1996: S. 51)*. Vorstellbar ist, daß in den Verhandlungen die „kopiergeschützten Sicherheitselemente" näher technisch spezifiziert werden und der Fachjargon für den Laien unverständlicher ist.

[161] Gerade die Gemeinsamen Konsularinstruktionen (GKI) von Schengen stellen eine komplexe Zusammenstellung von Anhängen, Querverweisen, Pflichtenheften dar, auf die sich die Teilnehmer in Verhandlungen nur in Abkürzungsformen beziehen. Für einen Einblick s. *Hildebrandt/Nanz (1999)*.

ten in der ganzen Bandbreite der EU-Politiken tätig sind, höher. Die erwähnten Vorteile einer langjährigen Zusammenarbeit könnten verlorengehen.[162]

4.1.2 Ausdifferenzierung und Spezialisierung

Die migrationspolitische Arbeitsgruppenebene im EU-Rahmen besteht aus acht Arbeitsgruppen.[163] Dazu gehören zum einen die Arbeitsgruppen Wanderung (Aufnahme/Rückführung), Visa, Außengrenzen, Gefälschte Dokumente und Asyl. In diesen Arbeitsgruppen werden die Handlungsinstrumente der Zusammenarbeit im Bereich Innen und Justiz, bzw. ab Mai 1999 Rechtsverordnungen und Richtlinien, beraten.

Die anderen drei Arbeitsgruppen haben einen etwas anderen Arbeitsauftrag. Aufgrund der Komplexität des Vorhabens ist für die Ausarbeitung der Eurodac-Konvention eine eigene Arbeitsgruppe eingerichtet worden. Schließlich existieren mit CIREA und CIREFI noch zwei Arbeitsgruppen der besonderen Art. CIREA, das Informations-, Reflexions- und Austauschzentrum für Asylfragen, ist Ende 1992, also noch vor Inkrafttreten des Maastricht-Vertrages, eingerichtet worden. Es stellt eine institutionalisierte Form des Informationsaustausches dar und hat keine Entscheidungsbefugnis. Hier kommen die Praktiker aus den nationalen Asylbehörden zusammen. Im wesentlichen konzentriert sich die Arbeit auf die wechselseitige Information über die jeweilige Asylpraxis und über relevante Herkunftsländer *(Jordan 1998: S. 189f.)*. Im allgemeinen nehmen die nationalen Sachverständigen, die für die Bearbeitung von Asylanträgen zuständig sind, teil. Seit Mitte 1995 treffen sich jedoch auch die Leiter der zuständigen nationalen Behörden.

Der Informationsaustausch betrifft nationale Rechtsänderungen und Reformvorhaben im Asylbereich, Rechtsprechung, Entwicklung der Asylbewerberzahlen und Verfahrenspraxis. Zudem wird gemeinsam die Situation in den

---

[162] Die nach dem Amsterdamer Vertrag vorgesehene Eingliederung des Schengen-Sekretariats in das Generalsekretariat des EU-Rats ist im Hinblick hierauf nicht ganz unproblematisch. Eine Regelung, wonach die Schengen-Dolmetscher nur für den migrationspolitischen Bereich zuständig sind, würde in Anbetracht des oben erwähnten Generalistenprinzips als Ausnahmeregelung konstruiert werden müssen. Insgesamt hat die Eingliederung des Schengen-Sekretariats im Generalsekretariat bereits zu großen personalpolitischen Friktionen geführt. Die Beamten des Generalsekretariats wehrten sich monatelang mit Streiks und anderen Protestformen gegen eine vom Rat eigenmächtig durchgesetzte Ausnahmeregelung für die Verbeamtung der 55 Mitarbeiter des Schengen-Sekretariats. Die Proteste richteten sich gegen ein europabeamtenrechtlich unzulässiges Verfahren, das der politischen Günstlingswirtschaft in den Gemeinschaftsorganen Vorschub leisten könnte, nicht gegen die Eingliederung als solche. Die Auseinandersetzung zwischen Ratsbeamten und politischer Führung stellt in der Geschichte dieses sonst eher unauffälligen Gemeinschaftsorgans einen Präzedenzfall dar. Vgl. hierzu F.A.Z. v. 26.4.1999. Zum Generalsekretariat des Rates im allgemeinen vgl. *Egger (1994)*.

[163] vgl. hierzu die Übersicht bei *Klos (1998: S. 62)*.

Herkunftsländern geprüft. Dafür liegen die jeweiligen Erfahrungen über Motive, Reiserouten und Profile der Antragsteller, im Rahmen der Gemeinsamen Außen- und Sicherheitspolitik erstellte Berichte und Stellungnahmen des UNHCR zugrunde. Aufbauend auf diesen Informationsaustausch, der durch gemeinsame Reisen in Herkunftsländer ergänzt werden kann, werden gemeinsame Länderberichte erstellt, die dem Rat und über diesen den national zuständigen Stellen übermittelt werden. Der UNHCR hat bei den Sitzungen des CIREA keinen Beobachterstatus, kann aber zu den Beratungen über die Situation in Herkunftsländern hinzugezogen werden. Die Sitzungen von CIREA finden regelmäßig ca. alle sechs Wochen statt.[164]

CIREFI ist das entsprechende Austauschzentrum der nationalen Praktiker im Migrationsbereich und wurde ebenfalls 1992 eingerichtet *(vgl. hierzu Europäisches Parlament (Generaldirektion Forschung) 1999: S. 96f.)*. Bei der Aufgabengestaltung hat der Rat insbesondere die Notwendigkeit eines gemeinsamen Vorgehens gegen kriminelle Schleuserorganisationen betont. CIREFI soll diesem Ziel durch verbesserten Informationsaustausch zwischen den Mitgliedstaaten und eine einheitliche Lagebeurteilung dienen.[165] Arbeitsgruppen- und K.4-Ausschußsitzungen finden regelmäßig jeden Monat statt, der Rat trifft sich mindestens zweimal pro Präsidentschaft.[166]

Zusammengefaßt läßt sich festhalten, daß sich in der migrationspolitischen Zusammenarbeit auf europäischer Ebene ein relativ dichtes Kooperationsgeflecht entwickelt hat, in dem nationale Beamten aus den zuständigen Fachministerien und Fachbehörden häufig und regelmäßig zusammenkommen.

---

[164] Die Informationen wurden folgenden Texten des Rats der Europäischen Union (Innen und Justiz) entnommen: Verteilung und Vertraulichkeit der gemeinsamen Berichte über die Situation in bestimmten Drittländern (vom Rat am 20. Juni 1994 angenommener Text); Leitlinien für die Ausarbeitung der gemeinsamen Berichte über Drittstaaten (vom Rat am 20. Juni 1994 angenommener Text); Zweiter Bericht über die Tätigkeit des Informations-, Reflexions- und Austauschzentrums für Asylfragen (CIREA) (vom Rat am 20. Juni 1994 angenommener Text), alle abgedruckt in: ABl. EG Nr. C 274 vom 19.9.1996, S. 43 ff; Bericht über die Tätigkeit des Informations-, Reflexions- und Austauschzentrums für Asylfragen (CIREA) in den Jahren 1994 und 1995 (vom Rat am 26. Mai 1997 gebilligter Text); Bericht über die Tätigkeit des Informations-, Reflexions- und Austauschzentrums für Asylfragen (CIREA) im Jahr 1996 (vom Rat am 26. Mai 1997 gebilligter Text), beide abgedruckt in: ABl. EG Nr. C 191, S. 29ff.

[165] Schlußfolgerungen des Rates vom 30. November 1994 über die Ausgestaltung des Informations-, Reflexions- und Austauschzentrums für Fragen im Zusammenhang mit dem Überschreiten der Außengrenzen und der Einwanderung (CIREFI), *ABl. EG Nr. C 274, v. 19.9.1996, S. 50f.*

[166] Laut Klos hat die Lenkungsgruppenebene in den vergangenen Jahren an Bedeutung abgenommen, da sie kaum noch einberufen wurde. Ergebnisse der Arbeitsgruppen wurden statt dessen direkt an den K.4-Ausschuß weitergeleitet. *Klos (1998: S. 64)*.

(Zur Beteiligung der nationalen Ebene an der transnationalen Verwaltungskooperation siehe ausführlicher in III 5.1).

Im Rahmen der sogenannten Vorbeitrittsstrategie werden die mittel- und osteuropäischen Beitrittskandidaten und Zypern bereits allmählich in dieses Kooperationsgeflecht eingebunden. Im Rahmen des strukturierten Dialogs kommen die dort zuständigen Minister zunehmend im Anschluß an Ratssitzungen mit ihren westeuropäischen Kollegen zusammen. Ende 1998 hat der Rat beschlossen, die mittel- und osteuropäischen Beitrittskandidaten sowie Zypern möglichst ab dem 1. Januar 2000 am Austausch von Einwanderungsstatistiken im Rahmen von CIREFI zu beteiligen *(vgl. Rat der Europäischen Union (Innen und Justiz): vom 3.12.1998).*

Im Zuge der Institutionalisierung der migrationspolitischen Zusammenarbeit auf europäischer Ebene haben auch die Gemeinschaftsorgane migrationsrelevante Strukturen herausgebildet. Innerhalb der Kommission wurden migrationsbezogene Fragestellungen aufgrund der Arbeitnehmerfreizügigkeit bereits früh behandelt. Traditionell geschah dies im Rahmen der Arbeiten zum Binnenmarkt und im Bereich Soziales. Mit dem Inkrafttreten von Maastricht ist allerdings auch eine **Task Force** „Innen und Justiz" eingerichtet worden, die bereits die Strukturen einer Generaldirektion aufwies.[167] Migrationsrelevante Bereiche sind darüber hinaus noch in anderen Generaldirektionen verstreut zu finden.[168] Ähnlich wie auf nationaler Ebene stellt sich angesichts des Querschnittscharakters der Migrationspolitik in bezug auf die Kommission ebenfalls die Frage nach der optimalen Zuständigkeitsverteilung.[169]

Im Europäischen Parlament beschäftigt sich vorwiegend der Ausschuß für Grundfreiheiten und innere Angelegenheiten mit der migrationspolitischen

---

[167] Nach Inkrafttreten des Amsterdamer Vertrags und Amtsübernahme der neuen Kommission im Herbst 1999 soll die Task Force in eine Generaldirektion umgewandelt werden.

[168] vgl. hierzu die über das Internet einsehbaren Organigramme [http://europa.eu.int/comm/index.html].

[169] Im Sommer 1998 sprach sich der damalige Schatteninnenminister der SPD, *Schily*, für ein eigenständiges EU-Kommissariat aus, das sich europaweit mit den Problemen von Bürgerkriegsflüchtlingen, Asylbewerbern und Zuwanderern befassen sollte, da laut Schily in Europa „der Schlüssel für all diese Probleme liegt", s. FR v. 20.7.1998. Auf nationaler Ebene ist beispielsweise in Deutschland immer wieder der Ruf nach einer Bündelung migrationspolitischer Zuständigkeiten in einem eigenen Migrationsamt oder -ministerium zu vernehmen. Ein solches Amt war beispielsweise in den Einwanderungsgesetzentwürfen enthalten, die Bündnis90/Die Grünen und die F.D.P. in der 13. Legislaturperiode in den Bundestag eingebracht bzw. vorgestellt haben. Vgl. hierzu Bündnis 90/Die Grünen: Entwurf eines Gesetzes zur Regelung der Rechte von Einwanderinnen und Einwanderern (Einwanderungsgesetz) vom 15.4.1997, BT-Drs. 13/7417; fdk (freie demokratische korrespondenz: Einwanderung kontrollieren – Eingliederung und Einbürgerung erleichtern, 10.4.1997.

Zusammenarbeit auf europäischer Ebene. Das Generalsekretariat des Rates hat nach Inkrafttreten des Maastrichter Vertrags eine neue Generaldirektion H eingerichtet *(Egger 1994: S. 95f.)*.

Diese Ausdifferenzierungen in der inneren Organisationsstruktur der Gemeinschaftsstrukturen bilden in der Zusammenarbeit im Rahmen der Dritten Säule ein gemeinsames Kooperationsgeflecht mit den oben beschriebenen Gremien. Mit der Vergemeinschaftung im Amsterdamer Vertrag bleibt abzuwarten, ob sich das Schwergewicht darin mehr in Richtung auf die Gemeinschaftsinstitutionen verschiebt und etwas weg von dem heute mitgliedstaatlich besetzten Nukleus.

4.2 Informationsaustausch und praktische transnationale Verwaltungskooperation als Motor der Zusammenarbeit der EU-Staaten im Bereich Migrationspolitik

Aus den oben behandelten Fallbeispielen ist ersichtlich geworden, daß sich neben der soeben beschriebenen Brüssel-zentrierten Kooperationsstruktur auch transnationale Arbeitsstrukturen direkt zwischen den EU-Staaten entwickeln.

Die Mitgliedstaaten haben sich in einigen migrationsrelevanten Bereichen auf eine enge Zusammenarbeit ihrer jeweils innerstaatlich zuständigen Behörden verständigt. Beispiele hierfür sind die Zusammenarbeit zwischen den konsularischen Vertretungen, zwischen den für die Bekämpfung illegaler Beschäftigung zuständigen Behörden und zwischen den Behörden, die für Rückführungsmaßnahmen zuständig sind *(Rat der Europäischen Union (Innen und Justiz): vom 23.11.1995 und vom 4.6.1996)*. Einen rechtlichen Auftrag zur transnationalen Verwaltungskooperation erteilte der Maastricht-Vertrag. Nach Artikel K. 3, Abs. 1 EUV begründen die Mitgliedstaaten eine Zusammenarbeit zwischen ihren zuständigen Verwaltungsstellen, um ihr Vorgehen in migrationsrelevanten Bereichen zu koordinieren. Mit dem Amsterdamer Vertrag haben sich die Mitgliedstaaten dazu verpflichtet, Maßnahmen zu erlassen, „um die Zusammenarbeit zwischen den entsprechenden Dienststellen der Behörden der Mitgliedstaaten in den Bereichen dieses Titels sowie die Zusammenarbeit zwischen diesen Dienststellen und der Kommission zu gewährleisten." *(Art. 66 EGV n.F.)*.

Die transnationale Verwaltungskooperation ist demnach die operationelle Basis der europäischen migrationspolitischen Zusammenarbeit. Ein gemeinsamer Ansatz im Bereich der Visapolitik bedarf nicht nur der Verständigung über die Staaten, deren Staatsangehörige ein Visum benötigen, um in die Europäische Union einzureisen. Eine weitere Voraussetzung dafür, daß es in der Visapolitik tatsächlich eine einheitliche Linie gibt, ist eine einheitliche Visapraxis. So sollen die konsularischen Vertretungen der Mitgliedstaaten laut einer Ratsempfehlung von 1996 im Bereich der Visumerteilung zusammenarbeiten. Von besonderer Bedeutung ist hier der Informationsaustausch über Kriterien der Visumerteilung und über Risiken einer illegalen Migration. Zum Zwecke des Informationsaustausches sind gemeinsame Sitzungen der zuständigen Konsularbeamten und gegenseitige Besuche vorgesehen. Die konsularischen Vertretungen sollen auch gemeinsame Berichte über relevante Fragen erstellen, die die Zusammenarbeit auf europäischer Ebene in diesem Bereich voranbringen helfen, und erarbeiten gemeinsame Maßnahmen zur Mißbrauchsbekämpfung.[170] Im Schengener Rahmen, das ja nicht nur über ein gemeinsames Visaformat, sondern über ein gemeinsames Visum verfügt, geht die Verwaltungskooperation noch weiter. Hier haben die Schengen-Staaten gemeinsame konsularische Instruktionen erlassen, die das Verwaltungsverfahren von der Visumantragstellung über die Prüfung und Entscheidung bis zur Ausstellung normieren (*Hildebrandt/Nanz 1999: S. 43*. Siehe hierzu ausführlicher in III 4.3).

Um die Wirksamkeit im Hinblick auf gemeinsame Anstrengungen zur Verhinderung der illegalen Einreise zu steigern, sind auch gemeinsame Hilfsmittel entwickelt worden, die die Gefahr der Dokumentenfälschung und -verfälschung verringern sollen. Das von allen Mitgliedstaaten auszugebende Visum wird in Form eines einheitlichen Visaformulars erteilt, das besondere Sicherheitsmerkmale gegen Ge- und Verfälschung enthält.[171] Hier hat die Schengen-Gruppe eine Vorreiterfunktion erfüllt.[172] Die Sicherheitsmerkmale, die für das Schengen-Visum erarbeitet worden sind, sind im EU-Visaformat übernommen worden. Insgesamt stellt die Vereinheitlichung von Formularen ein Mittel dar, um einen gemeinsamen Kontrollstandard zu erreichen und um diesen Kontrollstandard zu erhöhen.[173] Die Formatsvereinheitlichung erfüllt damit die Funktion der Ra-

---

[170] Empfehlung des Rates vom 4. März 1996 betreffend die Zusammenarbeit der konsularischen Vertretungen vor Ort in Fragen der Visumerteilung, ABl. EG Nr. C 080, v. 18.3.1996, S. 1.

[171] Eigentlich hat man sich auf zwei Formulare geeinigt, eines zum Einkleben in den Reisepaß und eines im Scheckkartenformat.

[172] Diese Vorreiterfunktion der Schengener Arbeiten ist generell als ein den Europäisierungsprozeß dynamisierendes Element zu werten. Sie wird insbesondere auch durch die personelle Teilidentität von Visa- und Asyl-Arbeitsgruppen im Schengener und EU-Rahmen begünstigt. Interinstitutioneller Erfahrungs- und Meinungsaustausch kann dadurch gerade auf der Arbeitsebene sehr informell stattfinden.

[173] Beispielsweise sind die über zweihundert verschiedenen Aufenthaltsformate und -typen, die in den einzelnen Ländern der EU an Drittausländer ausgegeben wurden, auf zwei Formate reduziert worden (*ABl. EG Nr. L 7, vom 10.1.1997, S. 1f*).

tionalisierung und Modernisierung. Ein weiteres Hilfsmittel ist die Entwicklung einer gemeinsamen Datenbasis, die die jeweiligen nationalen Erfahrungen beispielsweise im Bereich der Dokumentenge- und -verfälschung allen zuständigen Behörden der nationalen Ebene zugänglich macht.[174]

Vor diesem Hintergrund, und auch im Hinblick auf die oben dargestellten Fallbeispiele, wird deutlich, welche Schlüsselstellung dem Informationsaustausch als Instrument der migrationspolitischen Zusammenarbeit der EU-Staaten zukommt.

Zum einen stellt der Informationsaustausch eine vertrauensbildende Maßnahme dar. Das vermehrte Wissen übereinander steigert zudem das Bewußtsein der transnationalen Gemeinsamkeit bestehender Herausforderungen. Der Kooperationsbedarf wird zunehmend deutlicher.

Zum zweiten dient der Informationsaustausch der Erweiterung und Verbesserung der nationalen Handlungsspielräume durch gemeinsam geteiltes Wissen. Historische Bindungen, Migrationsgeschichte und geographische Lage bestimmen Unterschiede und Gemeinsamkeiten in bezug auf die Migrationssituation der einzelnen EU-Staaten. Der Informationsfluß zwischen ihnen über einzelne Entwicklungen im Migrationsgeschehen kann Synergieeffekte erzeugen, die dem einzelnen Staat die Aufwendung von Ressourcen für die Informationsgewinnung teilweise ersparen. Zur Illustration sei auf Informationen bezüglich der Situation in Herkunftsländern von Asylbewerbern hingewiesen. Hier verfügen die einzelnen Staaten aufgrund ihrer spezifischen Bindungen zu anderen Regionen der Welt über unterschiedliche Informationsbedingungen. Ein Austausch trägt daher nicht nur zur Anhebung des allgemeinen quantitativen Informationsniveaus, sondern unter Umständen auch zur Verbesserung der Informationsqualität durch die Möglichkeit des Abgleichs von Informationen bei.

Zum dritten dient der Informationsaustausch der Verbesserung der nationalen Handlungsspielräume auch durch gemeinsam geteilte Erfahrungen. Die gegenseitige Unterrichtung über einzelne nationale Maßnahmen in bezug auf bestimmte migrationspolitische Herausforderungen erhöht den migrationspolitischen Erfahrungsschatz jedes einzelnen Partners. Methoden, die sich in einem Land bewährt haben, können von anderen Ländern übernommen werden. Umgekehrt lassen sich die Ressourcen zur Erprobung von Maßnah-

---

[174] So hat Ende 1998 der Rat eine gemeinsame Maßnahme zur Errichtung eines elektronischen Europäischen Bildspeicherungssystems (FADO: False and Authentic Documents) beim Generalsekretariat des Rates angenommen. Die Datenbank soll der Speicherung von Abbildungen und Kurzinformationen zu echten, gefälschten und verfälschten Dokumenten dienen. Die national zuständigen Kontrollbehörden sollen mit dieser zentralen Datenbank vernetzt werden, um bei ihrer täglichen Kontrollarbeit auf diese gemeinsame Expertise zurückgreifen zu können. Vgl. *Rat der Europäischen Union (Innen und Justiz) 1998d: Presseerklärung Nr. 13673/98 (Presse 427), vom 3.12.1998.* Ein entsprechendes internationales System ist bereits zwischen den USA, Kanada, Australien und den Niederlanden eingerichtet worden.

men, die von anderen bereits getestet wurden und die dort gescheitert sind, einsparen. Der Erfahrungsaustausch kann damit auch zur transnationalen Suche nach der bestmöglichen Lösung beitragen.[175]

Dieser letztgenannte Aspekt deutet auf folgendes längerfristig wirkendes Entwicklungspotential, das dem Informationsaustausch innewohnt. Der Informations- und Erfahrungsaustausch kann dazu führen, daß sich Praktiken annähern, deren rechtliche Harmonisierung dann keinen allzu drastischen Schritt mehr darstellt. Daß der Informationsaustausch seit Beginn der neunziger Jahre auch mit dieser Zielsetzung verbunden ist, zeigt der Londoner Beschluß der für Einwanderungsfragen zuständigen Minister zur Einrichtung von CIREA im Jahre 1992: „Ziel dieses Informationsaustausches ist es, im Zentrum eine bessere informelle Konzertierung zu bewirken, die wiederum die Koordinierung und Harmonisierung der Asylpraktiken und -politiken durch die zuständigen Stellen erleichtern soll".[176]

Die transnationale Verwaltungskooperation erschöpft sich jedoch nicht im reinen Informations- und Erfahrungsaustausch, sondern wird durch gemeinsame Operationen auch zur Erweiterung nationaler Handlungsmöglichkeiten über nationale Grenzen hinweg genutzt. Solche abgestimmten operativen Maßnahmen haben beispielsweise die Schengen-Staaten 1998 zur Bekämpfung der illegalen Zuwanderung und Schleusungskriminalität durchgeführt. Auf Grundlage eines Beschlusses des Schengener Exekutivausschusses haben sich im Oktober 1998 alle Schengener Vertragsstaaten entlang der Hauptschleusungsrouten an einer gemeinsamen Polizeiaktion beteiligt. Das deutsche Innenministerium hob in seiner Bewertung dieses Pilotprojekts insbesondere die gute transnationale Zusammenarbeit mit den Zentralstellen der Partnerstaaten *hervor (Bundesministerium des Innern 1998c)*. Der Erweiterung der nationalen Handlungsspielräume soll auch die Zusammenarbeit der jeweils national zuständigen Stellen im Bereich der Rückführungsmaßnahmen dienen. Hier sollen nach einer Empfehlung des Rates vom Dezember 1995 beispielsweise mittels Informationen über freie Transport-

---

[175] Diese Zusammenführung von Informations- und Wissensressourcen vermag auch die Stellung der einzelnen Mitgliedstaaten gegenüber Drittstaaten, z.B. beim Aushandeln von Rückführungsabkommen, zu stärken. Hier stehen den Mitgliedstaaten ein Musterabkommen und detaillierte Empfehlungen für die Aushandlung von Protokollen als Handlungsleitfaden zur Verfügung. Vgl. *ABl. EG Nr. C 274, v. 19.9.1996, S. 21 ff.*

[176] Beschluß zur Schaffung des Informations-, Reflexions- und Austauschzentrums für Asylfragen, abgedruckt in: Bundesministerium des Innern (Hrsg.) 1993: Textsammlung zur Europäischen Asylpraxis (SN/2836/93), II.E.

kapazitäten die Ressourcen zur Rückführung von Drittausländern ohne Aufenthaltsrecht gebündelt werden.[177]

Eine weitere Stufe der praktischen transnationalen Verwaltungskooperation besteht im Zusammenhang mit dem Schengener und Dubliner Übereinkommen.[178] Die Anwendung der Regeln zur Bestimmung der Zuständigkeit eines EU-Staates für einen Asylantrag erfolgt in der täglichen Zusammenarbeit der Fachbehörden der beteiligten Mitgliedstaaten. Stellen die zuständigen Beamten in der Fachbehörde, im deutschen Fall die zuständigen Beamten des Bundesamtes für die Anerkennung ausländischer Flüchtlinge (BAFl), fest, daß die Zuständigkeit für die Behandlung des Asylantrags bei einem anderen Mitgliedstaat liegt, so wird ein entsprechend begründetes Übernahmeersuchen an die zuständige Partnerbehörde gestellt. Wenn diesem zugestimmt wird, erfolgt die Überstellung des Asylbewerbers an den anderen Staat in enger Zusammenarbeit zwischen den Behörden beider beteiligter Staaten. Dabei sind gegebenenfalls für die Durchbeförderung auch Verwaltungseinheiten weiterer Partnerstaaten beteiligt.[179]

Um die praktische Zusammenarbeit zu verbessern, werden Verbindungsbeamte eingesetzt, die bei den beschriebenen Verfahren beraten und vermitteln sollen.[180] Die Bedeutung dieses Personalaustausches für die praktische Zusammenarbeit wird von *Bartels* und *Kraft*, zwei zu dem Zeitpunkt zuständigen Mitarbeitern des deutschen BAFl, besonders hervorgehoben:

„Der gegenseitige Personalaustausch ist ein gut geeignetes Mittel, die bestehenden Unterschiede in der Sprache, der Organisation und auch der Mentalität auszugleichen und zum Verständnis des jeweiligen nationalen Verwaltungsaufbaus und Verfahrensablaufs beizutragen. Mit Hilfe dieser Personalunterstützung können praxisorientierte Lösungsansätze und Ergebnisse gefunden werden. Die seit Anwendung der Schengener Vertragsbestimmungen gewonnenen Erfahrungen haben gezeigt, daß die Verwaltungsstrukturen in den einzelnen Schengenstaaten teilweise weit

---

[177] Empfehlung des Rates vom 22.Dezember 1995 betreffend die Abstimmung und Zusammenarbeit bei Rückführungsmaßnahmen, *ABl. EG Nr. C 005, v. 10.1.1996, S. 3 ff.*

[178] Die asylrelevanten Bestimmungen des Schengener Abkommens sind vom Dubliner Übereinkommen abgelöst worden, nachdem es in Kraft getreten ist (1.9.1997).

[179] vgl. die ausführliche Darstellung der Verfahrensabläufe im Schengener Rahmen, die analog zum Dubliner Verfahren zu sehen sind, bei: *Bartels/Kraft (1996: S. 68–71).*

[180] Zum Einsatz und Aufgaben von Liaisonpersonal in der europäischen migrationsrelevanten Kooperation vgl. *Jordan (1998: S. 200–202).*

voneinander abweichen und es somit immer wieder zu Schwierigkeiten in der täglichen Arbeit kommt." (Bartels/Kraft 1996: S. 75).

Zusammenfassend ist hier festzuhalten, daß es sich im Fall der transnationalen Verwaltungskooperation zur Umsetzung der asylrechtlichen Zuständigkeitsbestimmungen, auf die sich die Staaten im Schengener und Dubliner Rahmen geeinigt haben, um eine sehr enge Zusammenarbeit handelt, die auch bereits zur transnationalen personellen Verflechtung beigetragen hat.

Zusätzlich zu den hier erläuterten Handlungsinstrumenten der migrationspolitischen Kooperation der EU–Staaten – Informationsaustausch und praktische Verwaltungskooperation – stehen die bereits erwähnten Entschließungen, Empfehlungen, Beschlüsse, gemeinsame Maßnahmen und Standpunkte sowie Konventionen zur Verfügung. Es ist bereits darauf hingewiesen worden, daß ihr gemeinsames Strukturmerkmal, nämlich die Möglichkeit, die Zusammenarbeit so autonomieschonend wie möglich zu gestalten, der Souveränitätsrelevanz des Kooperationsbereichs entspricht.[181]

Auch die Instrumente Informationsaustausch und praktische Verwaltungskooperation schränken die Regierungen in ihrer nationalen Handlungsautonomie zunächst nicht ein. Sie entsprechen dem Interesse an flexibler Kooperation in den Problemen, die aufgrund ihres transnationalen Charakters mit einzelstaatlichen Maßnahmen nicht befriedigend gelöst werden können. So hat beispielsweise insbesondere das Vereinigte Königreich, das eine Abgabe nationaler Souveränitätsrechte im Migrationsbereich kategorisch ablehnt, ein besonderes Interesse an praktischer Kooperation. Die britische Delegation betonte diese Position nochmals ausdrücklich, als sie im März 1998 eine Erklärung zur künftigen Beteiligung des Vereinigten Königreichs an der EU–Migrationspolitik nach Amsterdamer Regeln abgab:

„Our intention to maintain our frontier controls has implications for our participation in the direct operation of external frontier controls. For similar reasons, enhanced visa co–operation raises difficulties for us. But within this constraint, we shall seek discussions with EU colleagues to maximise the scope for mutual operational co–operation in combating illegal immigration, without prejudice to the maintenance of our national immigration controls." (Rat der Europäischen Union (Innen und Justiz): vom 12.3.1999).

---

[181] Eine politische Selbstverpflichtung liegt dennoch vor, vgl. III 1.1.

Die ausführliche Darstellung der Instrumente Informationsaustausch und praktische Verwaltungskooperation hat jedoch gezeigt, welches Entwicklungspotential ihnen innewohnt. Beispielsweise führt die tägliche transnationale Anwendung der von den Schengener und Dubliner Vertragsstaaten ausgearbeiteten abstrakten Richtlinien zu ihrer Weiterentwicklung. Von den beteiligten nationalen Fachbehörden wird in diesen grundsätzlich neuen Aspekten nationalen Asylverfahrensrechts Rechtsfort- und Verfahrensentwicklung betrieben. Die Beteiligten stehen

> *„(...) hier vor einer neuen Rechtsmaterie, die mit Leben erfüllt werden muß. Hierfür reichen nationale Rechtsgrundsätze nicht aus. Vielmehr ist der Situation Rechnung zu tragen, daß eine große Zahl von Vertragsstaaten mit verschiedenartigen Rechtsordnungen auf der gleichen Rechtsgrundlage in loyaler Zusammenarbeit Entscheidungen treffen. Dabei sollen Reibungsverluste aufgrund nationaler Interessen und Vorstellungen weitgehend vermieden werden." (Bartels/Kraft 1996: S. 67).*

Wie diese einmal begonnene praktische Verwaltungskooperation und die damit vorhandenen Erfahrungen in eine Verfeinerung des gemeinsamen Instrumentariums münden können, ist bereits im Falle der Eurodac-Konvention dargestellt worden (s. oben III 3.3). Auch im Schengener Visumregime konnte einer der Akteure bereits 1996 eine eingebaute Entwicklungsdynamik feststellen:

> *„Alles in allem wird sichtbar, daß die Weiterentwicklung des Schengener Regelwerkes auf der Basis der rechtlichen Regelungen des Schengener Durchführungsübereinkommens und des dort enthaltenen Mechanismus zur Anpassung erfolgen wird. Das heißt ,im System' auf der Basis der Analyse von tatsächlichen Problemen der Praxis. Dies zwingt die Schengener Vertragsstaaten einerseits zu einer neuen Stufe der vertrauensvollen Zusammenarbeit; andererseits muß die Operativität und Flexibilität des Visumreglements in weit höherem Maße möglich sein." (Hildebrandt 1996: S. 55f.).*

Die Eigendynamik wohnt hier der einmal in Gang gesetzten operationellen Zusammenarbeit inne, die durch die Praxis ständig Nachbesserungsbedarf erzeugt.[182] Der inhärente Trend zur Weiterentwicklung der migrationspoliti-

---

[182] Wenn z.B. zunächst das Visum vereinheitlicht wird, dann müssen im Anschluß daran auch alternative Genehmigungen, die als Visum gelten, vereinheitlicht werden. Die gemeinsame Praxis muß auch rechtsstaatlichen Grundsätzen entsprechen, wie z.B. Begründungspflicht bei Ablehnung eines Visumantrags. Auch hierfür sind dann standardisierte Formulierungen erforderlich.

schen Kooperation, der bislang in verschiedenen Dimensionen nachgezeichnet werden konnte (vgl. III 1.4; III 2.4; III 3.4), soll im folgenden noch näher spezifiziert werden.

4.3 Elemente einer Institutionalisierung der migrationspolitischen Kooperation

Aufbauend auf den bisherigen Ausführungen lassen sich folgende, untereinander verbundene Elemente einer Institutionalisierung der migrationspolitischen Kooperation identifizieren: Herausbildung einer migrationspolitischen Bürokratie europäischen Zuschnitts; Kontinuität der Aktivitäten; Verrechtlichung der Zusammenarbeit.

4.3.1 Herausbildung einer migrationspolitischen Bürokratie europäischen Zuschnitts

Die dargestellte transnationale Verwaltungskooperation weist Elemente auf, die auf die Herausbildung einer migrationspolitischen Bürokratie europäischen Zuschnitts hindeuten.

Die nationalen Fachbehörden werden zunehmend in eine hierarchische Struktur europäischer Dimension eingebunden. Anweisungen kommen nun nicht mehr ausschließlich vom zuständigen nationalen Fachministerium, sondern werden ergänzt durch solche, deren Ursprung ein intergouvernementales Gremium ist. Beispiele hierfür sind der Schengener Exekutivausschuß oder der nach dem Dubliner Übereinkommen eingesetzte Ausschuß.[183]

Wie dargestellt, findet ein Teil des nationalen Asylverfahrens, nämlich die Prüfung über die Zuständigkeit für die Behandlung eines Asylantrags, auf Grundlage des Dubliner Übereinkommens statt. Um die transnationale Zusammenarbeit bei der Prüfung des zuständigen Staates zu ermöglichen, haben sich die Vertragsstaaten bereits Anfang der neunziger Jahre auf einige vorläufige Verfahrensmodalitäten geeinigt. Diese Einigungen betreffen unter anderem ein einheitliches Formular zur Bestimmung des für die Prüfung eines Asylantrages zuständigen Staates, klärende Erläuterungen zu den Vertragsartikeln und Spezifizierungen zum Verfahren der Überstellung von Asylbewerbern *(vgl. hierzu: Bundesministerium des Innern 1993, I.C – I. G).* Beispielsweise bestehen hinsichtlich der zu verwendenden Beweismittel detaillierte Vorschriften mit

---

[183] Dieser hat, nachdem das Dubliner Übereinkommen zum 1. September 1997 in Kraft getreten ist, seine erste Sitzung am Rande der Ministerratssitzung vom 29. Mai 1998 abgehalten. Vgl. *Rat der Europäischen Union (Innen und Justiz) 1998b: Presseerklärung Nr. 8856/98 (Presse 170), vom 28.5.1998.* Zwischen EU-Ministerrat und Dubliner Exekutivausschuß besteht personelle Identität.

einem ausführlichen Verzeichnis der in Frage kommenden Beweise und Indizien, sowie einem vorgefertigten Verfahrensformular *(vgl. ABl. EG Nr. C 274, v. 19.9.1996, S. 35ff und S. 45ff)*. Auf seiner ersten Ministertagung hat der Ausschuß nach dem Dubliner Übereinkommen Durchführungsmaßnahmen beschlossen, die unter anderem das Verfahren festlegen, wie und welche Informationen für die Einreise von Asylbewerbern in die EU verwandt werden sollen, um den zuständigen Mitgliedstaat zu ermitteln *(vgl. hierzu und zu weiteren Beschlüssen: Rat der Europäischen Union (Innen und Justiz): vom 28.5.1998)*. Mitte 1998 hat dann das Generalsekretariat des Rates den Auftrag erhalten, ein Handbuch für die mit der Anwendung des Dubliner Übereinkommens beauftragten nationalen Beamten zu erstellen *(ABl. EG Nr. L 196, v. 14.7.1998, S. 49f.)*. Hier handeln die national zuständigen Beamten damit auf der Grundlage von Vorschriften, die transnational festgelegt worden sind.

Auch im Bereich der gemeinsamen Visapolitik der Schengen–Staaten liegen, wie erwähnt, Vorschriften für das einheitliche Handeln nationaler Fachbehörden vor. Die gemeinsamen Konsularinstruktionen wenden sich an die Konsularbeamten und legen fest, nach welchen Prüf– und Ausstellungsregeln ein Schengen–Visum zu erteilen ist.[184] Die Anweisungen sind dabei äußerst detailliert und enthalten gar Angaben zur internen Verwaltung und Organisation, die beispielsweise die Archivierung der Antragsformulare oder die zu erhebenden Gebühren betreffen *(Hildebrandt/Nanz 1999: S. 247)*. „Tausende Beamte und Mitarbeiter handeln auf der Basis analoger Regelungen." *(Hildebrandt 1996: S. 52)*. Im Bereich der Außengrenzkontrollen regelt das Schengener Handbuch zur Außengrenzkontrolle umfassend die verbindlichen Standards, die von den einzelnen Partnern bei der Kontrolle des grenzüberschreitenden Verkehrs zu beachten sind *(BMI 1999: Innenpolitik. Informationen des Bundesministerium des Innern: S. 9)*.

Somit handeln migrationsrelevante nationale Fachbehörden teilweise auf der Grundlage transnational fixierter Verwaltungsvorschriften. Nach den Bestimmungen des Amsterdamer Vertrags wird es möglich sein, gemeinschaftsrechtliche Verwaltungsvorschriften in Form unmittelbar anwendbarer Verordnungen zu erlassen *(Art. 66 EGV n.F.; vgl. hierzu auch Lang 1998: S. 62)*.

Wie den Ausführungen der nationalen Akteure zu den Aufgaben im Bereich der Durchführung des Schengener Übereinkommens (das Dubliner Überein-

---

[184] Das Regelwerk umfaßt unter anderem folgende Punkte:
> Regelungen für die Prüfung der Visumanträge.
> Nutzung des Schengener Informationssystems sowie die Einbeziehung zentraler Behörden der Vertragsstaaten.
> Visierfähige Reisedokumente.
> Modalitäten der räumlichen Beschränkung der Visa.
Die Liste wurde auszugsweise übernommen von: *Hildebrandt (1996: S. 52)*.

kommen ist analog zu sehen) zu entnehmen ist, läßt sich auch das bürokratische Merkmal der Schriftlichkeit in der transnationalen Verwaltungskooperation feststellen.[185] Die oben angesprochenen gemeinsamen Formulare und Verwaltungsvorschriften sprechen auch für eine Standardisierung des Verwaltungshandelns.

Ein weiteres Merkmal betrifft die Professionalisierung des zuständigen Personals. Auf die Bedeutung des Personalaustauschs zur Verbesserung der transnationalen Kooperation über nationale Mentalitäts-, und Verwaltungsunterschiede hinaus ist bereits hingewiesen worden. Die Fachverwaltungen einzelner Länder haben beispielsweise im Asylbereich Mitte der neunziger Jahre angefangen, Verbindungsbeamte in die jeweiligen Fachbehörden zu entsenden. Ebenso wurden zwischen einigen Mitgliedstaaten Seminare zur wechselseitigen Information über Asylverfahren, Zuständigkeiten und politische Entwicklungen organisiert. Diese transnationalen Fortbildungsmaßnahmen haben 1998 eine stärker europäische Dimension erhalten, indem nämlich im März das Ausbildungs- und Austauschprogramm ODYSSEUS beschlossen worden ist. Es wird von der Kommission verwaltet und hat für den Zeitraum 1998 – 2002 einen vom Gemeinschaftshaushalt getragenen Finanzrahmen von 12 Millionen ECU. Ziel des Rahmenprogramms ist die Steigerung der Effektivität der transnationalen migrationsrelevanten Verwaltungskooperation. Mit Hilfe der durch das Programm finanzierten Maßnahmen soll das Verwaltungspersonal, das für die konkrete Umsetzung der Handlungsinstrumente der Europäischen Union im Migrationsbereich verantwortlich ist, ein besseres Verständnis für diese entwickeln. Finanziert werden unter anderem a) Fortbildungskurse für Ausbilder, Entscheidungsträger, Führungspersonal und Richter; b) befristeter Personalaustausch und c) die Ausarbeitung von Lehrmaterialien, von Mitteln für die Informationsverbreitung und von relevanten Studien. Förderungsberechtigt sind nur Maßnahmen, die „of demonstrable interest to the Union" sind, und an denen mindestens zwei Mitgliedstaaten beteiligt sind.[186] Mit ODYSSEUS hat sich die Europäi-

---

[185] „(...) Aufgaben im Bereich der Durchführung des SDÜ sind:
▸ Aktenverwaltung;
▸ die Dokumentation, Analyse und Fortschreibung der Entwicklung im Bereich des SDÜ;
(...)" *Bartels/Kraft (1996: S. 67).*

[186] Vgl. Gemeinsame Maßnahme vom 19. März 1998 – vom Rat aufgrund von Artikel K.3 des Vertrags über die Europäische Union angenommen – betreffend die Festlegung eines Ausbildungs-, Austausch- und Kooperationsprogramms in den Bereichen Asyl, Einwanderung und Überschreitung der Außengrenzen – „ODYSSEUS", *ABl. EG NR. L 099, 31.3.1998, S. 2ff.* Bemerkenswert ist, daß ODYSSEUS im Rahmen der Vorbeitrittsstrategie auch für die Finanzierung von Maßnahmen für die Aus- und Fortbildung von zuständigem Verwaltungspersonal der Beitrittskandidaten zur Verfügung steht. Es wurde auch genutzt, um im Rahmen der oben dargestellten Reaktionen auf die kurdische Flüchtlingskrise Verwaltungspersonal der Türkei bezüglich Asylverfahren und Grenzkontrolle zu schulen.

sche Union damit ein Mittel geschaffen zur Professionalisierung des Personals der transnationalen migrationspolitischen Verwaltungskooperation.

Mit der oben dargestellten Ausformung eigener migrationsrelevanter Arbeitsstrukturen in Rat, Kommission und Parlament und zusätzlich der Benennung von nationalen Ansprechpartnern für die transnationale Verwaltungskooperation läßt sich auch eine Spezialisierung beobachten.

Zusammengefaßt lassen sich folgende bürokratische Elemente europäischer Dimension im Migrationsbereich festhalten: eine eindeutig hierarchische Ordnung, Verwaltungsvorschriften, Schriftlichkeit, Standardisierung, Professionalisierung und Spezialisierung.[187] Bürokratische Strukturen dienen der Verstetigung und Verfestigung von (Regierungs-)Handeln über personelle Fluktuation hinaus.

4.3.2 Programmatische Kontinuität der migrationspolitischen Maßnahmen

Ein weiteres Merkmal für diese Institutionalisierung ist in der Zunahme an inhaltlicher Kontinuität zu sehen, die im Laufe der Kooperation der neunziger Jahre zu beobachten ist. Als die Kooperation im Rahmen der Dritten Säule in Vorbereitung auf die Regierungskonferenz zur Reform des Maastricht-Vertrags evaluiert wurde, stand übereinstimmend das Fehlen längerfristiger Ziele und Arbeitsprogramme in der Kritik (*Rat der Europäischen Union 1995: Bericht des Rates über das Funktionieren des Vertrags über die Politische Union, S. 36*). Die Zusammenarbeit im Bereich Justiz und Inneres litt demnach darunter, daß die Ziele von Titel VI des Maastricht-Vertrags nicht hinreichend präzisiert waren und es gleichzeitig aufgrund der halbjährlich wechselnden Präsidentschaften an einer Kohärenz der Arbeiten mangelte. Auf diese Kritik reagierte bereits der Europäische Rat von Madrid im Dezember 1995 und bat zur Vertiefung der Zusammenarbeit um die Konzentration der Tätigkeiten auf prioritäre, für mehrere Präsidentschaften geplante Bereiche (*Europäischer Rat 1995: Tagung am 15.-16. Dezember 1995 in Madrid, Schlußfolgerungen des Vorsitzes (SN 400/1/95 Rev 1)*). Seitdem sind in Absprache mehrerer aufeinanderfolgender Präsidentschaften zweijährige Programme aufgestellt und vom Rat beschlossen worden.[188] Der Stand der laufenden Arbeiten im Hinblick auf die festgelegten

---

[187] Grundlegend zu bürokratischen Merkmalen, *Weber (1980)*.

[188] Entschließung zur Festlegung der Prioritäten für die Zusammenarbeit im Bereich Justiz und Inneres für den Zeitraum vom 1. Juli 1996 bis zum 30. Juni 1998, ABl. EG Nr. C 319 v. 26.10.1996; Entschließung zur Festlegung der Prioritäten für die Zusammenarbeit im Bereich Justiz und Inneres für den Zeitraum vom 1. Januar 1998 bis zum Inkrafttreten des Amsterdamer Vertrages, ABl. EG Nr. C 011 v. 15.1.1998; Aktionsplan des Rates und der Kommission zur bestmöglichen Umsetzung der Bestimmungen des Amsterdamer Vertrags über den Aufbau eines Raums der Freiheit, der Sicherheit und des Rechts, vom 3.12.98, EG-ABl C 19/1 vom 23.1.1999.

Prioriäten wird von den jeweiligen Präsidentschaften überprüft und gegebenenfalls werden Prioritäten veränderten Rahmenbedingungen angepaßt.[189] Im Rahmen des strukturierten Dialogs mit den Beitrittskandidaten bemüht sich der Rat seitdem auch um eine stärkere „Strukturierung" der Kooperation. Auch hier konzentrieren sich die Aktivitäten auf einige, als prioritär angesehene Punkte.[190] Eine weitere Stufe der institutionalisierten Kontinuität der Arbeiten ist mit dem Amsterdamer Vertrag erklommen worden. Hiernach wird die Kontinuität der Arbeiten nicht mehr nur durch Arbeitsprogramme des Rates gesichert, sondern die Prioritätenliste hat sogar eine Verankerung im Vertrag gefunden (vgl. Abbildung 2 im Anhang).

Zur zunehmenden Kontinuität der Arbeiten tragen jedoch nicht nur die Prioritätenfestsetzungen bei, sondern auch die Überprüfung und Evaluation der Umsetzung der beschlossenen Empfehlungen und Entschließungen. Zwar sind diese nicht verbindlich, aber sie bringen, so betont der Rat, „einen gemeinsamen politischen Willen zum Ausdruck" *(Rat der Europäischen Union (Innen und Justiz): vom 23.11.1995)*. Die kritische Überprüfung der mit der Umsetzung der Empfehlungen gemachten Erfahrungen soll den Bedarf an weiteren Maßnahmen klären.[191] Mit der Rückkoppelung an die nationale Ebene, die die operationelle Basis der Kooperation darstellt, wird somit nicht nur der Kontinuität der Arbeiten gedient, sondern auch ein Transmissionsriemen für die Verbesserung der Kooperation eingebaut. Hier liegt damit ein weiteres Indiz für die Eigendynamik der einmal in Gang gesetzten Kooperation vor.

---

[189] So geschehen beispielsweise auf der Ratstagung im Mai 1997, vgl. Rat der Europäischen Union (Innen und Justiz) 1997a: Presseerklärung Nr. 8318/97 (Presse 166) vom 26.5.1997.

[190] Als Beispiel für eine straffere Arbeitsorganisation für ein Ministertreffen mit den Beitrittskandidaten sei hier ein Treffen vom Mai 1997 herausgegriffen. Das Treffen wurde in einer Reihe von offiziellen Sitzungen vom Vorsitz vorbereitet. Die Kommission hatte einen Sachbericht zum Stand der Maßnahmen innerhalb der Union und in den Beitrittsländern in dem Bereich, der für die Sitzung auf der Tagesordnung stand, erstellt. In jedes der drei Themen, die auf der Tagesordnung standen, führten jeweils zwei Minister ein, je einer aus einem EU-Staat und einer aus einem Beitrittsland. Vgl. Rat der Europäischen Union (Innen und Justiz) 1997a: Presseerklärung Nr. 8318/97 (Presse 166) vom 26.5.1997. Eine straffere Planung der Arbeit ist in Anbetracht der großen Teilnehmerzahl bei Ministertreffen der EU- und Beitrittsländer für die Effizienz der Kooperation von großer Bedeutung.

[191] „Die Beobachtung der Durchführung der vom Rat in diesem Bereich angenommenen Rechtsakte durch die Mitgliedstaaten wird es gestatten, die praktische Tragweite der diesbezüglichen Arbeit des Rates zu ermitteln und nützliche Informationen für seine künftige Arbeit zu erhalten." S. Beschluß des Rates vom 16. Dezember 1996 zur Beobachtung der Durchführung der vom Rat erlassenen Rechtsakte im Bereich der illegalen Einwanderung, der Rückübernahme, der illegalen Beschäftigung von Staatsangehörigen dritter Länder und der Zusammenarbeit bei der Vollstreckung von Ausweisungsanordnungen, *ABl. EG Nr. L 342, vom 31.12.1996*.

4.3.3 Verrechtlichung der Zusammenarbeit

Bürokratische Merkmale und programmatische Kontinuität der Arbeiten münden in einen weiteren Entwicklungstrend ein, der sich aus der migrationspolitisch relevanten Kooperation der EU-Staaten in den neunziger Jahren herauslesen läßt. Im Zeitverlauf läßt sich eindeutig ein Trend zur stärkeren Verrechtlichung der Kooperation feststellen. Belege hierfür sind: Die Schaffung einer vertraglichen Grundlage der Kooperation durch den Maastrichter Vertrag und die Vergemeinschaftung der Zusammenarbeit durch den Amsterdamer Vertrag, die Bürokratisierung der transnationalen Verwaltungskooperation und die zunehmende Kontinuität der Arbeiten.

Ein weiterer Beleg für den Trend zur Verrechtlichung der migrationsrelevanten Kooperation der EU-Staaten liegt in der zunehmenden Transparenz der Arbeiten. Zu Beginn der migrationspolitischen Zusammenarbeit der EU-Staaten vor Geltung des Maastricht-Vertrages wurden die Verhandlungen noch als klassische diplomatische Verhandlungen gewertet, die bis zu ihrem Abschluß vertraulich zu behandeln waren.[192] Kontakte zu Europäischem Parlament und zu den nationalen Parlamenten waren eher informeller Art. Auf seiner Sitzung vom 23. November 1995 stellte der Rat jedoch fest, die Erfahrung habe gezeigt, „daß Asyl- und Einwanderungsfragen in der Regel keine vertrauliche Behandlung erfordern". Daher sind die Mitgliedstaaten übereingekommen, in diesem Bereich beschlossene Rechtsakte und sonstige Schriftstücke fortan zu veröffentlichen.[193] Dieser Schritt kann in Anbetracht der davor als Verschlußsache behandelten Beratungen in als sensitiv erachteten Bereichen nicht hoch genug bewertet werden. Er zeugt von der Einsicht in das Argument, daß eine Veröffentlichungspflicht für grundrechtsrelevante Beschlüsse zum rechtsstaatlichen Mindeststandard des demokratischen Gemeinwesens in Europa gehört.

---

[192] Ad-hoc-Gruppe Einwanderung 1991: Bericht der für Einwanderungsfragen zuständigen Minister an den Europäischen Rat (Maastricht) über die Einwanderungs- und Asylpolitik, Brüssel, den 3. Dezember 1991 (SN / 4038 / 91 WGI 930), S. 17. Zur mangelnden Transparenz der intergouvernementalen Verhandlungen vor Maastricht und nach Maastricht s.: European Union Migrants' Forum 1995: Proposals for the Revision of the Treaty on European Union at the Intergovernmental Conference of 1996, Brüssel: „The Council of ministers (...) meets in private, there is no verbatim record of its meeting and the public has no right of access even to the condensed minutes of the meeting." (S. 17). Die Frage der Transparenz ist der Bereich, in dem Interessengruppen, unterstützt vom Europäischen Parlament und der Kommission, und mit dem grundsätzlichen Rückhalt der EuGH-Rechtsprechung, am meisten Einfluß ausüben konnten. Ihre massive Kritik in der ersten Hälfte der neunziger Jahre an der Geheimniskrämerei in demokratisch und grundrechtlich so relevanten Bereichen hat hier erfolgreich Druck ausgeübt.

[193] *Rat der Europäischen Union (Innen und Justiz) 1995c: Presseerklärung Nr. 11720/95 (Presse 332), vom 23.11.1995.* Die ersten Veröffentlichungen erfolgten dann 1996, s. ABl. EG Nr. C 274 v. 19.9.1996, S. 1 – 58. Vgl. hierzu auch unten IV 1.1.

Da auch in den zahlreichen Dokumenten zur Regierungskonferenz die Notwendigkeit der Transparenz und Offenheit immer wieder betont wurde,[194] sind auch nach dem Veröffentlichungsbeschluß weitere Schritte in diese Richtung erfolgt. So werden seit März 1998 der Sitzungskalender der verschiedenen Arbeits- und Koordinationsgruppen der Dritten Säule, Berichte über den Stand von Diskussionen im Bereich Innen und Justiz sowie geplante Aktivitäten veröffentlicht. Der Vorsitz veranstaltet mehrere Pressebriefings, und wenn möglich wird ein Tagespunkt einer Präsidentschaft öffentlich verhandelt.[195]

Schließlich wird der Trend zur Verrechtlichung der migrationspolitischen Zusammenarbeit durch die Formulierung im Amsterdamer Vertrag deutlich. Zielsetzung der migrationspolitischen Zusammenarbeit ist nun der schrittweise Aufbau „eines Raums der Freiheit, der Sicherheit und des Rechts" (Art. 61 EGV n.F.).

4.4 Fazit: Europäisierung durch transnationale Verwaltungskooperation

Die einmal in Gang gesetzte Kooperaton entwickelt eine Eigendynamik, die sich an folgenden Befunden festmachen läßt.

Der intensive Informationsaustausch stellt nicht nur eine vertrauensbildende Maßnahme dar, sondern fördert weiteren Informations- und Erfahrungsaustausch. Er bewirkt eine gemeinsame Problemdefinition, ein Denken in gleichen Konzepten und Paradigmen.[196] Die „informatorische Europäisierung" prägt konvergierende einzelstaatliche Maßnahmen und fördert eine Annäherung in der Praxis. Laut *Soysal* beinhaltet der Europäisierungsprozeß „(...) learning, comparing differences in national situations and patterns, evaluating the strengths and weaknesses of national systems, and finally reorienting and changing national practices." *(Soysal 1993: S. 180).* Zudem konnte ein Trend

---

[194] Die Regierungskonferenz hat hier schließlich auch zur Aufnahme des Grundsatzes der Transparenz in den Amsterdamer Vertrag geführt, Art. 207 EGV n.F..

[195] Der Beschluß hierzu wurde auf dem Ratstreffen vom 19. März 1998 gefaßt. (Vgl. Rat der Europäischen Union (Innen und Justiz) 1998: Presseerklärung Nr. 6889/98 (Presse 73), vom 19.3.1998). Das Hauptmedium der Öffentlichkeitsarbeit ist auch hier das World Wide Web des Internet. Unter der Adresse http://ue.eu.int/Newsroom sind Tagungskalender, Presseerklärungen und das Register der Ratsdokumente abrufbar. So hat beispielsweise auf der Sitzung des Rates am 3. Dezember 1998 eine öffentliche Aussprache stattgefunden über den Aktionsplan zum Ausbau eines Raums der Freiheit, der Sicherheit und des Rechts *(Rat der Europäischen Union (Innen und Justiz) 1998d: Presseerklärung Nr. 13673/98 (Presse 427), vom 3.12.1998).*

[196] Zur Bedeutung gemeinsam geteilter Überzeugung von Kausalitätsbeziehungen s. *Haas (1992).*

zur Einübung der Kooperation und daraus resultierend ein inhärenter Reformbedarf zum Abbau festgestellter Kooperationsmängel herausgearbeitet werden. In der täglichen Zusammenarbeit und vor allem in der transnationalen Anwendung gemeinsamer Vorschriften begründet sich der Zwang zur Entwicklung einer gemeinsamen Praxis.

Für die Verstetigung und Verfestigung der Zusammenarbeit sorgt die Herausbildung einer migrationsbezogenen Bürokratie europäischen Zuschnitts. Sie bietet verläßliche Strukturen für die Zusammenarbeit und bildet die Grundlage für die oben angesprochenen Lernprozesse. Die hier dargestellten migrationsrelevanten Ratsstrukturen gehören zu den permanenten Arbeits- und Koordinierungsgremien, denen *Hayes–Renshaw* und *Wallace* in ihrer Analyse des Rates insbesondere eine integrierende Funktion zuschreiben *(Hayes–Renshaw/Wallace 1997: S. 81ff.)*. Sie ermöglichen das Entstehen gruppendynamischer Prozesse. Die sich herausbildenden transgouvernementalen Netzwerke verbinden Beamte gleicher Fachinteressen über nationale Grenzen hinweg und fördern die Konsensbereitschaft *(vgl. allgemein hierzu Keohane/Nye 1973)*.[197] Die Einbindung nationaler Beamte in diese Gremien verdeutlicht die Verflechtung der europäischen und nationalen Ebene im europäischen Mehrebenensystem *(vgl. hierzu auch Wessels 1996)*.

Träger der festgestellten Entwicklungsdynamik sind die involvierten nationalen Beamten. In ihrer täglichen Arbeit gehört zunehmend der Kontakt zu den Kollegen der anderen EU-Staaten zum Alltag. Personalaustausch über Ländergrenzen hinweg und die wachsende Reglementierung des täglichen Arbeitsablaufs durch transnational fixierte Verwaltungsvorschriften tragen zu einer allmählichen Einstellungsänderung der beteiligten nationalen Beamten bei. Bezugsebene ihrer täglichen Arbeit und ihrer Selbstidentifikation ist nicht mehr ausschließlich die nationale Ebene. Die europäische Dimension gewinnt zunehmend an Bedeutung.

Im Anschluß an die verschiedenen Faktoren, die zeigen, wie sich der politische Raum im Politikfeld Migration zunehmend über den nationalen Rahmen hinaus erstreckt, sind die Veränderungen, die sich auf nationaler Ebene feststellen lassen, eingehender zu untersuchen.

---

[197] Teilnehmer an lang andauernden Verhandlungsprozessen heben hervor, wie sehr sich in der Kerngruppe der Verhandelnden eine Gruppenidentität herausbildet und über anfängliche Antagonismen zu einem Interesse an einem konsensualen Ergebnis führt. Vgl. *Lönnroth (1991: S. 710–770)*: „On the other hand, a long negotiating process was beneficial for the result because it enabled the group to develop from a state of antagonism and mistrust – which characterized the first years – into a state of consensus in the end. This was not only due to the turnover of some delegates, but also a result of communality which developed among the core group of negotiators over time. This evolution of a shared interest to arrive at a result and a sense of respect created a psychological climate where positions softened and compromise was promoted." *(Ebd, S. 715)*.

Europäisierung des Politikfeldes Migration

5. Auswirkungen der migrationspolitischen Kooperation auf die nationale Ebene

Die vorangegangenen Ausführungen zur Praxis der migrationspolitischen Kooperation zwischen den EU-Staaten haben die zunehmende Einschränkung nationaler Handlungsautonomie, die durch die Nutzung der europäischen Ebene im Politikfeld Migration bewirkt wird, illustriert. Im folgenden verändert sich die Analyseperspektive leicht und richtet sich auf die nationale Ebene und die dort feststellbaren Veränderungen. Die folgenden Ausführungen haben zum Ziel, den Europäisierungsprozeß des Politikfeldes Migration im Hinblick auf eine zunehmende Einbindung des nationalen Asyl- und Migrationssystems in das europäische Mehrebenensystem zu untersuchen.

Die oben thematisierte personelle Beteiligung der nationalen Beamten impliziert institutionelle Anpassungsprozesse, die im Hinblick auf die Teilnahme an der migrationspolitischen Kooperation auf nationaler Ebene stattgefunden haben (5.1). Daran schließt sich die Frage an, ob die migrationspolitische Kooperation auch materiell in die nationale Migrationspolitik eingegangen ist. Untersucht wird, ob sich im Laufe der neunziger Jahre inhaltliche Veränderungen feststellen lassen, die im Zusammenhang mit der migrationspolitischen Kooperation auf europäischer Ebene stehen (5.2). Im Anschluß daran werden Hinweise für eine transnationale Ausweitung des Bezugssystems nationaler Akteure gesucht (5.3).

5.1 Institutionelle Anpassungen auf (sub)nationaler Ebene

Um die institutionellen Anpassungen auf (sub)nationaler Ebene zu erläutern, sei nochmals kurz auf die oben identifizierten Strukturen der europäischen Migrationspolitik verwiesen (vgl. III 4.1). Aus deutscher Sicht sind hieran im wesentlichen das Bundesministerium des Innern (BMI), das Bundesministerium der Justiz (BMJ), das Auswärtige Amt (AA), das Bundesamt für die Anerkennung ausländischer Flüchtlinge (BAFl) und die Bundesländer beteiligt.[198]

---

[198] Die folgenden Ausführungen stützen sich vornehmlich auf Interviewaussagen der beteiligten Akteure. Die Verfasserin hat zwischen 1995 und 1999 zahlreiche Interviews mit Beamten des Bundesministeriums des Innern, des Bundesministeriums der Justiz, des Auswärtigen Amtes, der ständigen Vertretung der Bundesrepublik Deutschland bei der Europäischen Union, der Vertretungen des Freistaates Bayern und des Landes Nordrhein-Westfalen bei der Europäischen Union, des Generalsekretariats des Rates und des Bundesamtes für die Anerkennung ausländischer Flüchtlinge geführt. Darüberhinaus

An den Ratssitzungen nimmt der deutsche Innenminister oder sein zuständiger Staatssekretär teil.[199] Die Vorbereitung der Ratssitzungen findet, wie erwähnt, über den AStV II statt, in dem die deutsche Delegation vom Leiter der ständigen Vertretung der Bundesrepublik Deutschland bei der Europäischen Union angeführt wird. Dieser erhält, nach traditionell festgelegter Arbeitsteilung,[200] seine Weisungen vom Bundesministerium für Wirtschaft, allerdings auf Vorlage des Bundesministeriums des Innern. Der K.4-Ausschuß, der laut den Maastrichter Bestimmungen ebenfalls für die Vorbereitung der Ratstagung zuständig war, war das höchstrangig besetzte Verwaltungsgremium, in das Vertreter des Bundesministeriums des Innern entsandt wurden. Die deutsche Delegation wurde dabei i.d.R. vom Abteilungsleiter der Abteilung V (Verfassung, Staatsrecht, Verwaltung und Europaangelegenheiten) geleitet. Bei schwerpunktmäßiger Behandlung eines justizpolitischen Themas lag die Delegationsleitung auch beim zuständigen Abteilungsleiter des Bundesministeriums der Justiz. Weitere Mitglieder der deutschen Delegation konnten je nach Schwerpunkt die zuständigen Referatsleiter des Bundesministeriums des Innern, des Bundesministeriums der Justiz und des Auswärtigen Amtes sein.[201] Bei anderen EU-Staaten wurden die Delegationen im K.4-Ausschuß teilweise von den Außenressorts, teilweise von den Innenressorts geleitet. Generell war zwar ein Trend hin zu einer zunehmenden Vormachtstellung des Innenressorts zu beobachten. Allerdings konnte es sein, daß der Mitgliedstaat, der gerade den Ratsvorsitz innehatte, seine Delegation im K.4-Ausschuß von einem Vertreter des Außenressorts leiten ließ. Während der deutschen

---

entstammen die Aussagen eigenen Beobachtungen, die während eines Forschungsaufenthalts im Bundesministerium des Innern im Herbst 1996 erworben wurden. In dieser Zeit nahm die Verfasserin an Beratungen der migrationspolitischen Kooperation auf nationaler und europäischer Ebene teil.

[199] Wenn schwerpunktmäßig justizpolitische Fragen behandelt würden, wäre im Prinzip der deutsche Justizminister Delegationsleiter.

[200] Zur Auseinandersetzung um die Arbeitsverteilung zwischen AA und BMWi in den Anfangsjahren des europäischen Integrationsprozesses, vgl. *Koerfer (1988)*.

[201] Im BMI waren dies die Referate V II 4 (Wahrnehmung der Interessen des BMI in der Ständigen Vertretung bei der EG in Brüssel), A 1 (Grundsatzfragen der Asyl- und Ausländerpolitik), A 6 (Europäische Harmonisierung, seit 1998 Projektgruppe Europäische Harmonisierung). Im BMJ waren dies die Referate IV A 2 (Verfassungsrecht der Staatsorganisation) und seit 1996 das Referat EA 5 (Europäische und multilaterale innenpolitische Zusammenarbeit). Im Auswärtigen Amt sind hier die Referate E 13 (Europapolitische Aspekte der Zusammenarbeit bei Justiz und Inneres) und 514 (Ausländerrecht einschließlich Asylrecht; Visumangelegenheiten; Ausländerpolitik) zu nennen. Vgl. hierzu folgende Organigramme: *Organisationsplan des Bundesministeriums des Innern, Stand: 5. April 1994 und Stand: 4.2.1999*; Organisationsplan des Bundesministeriums der Justiz, Stand: 1. März 1994 und Stand: 17.5.1999; Organisationsplan des Auswärtigen Amtes, Stand: April 1994 und Stand: Dezember 1998.

EU-Präsidentschaft im ersten Halbjahr 1999 lag der Vorsitz jedoch beim Abteilungsleiter Asyl- und Ausländerrecht des BMI. Auf der Ebene der Lenkungsgruppen und Arbeitsgruppen lag die deutsche Delegationsleitung in Händen des BMI. Mitglieder der deutschen Delegation entstammten dem BMI, dem BMJ und in Visaangelegenheiten auch dem Auswärtigen Amt. Einen Überblick über die soeben für die Zeit des Maastrichter Vertrags dargestellte Beteiligung nationaler Beamten an der migrationspolitischen Ratsstruktur gibt das umseitige Schaubild. Aus diesem Schaubild wird zudem ersichtlich, daß in den verschiedenen Arbeits- und Koordinierungsebenen auch Ländervertreter beteiligt waren.[202]

Die Darstellung der innerstaatlichen Zuständigkeitsverteilung für die migrationspolitischen Gremien auf europäischer Ebene läßt folgende Schlußfolgerungen zu.

Zum einen ist hierin ein weiterer Beleg für die Integration des Politikfeldes Migration in den europäischen Integrationsprozeß zu sehen (vgl. hierzu auch die ausführlichen Darstellungen oben in III 2). Der Abstimmungsprozeß auf nationaler Ebene folgt im Migrationsbereich dem generell für die deutsche Europapolitik eingespielten Verfahren. Im Gegensatz zu mehr zentralistischen Formen der nationalen Positionsabstimmung in der Europapolitik, wie sie beispielsweise im Vereinigten Königreich, Frankreich und Dänemark zu finden sind, basiert die deutsche Abstimmung vornehmlich auf dem Prinzip der Federführung.[203] Das federführende Ressort im migrationspolitischen Bereich ist das Bundesministerium des Innern.[204] Dieses ist für die Ressortabstimmung zuständig, es hat die Verhandlungsführung in den Brüsseler Gremien inne und ihm obliegt die Berichterstattungspflicht gegenüber dem Bundestag.

Der allgemeinen europapolitischen Arbeitsteilung innerhalb der deutschen Bundesregierung entspricht auch der Wandel, der in bezug auf die Zuständigkeit für das Schengener Durchführungsübereinkommen (SDÜ) in den neunziger Jahren stattgefunden hat. Während der nicht-operativen Phase des SDÜ lag die Federführung beim Bundeskanzleramt. In diesem Zusammenhang sei nochmals daran erinnert, daß es sich bei dem Schengener Abkommen ursprünglich um eine Initiative von Kohl und Mitterrand gehandelt hat, dem „Europa der Bürger" neuen Elan zu verschaffen.

---

[202] Darauf wird noch weiter unten eingegangen werden.

[203] Zum europäischen Vergleich hinsichtlich des nationalen Abstimmungsprozesses in der Europapolitik vgl. *Wright (1996: S. 156f.)*. Zu den diversen interministeriellen Ausschüssen, die für die Koordinierung der deutschen Europapolitik zuständig sind, vgl. *Hoyer (1998: S. 77ff.); Wessels /Rometsch (1996b: S. 86ff.)*.

[204] Eine Ausnahme besteht hinsichtlich der europäischen Bemühungen zur Bekämpfung von Fremdenfeindlichkeit und Rassismus. Hier liegt die Federführung beim Auswärtigen Amt.

Abbildung 1: Europäisches Mehrebenensystem im Politikfeld Migration

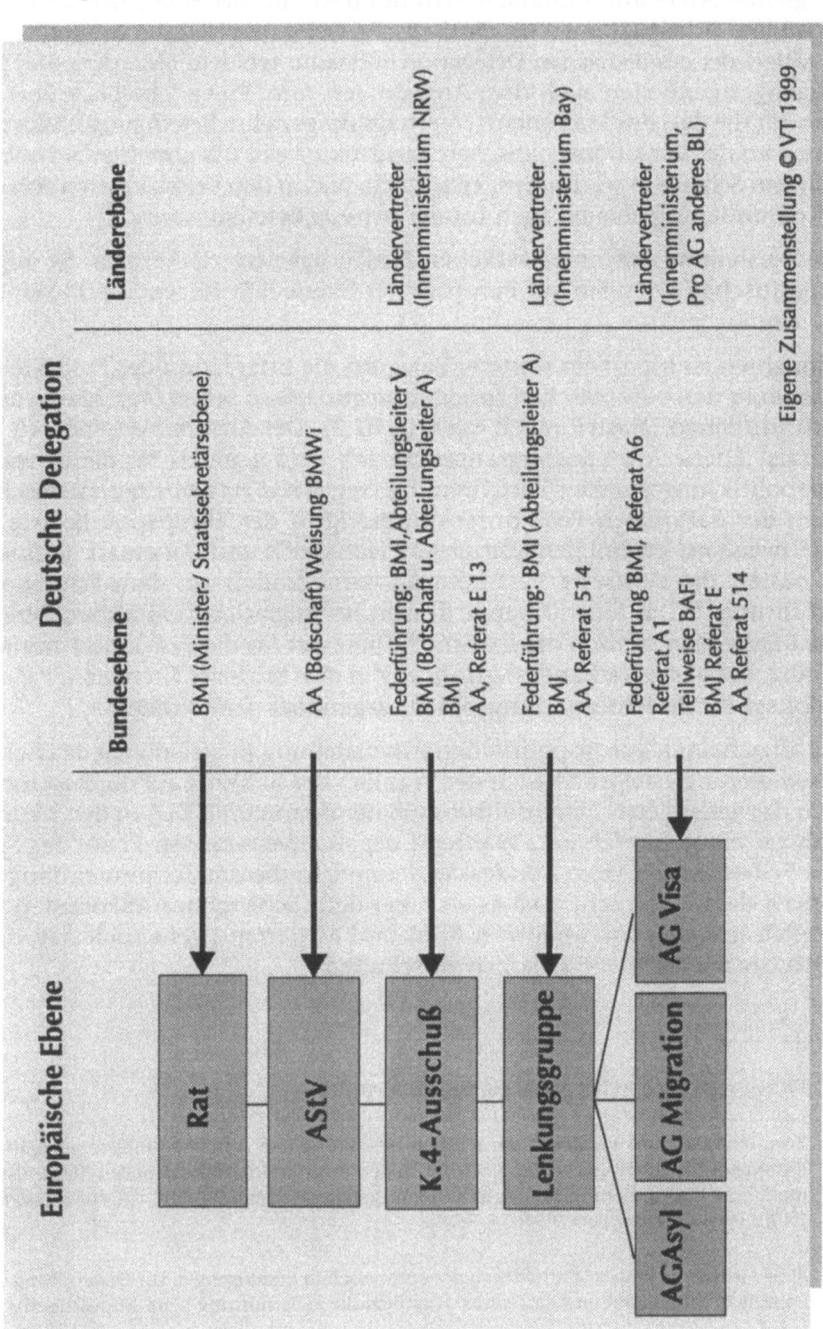

Erst als das SDÜ Ende März 1995, also zehn Jahre nach der Unterzeichnung des ersten Schengener Abkommens, zur Anwendung kam, ging die Federführung auf das Fachministerium über.[205] Daß es sich in Anbetracht seiner europapolitischen Bedeutung beim Schengener Durchführungsübereinkommen im Prinzip immer noch um eine „Chefsache" handelte, wurde vor allem während der oben dargestellten Verstimmungen um den Termin der Anwendung des Abkommens in Österreich und Italien deutlich (vgl. hierzu III 2.2).

Entsprechend der Einbindung der migrationspolitischen Kooperation in die allgemeine Europapolitik folgt auch die Beteiligung der deutschen Bundesländer an der nationalen Positionsbestimmung im Bereich Migration den insgesamt für die europapolitische Länderbeteiligung in Art. 23 GG und im **Gesetz über die Zusammenarbeit von Bund und Ländern in Angelegenheiten der Europäischen Union** vereinbarten Modalitäten.[206] Ländervertreter sind in den Arbeitsgruppen, Lenkungsgruppen und im K.4–Ausschuß Mitglied der deutschen Delegation gewesen. Bei Inter–Ressort–Absprachen zu Themen der migrationspolitischen Kooperation, die Länderbelange betreffen, werden Ländervertreter hinzugezogen.

Die Darstellung der innerstaatlichen Zuständigkeitsverteilung für die migrationspolitischen Gremien auf europäischer Ebene verdeutlicht somit zum einen die europapolitische Einbindung der migrationspolitischen Kooperation. Zum zweiten hebt sie auch die Notwendigkeit der institutionellen Anpassung nationaler Strukturen, die bislang primär nach innen ausgerichtet waren, an die Europäisierung ihres Fachgebietes hervor. Das Bundesministerium der Justiz hat im September 1996 eine eigene Europaabteilung eingerichtet. Im Bundesministerium des Innern sind mehrere organisatorische Untereinheiten für die Zusammenarbeit im Bereich Justiz und Inneres verantwortlich. Im migrationspolitischen Bereich handelt es sich hierbei hauptsächlich um das ehemalige Referat A 6 „Europäische Harmonisierung", das im Zuge der allgemeinen Organisationsprüfung im Jahr 1998 personell etwas aufgestockt wurde und die Bezeichnung „Projektgruppe Europäische Harmonisierung" (PGEH) erhielt.[207] Eine weitere Anpassung hat dadurch stattgefunden, daß seit

---

[205] Eine ähnliche Entwicklung ist auch in den anderen Schengener Vertragsstaaten zu beobachten, in denen die Zuständigkeit von den Außen– zu den Innenressorts wechselte.

[206] Vgl. zur Entwicklung der Rolle der deutschen Bundesländer im Prozeß der europäischen Integration und zur Entwicklung der Länderbeteiligungsmöglichkeiten: *Hrbek/Thaysen (1986)*; Bundesrat (Hrsg.) (1988): Bundesrat und Europäische Gemeinschaft; *Borkenhagen et al. (1992)*; *Blume/Graf von Rex (1998)*.

[207] Der Vollständigkeit halber sei noch erwähnt, daß für die Zusammenarbeit im Bereich Justiz und Inneres auch die Polizeiabteilung des BMI zuständig war. Von migrationspolitischen Belang sind dabei die Zuständigkeiten für Europol und für die grenzpolizeiliche Kooperation im Rahmen von Schengen. Vgl. Organisationsplan des Bundesministeriums des Innern, Stand: 5. April 1994 und Stand: 4.2.1999.

Inkrafttreten des Maastrichter Vertrags ein Beamter des BMI an die ständige Vertretung der Bundesrepublik Deutschland abgeordnet ist.

Auf der Länderebene sind parallele Entwicklungen zu beobachten. Allerdings haben aufgrund beschränkter personeller Ressourcen nur drei Bundesländer eigene Innen- und Justizreferenten in den Brüsseler Länderbüros (Nordrhein-Westfalen, Bayern und Sachsen). In anderen Länderbüros übernehmen Mitarbeiter den Innen- und Justizbereich noch zusätzlich zu ihren sonstigen Aufgabenbereichen. Die Länder haben sich auf gemeinsame Ländervertreter für die jeweiligen Arbeits- und Koordinierungsgremien geeinigt.[208] Die Länderkoordination läuft über den Bundesrat, über die Innenministerkonferenz und über informelle Kontakte in Brüssel.

Auch auf der Ebene der Bundesoberbehörden haben institutionelle Anpassungen an die europäische Zusammenarbeit im Bereich Migration stattgefunden. Wie bereits dargestellt worden ist, ist das Bundesamt für die Anerkennung ausländischer Flüchtlinge für die Durchführung des Dubliner Übereinkommens zuständig.[209] Hierfür ist eine Organisationseinheit „Koordinierungsstelle Schengen/Dublin" zunächst direkt im Geschäftsbereich des Präsidenten eingerichtet worden, die mittlerweile in die Grundsatzabteilung eingegliedert worden ist.[210]

Die vorangegangenen Ausführungen zu den institutionellen Anpassungsleistungen auf (sub)nationaler Ebene, die in Deutschland in bezug auf die europäische Kooperation im Bereich Migrationspolitik stattgefunden haben, sind damit ein weiteres Beispiel dafür, wie sich transnationale Herausforderungen und multilaterale Steuerungsversuche auf die Strukturen der deutschen Außenpolitik auswirken. Die Europäisierung des Politikfeldes Migration bedeutet die Beteiligung eines weiteren Fachministeriums an der Ausformung der Außenbeziehungen der Bundesrepublik Deutschland.[211] Dies erhöht die Komplexität des für die Festlegung einer nationalen Position notwendigen Abstimmungsprozesses. Es ist

---

[208] So war beispielsweise in einer ersten Runde Bayern für die Ländervertretung in der Lenkungsgruppe Einwanderung zuständig und Nordrhein-Westfalen hat die Ländervertretung im K.4-Ausschuß übernommen.

[209] Da die analogen Zuständigkeitsbestimmungen des Schengener Durchführungsübereinkommens seit Inkrafttreten des Dubliner Übereinkommens nicht mehr angewendet werden, wird hier nur dieses Übereinkommen erwähnt.

[210] Vgl. hierzu das Organigramm in: Bundesamt für die Anerkennung ausländischer Flüchtlinge 1999: Informationsbroschüre, Nürnberg, S. 36.

[211] Vgl. zur Rolle der Fachministerien im außenpolitischen Entscheidungsprozeß: *Andreae/Kaiser (1998)*. Im Rahmen der migrationspolitischen Kooperation sind auch Bundesoberbehörden an der Ausformung der Außenbeziehungen der Bundesrepublik Deutschland beteiligt, s.o. III 4.1.

bereits darauf hingewiesen worden, daß bei konstitutionellen Entscheidungen, wie beispielsweise in der Frage der Vergemeinschaftung migrationspolitischer Bereiche im Amsterdamer Vertrag, das Primat der Außenpolitik sich gegenüber den Fachinteressen durchgesetzt hat (vgl. III 2.2).

Auf der anderen Seite ist der Alltag der transnationalen migrationspolitischen Kooperation, wie bereits dargestellt worden ist, von der engen grenzüberschreitenden Zusammmenarbeit und gar der personellen transnationalen Verflechtung nationaler Beamter desselben Fachressorts geprägt (vgl. III 4). Hier können entstehende „Fachbruderschaften" *(Siedentopf 1997: S. 723)* die Herausbildung transnationaler Fachinteressen begünstigen, so daß in diesen Kreisen fachliche Interessen nationale Interessen dominieren *(Tomei 1999)*.

5.2 Nationale Migrationspolitik im europäischen Kontext

Aus den vorangegangenen Ausführungen ist ersichtlich geworden, daß nationale Migrationspolitik von der europäischen Ebene weniger durch rechtliche Zwänge, als vielmehr durch einen gemeinsamen politischen Diskurs, ein gemeinsames Problemverständnis, politische Vereinbarungen und Praktikabilitätsüberlegungen beeinflußt wird.

Bis zum Ende der neunziger Jahre sind auf europäischer Ebene wenig rechtlich verbindliche Vorgaben für nationale Migrationspolitik festzustellen. Es existiert eine Verordnung zur Einheitlichkeit des Visaformats und eine zur Liste derjenigen Staaten, deren Angehörige zur Einreise in das EU–Gebiet eines Visums bedürfen.[212] Die überwiegende Mehrzahl der zahlreichen migrationsrelevanten Maßnahmen, die in den neunziger Jahren auf europäischer Ebene ergriffen wurden, sind in Form von rechtlich unverbindlichen Entschließungen, Empfehlungen und Beschlüssen vereinbart worden. Die Rechtsverbindlichkeit von gemeinsamen Maßnahmen und gemeinsamen Standpunkten ist, wie dargestellt, umstritten. Den vom Rat gewählten Formulierungen ist jedoch zu entnehmen, daß die bislang verabschiedeten gemeinsamen Maßnahmen und Standpunkte nicht als rechtlich verbindlich zu sehen sind (siehe hierzu bereits III 1.1). Eine rechtliche Bindungskraft entfalten daher bislang sonst lediglich die Verträge, die in

---

[212] Siehe Verordnung (EG) Nr. 1683/95 des Rates vom 29. Mai 1995 über eine einheitliche Visagestaltung, *ABl. EG Nr. L 164, v. 14.7.1995, S. 1f;* Verordnung (EG) Nr. 574/1999 des Rates vom 12. März 1999 zur Bestimmung der Drittländer, deren Staatsangehörige beim Überschreiten der Außengrenzen der Mitgliedstaaten im Besitz eines Visums sein müssen, *ABl. EG Nr. L 072, v. 18.3.1999, S. 2ff.* Diese hat die vom Europäischen Gerichtshof für nichtig erklärte Verordnung (EG) Nr. 2317/95 zur Bestimmung der Drittländer, deren Staatsangehörige beim Überschreiten der Außengrenzen der Mitgliedstaaten im Besitz eines Visums sein müssen *(ABl. EG Nr. L 234, v. 3.10.1995)* abgelöst.

Kraft sind. Dazu zählen die Schengener und das Dubliner Übereinkommen und natürlich auch die Verträge von Maastricht und Amsterdam.

Ein europäisches Asyl- oder Einwanderungsrecht, das dem nationalen Ausländerrecht vorgeht, existiert demnach nicht. Man sieht auch den vorliegenden Entschließungstexten an, daß sie häufig eher eine Abbildung bestehender Unterschiede darstellen, als eine tatsächliche Einigung im Detail *(Haberland 1996: S. 4; Braun 1996)*. Dennoch kommt diesen Empfehlungen, Entschließungen und Beschlüssen zum einen eine symbolpolitische Bedeutung zu. Die Mitgliedstaaten haben damit die Übereinstimmung in gewissen Grundprinzipien zum Ausdruck gebracht, einen „gemeinsamen politischen Willen" (vgl. dazu bereits oben III 4.3.2). Im Hinblick auf die Weiterentwicklungsmöglichkeiten nach Inkrafttreten des Amsterdamer Vertrags ist auch darauf hingewiesen worden, die bislang erzielten Übereinstimmungen stellten einen „soft law acquis" dar.[213] Eine zusätzliche moralische und politisch-strategische Verpflichtung, sich an die vereinbarten Grundprinzipien und Standards zu halten, entsteht für die EU-Staaten dadurch, daß dieser gemeinsame Besitzstand für die Beitrittskandidaten zur verpflichtenden Voraussetzung für den Beitritt erklärt worden ist. Dies alles spricht dafür, daß sich einzelne Mitgliedstaaten nicht ohne politische Kosten völlig entgegengesetzt zu den vereinbarten Texten verhalten können. Damit gibt die bislang verabschiedete Fülle von Entschließungen zumindest bereits einen gemeinsamen Handlungskorridor vor, innerhalb dessen sich migrationspolitische Maßnahmen der einzelnen Mitgliedstaaten zu bewegen haben. Dies erzeugt insofern bereits einen gewissen Vereinheitlichungsdruck.[214]

Ein weiterer Vereinheitlichungstrend entsteht mit den bislang unverbindlich erzielten Ergebnissen dadurch, daß nationale Regierungen, die ohnehin eine bestimmte Maßnahme geplant hatten, diese nun unter Berufung auf europäische Erfordernisse innerstaatlich besser durchsetzen können *(de Lobkowicz 1996: S. 52)*. Der oben dargestellte intensive Informationsaustausch bildet eine weitere Grundlage für den migrationspolitischen Konvergenztrend der EU-Staaten in den neunziger Jahren.

---

[213] So Sonntag-Wolgast auf der Tagung der Europäischen Rechtsakademie Trier „Von Schengen nach Amsterdam. Auf dem Weg zu einem europäischen Einwanderungs- und Asylrecht", 18./18.2.1999.

[214] Auch Soysal weist auf die normative Kraft eines gemeinsamen Diskurses hin: „(...) they (die Entschließungen, V.T.) are more than mere principles or guidelines; by setting norms and constructing legitimate models, they enjoin (informal) obligations on the member states to take action. They define goals and levels of competence, and compel nation states to achieve specific standards. The ‚Europeification' process, in this sense, is one of gradual transnationalization and standardization through consensual organizational activity, gener-ating a common discourse, if not necessarily common action, justified and propounded by a network of national/international experts, bureaucrats, academicians, and public interests." *Soysal (1993: S. 175f.)*.

Ein bestimmender Faktor für die festzustellende zunehmende Konvergenz migrationspolitischer Maßnahmen der EU-Staaten ist die sich herausbildende gemeinsame Wissensgrundlage.

> *„(...) Lagebilder über Schleuser oder konkrete Zuwanderungsströme beeinflussen durchaus die Entscheidungen der Regierungen in diesem Bereich. In ähnlicher Weise wirken Leitlinien des Rates für die Ausarbeitung der gemeinsamen Berichte über Drittstaaten. Die EU hat also kaum verbindliche Rechtsakte über Asyl und Einwanderung erlassen, aber dennoch durch die Europäisierung informatorischer Vorfelder auf die innerstaatlichen Politiken eingewirkt. Europäische Informationsgeflechte ersetzten europäische Rechtsnormen." (Kugelmann 1998: S. 248).*

Im Asylbereich ist diese gegenseitige Beeinflussung besonders weit fortgeschritten. So haben etliche EU-Länder in den neunziger Jahren folgende asylpolitischen Maßnahmen ergriffen: Einführung der Konzepte sicherer Dritt- und Herkunftsstaat, sowie offensichtlich unbegründeter Asylantrag; Verfahrensbeschleunigungen; personelle Aufstockung im Verfahrens- und Gerichtsbereich; Einrichtung exterritorialer Zonen an den Flughäfen; Sanktionsbestimmungen für Transportunternehmen, die Personen ohne die erforderlichen Dokumente befördern.[215]

Dies ist einerseits auf übereinstimmende Problemlagen zurückzuführen, die die Annahme gleicher Strategien begünstigen. Führt man sich jedoch vor Augen, daß beispielsweise auch Finnland und Portugal mit jeweils vergleichsweise sehr geringen Asylbewerberzahlen[216] die Konzepte sicherer Drittstaat und sicherer Herkunftsstaat in ihr nationales Asylsystem integriert haben, so deutet dies auf eine harmonisierende Wirkung auch der rechtlich unverbindlichen migrationspolitischen Kooperation hin. Bei Portugal und Finnland handelt es sich um Länder, die in den neunziger Jahren erstmals ein nationales Asylgesetz

---

[215] Vgl. hierzu für einige der Staaten folgende Vergleichsstudien: International Center for Migration Policy Development (ICMPD) 1995: Asyl in Europa. Asyl in der Schweiz, Bern: Bundesamt für Flüchtlinge; IGC (Secretariat of the Inter-Governmental Consultations on Asylum, Refugee and Migration Policies in Europe, North America and Australia) 1995b: Summary Description of Asylum Procedures in States in Europe, North America and Australia, Stand: Oktober 1995, Genf; IGC (Secretariat of the Inter-Governmental Consultations on Asylum, Refugee and Migration Policies in Europe, North America and Australia) 1997: Report on Asylum Procedures. Overview of Policies and Practices in IGC Participating States, Stand: September 1997; *Angenendt (1999).*

[216] Beide Länder waren im Schnitt der Jahre 1985 bis 1995 die EU-Staaten mit den niedrigsten Asylbewerberzahlen, vgl. *Lederer (1997: S. Tab. 2.5.8).*

erlassen haben. Portugal sah sich hierin durch die Mitgliedschaft am Schengener Durchführungsübereinkommen genötigt.[217] An diesen Ländern ist zu sehen, daß der institutionalisierte Erfahrungs- und Informationsaustausch auf europäischer Ebene auch dazu genutzt wird, sich in der nationalen Gesetzgebung an vorhandenen Mustern der europäischen Partnerländer zu orientieren. Baldwin-Edwards kommt in seiner Analyse der Migrationspolitiken der vier südlichen EU-Staaten zu der Schlußfolgerung, daß hier internationales Lernen stattgefunden habe. Nachdem die südlichen EU-Staaten relativ plötzlich mit einer Einwanderungssituation konfrontiert worden waren und kurzfristig Bedarf an nationaler Gesetzgebung in diesem Bereich bestand, war die Übernahme europäischer Vorbilder eine schnelle und praktische Lösung (*Baldwin-Edwards 1997: S. 513 f.*).[218] Der jüngste OECD-Bericht hebt ebenfalls die hier herausgearbeiteten Faktoren der Angleichung von Migrationspolitiken in Europa hervor: Das Erfordernis, die jeweilige nationale Migrationspolitik den Anforderungen des Schengener Abkommens anzupassen und die Praxis, bei neu zu konzipierenden Gesetzen bereits erprobte Modelle zu übernehmen.[219]

Einen entscheidenden Faktor für die Europäisierung nationaler Migrationspolitik stellt zudem die generelle europapolitische Linie des betreffenden Staates dar. Traditionelle Haltung zur europäischen Integration, migrationspolitische Interessen und nationale Umsetzung europäisch abgestimmter Leitlinien stehen hier in einem engen Wechselverhältnis. Wie *Sandholtz* betont, existiert das nationale Interesse eines EU-Mitgliedstaates Ende der neunziger Jahre nicht in einem Vakuum, sondern muß unter den Bedingungen recht weit fortgeschrittener Integration formuliert werden.[220] In den neunziger Jahren ist auch der Bereich der Migrationspolitik diesen Bedingungen unter-

---

[217] Auch die italienische Verschärfung der Ausweisungsbestimmungen im Jahr 1998 ist letzten Endes auf Druck der europäischen Partner zustandegekommen: *Contel/De Biase (1999: S. 238)*.

[218] Analog stellt sich die Situation in Finnland dar, vgl. hierzu *Koivukangas (1999: S. 137)*.

[219] OECD (1998): SOPEMI. Trends in International Migration. *Annual Report 1998, Paris: OECD, S. 52f.* Hier wird auch auf den harmonisierenden Effekt, den die Regelungen der EU-Staaten für die Neukonzeption der Migrationspolitiken der mittel- und osteuropäischen Staaten haben, hingewiesen: „Those Central and Eastern European Countries which have already begun negotiating their possible entry into the EU, are endeavouring to establish new migration policies that conform to EU standards in the areas of the entry of refugees, the stay and employment of foreigners, and the control of borders."

[220] „In other words, the national interests of EC states do not have independent existence; they are not formed in a vacuum and then brought to Brussels. Those interests are defined and redefined in an international and institutional context that includes the EC." *Sandholtz (1993)*.

worfen worden. Insgesamt ist in den neunziger Jahren zumindest im Bereich der Asylpolitik in den europäischen Staaten ein Modernisierungs- und Anpassungsschub zu beobachten, als dessen Motor die migrationspolitische Kooperation der EU-Staaten zu sehen ist *(International Center for Migration Policy Development (ICMPD) 1995: S. 79).*

Zusätzlich zu konkreten legislativen Anpassungsleistungen der nationalen Ebene an die migrationspolitische Zusammenarbeit auf europäischer Ebene ist der oben angesprochene Rückkoppelungsprozeß zwischen nationaler und europäischer Ebene (vgl. oben III 4.3.2) für die Beurteilung der zunehmenden Einbindung der nationalen Ebene in das europäische Mehrebenensystem im Polikfeld Migration zu berücksichtigen.

Die Weiterentwicklung der migrationspolitischen Zusammenarbeit in Bereichen, die auf europäischer Ebene bereits eine erste Abstimmung erfahren haben, erfolgt über die Evaluation der auf nationaler Ebene zu beobachtenden Erfahrungen. Mithilfe von jährlichen Fragebögen zur Überprüfung der Durchführung von Rechtsakten, die der Rat in einem bestimmten Bereich erlassen hat, werden folgende Informationen erhoben: Nationale Vorschriften, die in diesem Bereich im abgelaufenen Jahr erlassen worden sind; Schwierigkeiten, die dabei aufgetreten sind; Reformvorhaben in diesem Bereich und praktische Erfahrungen mit der Durchführung der genannten Vorschriften.[221] Damit werden nationale Vorschriften und Praxis in Bereichen, bei denen sich die Mitgliedstaaten im Rat bereits auf gemeinsame Grundsätze geeinigt haben, zur Angelegenheit aller.

5.3 Die europäische Ebene wird zum Bezugsrahmen nationaler Akteure

Dieser inhaltliche Konvergenztrend wird begleitet von der zunehmenden Bedeutung, die die europäische Ebene für eine Vielzahl nationaler Akteure im Politikfeld Migration in den neunziger Jahren gewinnt.

In Frankreich und Deutschland hat die vertragsrechtlich vereinbarte migrationspolitische EU-Kooperation Eingang gefunden in nationale Verfassungsbestimmungen. Die deutsche Grundgesetzänderung von 1993 erklärte völkerrechtliche Verträge zwischen Mitgliedstaaten der Europäischen Union, die Zuständigkeitsregelungen für die Prüfung von Asylbegehren einschließlich der

---

[221] Vgl. z.B. Beschluß des Rates vom 16. Dezember 1996 zur Beobachtung der Durchführung der vom Rat erlassenen Rechtsakte im Bereich der illegalen Einwanderung, der Rückübernahme, der illegalen Beschäftigung von Staatsangehörigen dritter Länder und der Zusammenarbeit bei der Vollstreckung von Ausweisungsanordnungen, *ABl. EG Nr. L 342, v. 31.12.1996.*

gegenseitigen Anerkennung von Asylentscheidungen beinhalten, für verfassungskonform *(Art. 16 Abs. 5 GG)*. In Frankreich ist eine analoge Entwicklung zu beobachten. Im Zuge der Reform des Asyl- und Ausländerrechts wurde hier die Verfassung geändert, nachdem der **Conseil Constitutionnel** in seiner Entscheidung vom 13. August 1993 erklärt hatte, die Präambel der französischen Verfassung begründe eine Verpflichtung des Staates zur Prüfung eines Asylbegehrens. Seit der Reform vom November 1993 enthält auch die französische Verfassung einen Hinweis auf die Zulässigkeit von europäischen Abkommen zur Regelung der Zuständigkeit für Asylverfahren *(Art. 53 Abs. 1) (vgl. hierzu Rey 1997)*.

Zwar ist die Vermutung angebracht, die europäische migrationspolitische Zusammenarbeit hätte bei der Begründung der jeweiligen Verfassungsänderungen eine Alibifunktion erfüllt.[222] Unabhängig davon sind jedoch vor dem Hintergrund der hier untersuchten Europäisierungstendenz zwei Punkte hervorzuheben: Zum einen wurde die europapolitische Argumentation in beiden Fällen akzeptiert. Zum zweiten ist unbestreitbare Folge dieser europapolitisch argumentierten Verfassungsänderung, daß die migrationspolitische Zusammenarbeit der EU-Staaten Eingang gefunden hat in die konstitutionellen Grundlagen der Nationalstaaten.

Doch nicht nur einige Verfassungen der EU-Staaten nehmen nun im migrationspolitischen Bereich Bezug auf die europäische Ebene. Die europäische Ebene wird vielmehr auch Bezugspunkt innenpolitischer Auseinandersetzungen. Dies geschieht allerdings bislang noch vornehmlich unspezifiziert. Nicht konkrete migrationspolitische Maßnahmen der EU-Kooperation werden hier Gegenstand innenpolitischer Debatten, sondern die europäische Ebene erscheint schlechthin als die anzustrebende Problemlösungsebene. So forderte die Bundestagsfraktion von Bündnis 90/Die Grünen in der 13. Legislaturperiode in einer großen Anfrage zur Situation Deutschlands als Einwanderungsland die Bundesregierung dazu auf, „das Denken in nationalstaatlichen Kategorien zu überwinden" und europäische Lösungen im Migrationsbereich anzustreben. Die Bundesregierung verwies daraufhin auf die Tätigkeiten im Rahmen der Dritten Säule und unterstrich die Notwendigkeit einer engen Abstimmung mit den europäischen Partnern *(Bundesregierung 1996)*. Die europäische Dimension ist somit positiv besetzt. Europäisierung in diesem Bereich erscheint als Modernisierung.

Auch die Beauftragte der Bundesregierung für Ausländerfragen hat in ihrer Arbeit in den neunziger Jahren zunehmend Bezug auf die europäische Dimension genommen. So hatte beispielsweise eine 1994 erschienene Broschüre zur Situation der Ausländer in den europäischen Staaten auch die Zielsetzung, „das Bewußtsein [zu] fördern, daß die Fragen um Migration und Integration nicht nur als ein deutsches, französisches, britisches oder italienisches, sondern als ein

---

[222] so auch *Rey (1997: S. 72)*; vgl. hierzu eingehender in IV 1.3.

gesamteuropäisches Thema zu begreifen sind" (*Beauftragte der Bundesregierung für die Belange der Ausländer 1994b*). Im März 1997 fand dann auf Einladung der deutschen Ausländerbeauftragten erstmals ein Treffen der Ausländerbeauftragten der europäischen Länder statt, bei dem die Institutionalisierung des Meinungsaustausches und gegebenenfalls auch eine Zusammenarbeit vereinbart wurden.[223] Als *Schmalz-Jacobsen* dann Mitte 1998 ihr Amt aufgab, sprach sie in ihrem Abschiedsmemorandum von der „Europäisierung der Asyl-, Migrations- und Integrationspolitik" und davon, daß die migrationspolitischen Bereiche keine rein nationalen Angelegenheiten mehr seien *(Schmalz-Jacobsen 1998: S. 4)*.

Der europäische Diskurs setzt sich auch bei den gesellschaftlichen Akteuren nationaler Migrationspolitik fort. Sowohl die Kirchen in Deutschland als auch der Deutsche Gewerkschaftsbund setzen sich für europäische Regelungen im Migrationsbereich ein *(F.A.Z. vom 26.9.1997; Monz 1995)*. Dabei ist festzustellen, daß die europäische Ebene als neue Anspruchsebene perzipiert wird. So sind denn auch erste Ansätze zur transnationalen Vernetzung von Migrantenunterstützungsgruppen zu beobachten.[224]

Zusammengefaßt ist an dieser Stelle festzuhalten, daß in den neunziger Jahren eine wachsende Bedeutungszunahme der europäischen Ebene im nationalen migrationspolitischen Diskurs beobachtet werden kann. Der europäische Bezugsrahmen wird für immer mehr Akteure zu einer positiven Referenzebene.

5.4 Fazit: Europäisierung durch Einbindung des nationalen Asyl- und Migrationssystems in das europäische Mehrebenensystem

Die migrationsrelevanten institutionellen Strukturen in Deutschland sind an die transnationale Kooperation in diesem Bereich angepaßt worden. Die transnationalen Netzwerke, die durch die institutionalisierte Zusammenarbeit in den Ratsstrukturen und direkt zwischen nationalen Fachbehörden entstehen, begünstigen die Ausformung transnationaler Fachinteressen. In der Arbeit der nationalen Beamten und im innenpolitischen Diskurs gewinnt die europäische Ebene im Politikfeld Migration zunehmend an Bedeutung.

---

[223] Mitteilungen der Beauftragten der Bundesregierung für die Belange der Ausländer: Erstes Treffen der Ausländerbeauftragten europäischer Länder in Bonn zu Ende gegangen, Bonn, 4. März 1997.

[224] Zu nennen sind hier die europäischen Dachverbände Conseil des Associations Immigrés en Europe, SOS Racisme, Churches' Committee for Mgrants, European Council on Refugees and Exiles; das von der Europäischen Kommission geförderte EU Migrants' Forum; europäische Anti-Rassismus Netzwerke. Laut *Ireland* handelt es sich dabei um erste Anfänge „of a truly Euopean antiracist social movement", vgl. *Ireland (1996: S. 145)*.

Verónica Tomei

Die Einbindung des nationalen Asyl- und Migrationssystems in das europäische Mehrebenensystem geschieht folgendermaßen: die nationalen Herangehensweisen an einzelne migrationspolitische Fragestellungen kommen auf europäischer Ebene auf den Prüfstand, der Diskussionsprozeß auf europäischer Ebene generiert ein gemeinsames Problem- und Lösungsverständnis, das neue nationale Maßnahmen prägt, deren Bewährung in der Praxis wiederum auf europäischer Ebene evaluiert wird und eventuell zu neuen transnationalen Lernprozessen führt. In dieser Perspektive bedeutet Europäisierung die institutionalisierte Wechselwirkung zwischen europäischer und nationaler Ebene. Diese bringt in immer neuen Reformrunden allmählich standardisierte Problemverarbeitungsmethoden hervor.

6. Zweites Zwischenergebnis: Veränderung von Regieren in Europa am Beispiel Migrationspolitik

Die vorangegangene Untersuchung führt zu dem Ergebnis, daß selbst in einem derart souveränitätsrelevanten Politikfeld wie Migration der politische Raum zunehmend die nationalen Grenzen verläßt und zum europäischen Raum wird. Dabei handelt es sich um eine schrittweise Evolution des Verhältnisses zwischen nationaler Handlungsautonomie und Einbindung in die europäische Handlungsebene.

Dieser Europäisierungsprozeß hat mit einer vertraglichen Verankerung migrationspolitischer Bereiche auf europäischer Ebene und der zunehmenden Einbindung des Politikfeldes Migration in den europäischen Integrationsprozeß begonnen. Dadurch wurden die Grundlagen geschaffen, die europäische Ebene als migrationspolitische Problemlösungsebene zu nutzen. Der einmal in Gang gesetzten Kooperation wohnt eine Eigendynamik inne, die durch folgende Faktoren bewirkt wird:

Der institutionalisierte Informations- und Erfahrungsaustausch schafft Vertrauen und fördert gegenseitiges Lernen. Er begünstigt eine gemeinsame Problemdefinition, und ein gemeinsames Verständnis möglicher Lösungsansätze. Das Lernen voneinander und der sich herausbildende gemeinsame Diskurs führen zu einer Annäherung der auf nationaler Ebene ergriffenen Maßnahmen. Auf der transnationalen Ebene erzeugt die Praxis der transnationalen Verwaltungskooperation einen ständigen Reformbedarf. Immer mehr Aspekte müssen einheitlich bearbeitet werden, der Bedarf an Standardisierung nimmt zu. Auch das Solidaritätsprinzip erzeugt einen ständigen Nachbesserungsbedarf, wenn sich durch die einmal in Gang gesetzte Kooperation Ungleichgewichte ergeben, deren Ausgleich von den dadurch nachteilig Betroffenen verlangt wird. Dies betrifft zum einen die Verbesserung der Funktionsweise der beschlossenen transnationalen Kooperation in einem bestimmten migrationspolitischen Bereich. Das Solidaritätsprinzip fördert zudem auch die Ausweitung der europäischen migrationspolitischen Agenda. Der Reformbedarf resultiert somit daraus, daß die bereits vor Beginn der migrationspolitischen Kooperation vorhandene Interdependenz zwischen den EU-Staaten durch diese noch weiter verstärkt wird.[225] Zur Verstetigung und Verfestigung der Zusammenarbeit tragen die Herausbildung einer migrationspolitischen Bürokratie europäischen Zuschnitts, die zunehmende Kontinuität durch mehrjährige Arbeitsprogramme und die Verrechtlichung der Kooperation bei.

Träger der festgestellten Entwicklungsdynamik sind die involvierten nationalen Beamten. In ihrer täglichen Arbeit gehört zunehmend der Kontakt zu den Kollegen der anderen EU-Staaten zum Alltag, der Arbeitsablauf wird in steigendem Maße durch transnational fixierte Verwaltungsvorschriften reglementiert. Die Bezugsebene der täglichen Arbeit und der Selbstidentifikation der beteiligten nationalen Beamten ist nicht mehr ausschließlich national geprägt. Die europäische Dimension gewinnt allerdings nicht nur für die nationale Bürokratie, sondern auch im innenpolitischen Diskurs zunehmend an Bedeutung.

Ein weiterer Dynamisierungsfaktor im Prozeß der Europäisierung nationaler Migrationspolitik entspringt dem europäischen Integrationsprozeß, mit dem die migrationspolitische Kooperation verbunden ist. Seit Mitte der achtziger Jahre hat jede Revision der europäischen Verträge zu einer stärkeren europäischen Ausprägung des Politikfeldes Migration geführt. Die Erweiterungsrunde der neunziger Jahre, die für das nächste Jahrzehnt geplanten Beitritte und die den Gemeinschaftsinstitutionen zuerkannten Beteiligungsrechte haben den Kreis der im Europäisierungsprozeß nationaler Migrationspolitik eingebundenden Akteure beträchtlich erweitert und neuen Handlungsdruck geschaffen.

Vor dem Hintergrund der oben ausgeführten Kooperationsmotive und -bedingungen (siehe II 3) ist für das Austarieren zwischen Kooperationsbedarf und Souveränitätsinteressen folgendes festzuhalten. Wie dargelegt, handelt es sich bei dem hier zu beobachtenden Europäisierungsprozeß um eine pragmatisch orientierte, schrittweise Evolution zwischen nationalstaatlicher Handlungsautonomie und Einbindung in die europäische Handlungsebene. Die Bedingungen nationalen Regierens im Politikfeld Migration ändern sich weniger durch hierarchisch gesetzte Normen auf der europäischen Ebene, als vielmehr durch eine Einbeziehung des europäischen Diskurses in die nationale Politikformulierung und eine europäische Erweiterung des nationalstaatlichen Handlungsrahmens. Das Einstimmigkeitsprinzip der intergouvernementalen

---

[225] Insofern führt die Nutzung der europäischen Ebene als migrationspolitisches Interdependenzmanagement zu weiterer Interdependenz und perpetuiert die Notwendigkeit, gemeinschaftliche Problemlösungsansätze zu entwickeln. Vgl. zu diesem allgemein europapolitischen Befund: *Jachtenfuchs/Kohler-Koch (1996: S. 28f.).*

Verhandlungen und die in rechtlich nicht verbindlicher Form beschlossenen Texte (die zudem in der Formulierung bestehende unterschiedliche nationale Rechtslagen umfassen) ermöglichen eine weitestgehende Berücksichtigung nationaler Interessen bei der Suche nach gemeinsamen Kompromissen. Dadurch konnten die Regierungen eine politische Selbstverpflichtung auf einen gemeinsamen Rahmen eingehen, die nur wenige Jahre zuvor in diesem Ausmaß nicht denkbar gewesen wäre *(Nanz 1996: S. 72f.).*

Anhand der Ausführungen zur Praxis der migrationspolitischen EU-Kooperation läßt sich folgende schematische Darstellung des Annäherungsprozesses nationaler Maßnahmen und Praktiken erstellen.[226] Sie illustriert die Interdependenz zwischen den verschiedenen Handlungsinstrumenten und die Bedeutung des Austausches von Informationen und Erfahrungen der nationalen Ebene für die europäische Ebene:

1. Schritt: Identifikation der nationalen Rechtslage in einem bestimmten Bereich und Information der Partner mittels Fragebogen oder Seminar (Erfahrungsaustausch, Suche nach **best practice**)
2. Schritt: Ausgehend von den Informationen der Fragebögen Initiative für gemeinsame Lösung eines anstehenden Problems (Diskussionsgrundlage)
3. Schritt: Erarbeitung und Diskussion eines gemeinsamen Textes (wobei jeder Regierungsvertreter versucht, seine bereits vorhandenen nationalen Regelungen zu integrieren), Einigung über Rechtsgrundlagen
4. Schritt: Annahme eines gemeinsamen Textes (Vorgabe eines Handlungskorridors)
5. Schritt: Evaluation der Umsetzung der beschlossenen Maßnahme mittels Befragung der Mitgliedstaaten
6. Schritt: Weiterentwicklung von Maßnahmen aufgrund der mit der Evaluation gewonnenen Erkenntnisse.

Als Quintessenz bleibt festzuhalten, daß es sich bei dem hier festgestellten Europäisierungsprozeß nationaler Migrationspolitik im Kern um die Institutionalisierung einer permanenten Interaktion zwischen nationaler und europäischer Ebene handelt. Sie bewirkt das Entstehen von migrationspolitischen Handlungskorridoren, innerhalb derer sich die nationalen Politiken und Praktiken immer weiter annähern können.

---

[226] Das Schema ist eine eigene Zusammenstellung der Informationen, die sich aus den Pressemitteilungen des Rates seit 1995 herauslesen lassen.

Da der Politikbereich Migration durch hohe Souveränitätsrelevanz gekennzeichnet ist, liegt in dieser schrittweisen Annäherung ein großer Vorteil für die weitere Harmonisierung. Nachdem nun in möglichst autonomieschonender Weise im Verlauf der neunziger Jahre migrationspolitische Kooperation eingeübt werden konnte und ein gemeinsamer Fundus an möglichen Problemlösungsansätzen geschaffen worden ist, stellt die im Amsterdamer Vertrag vereinbarte Vergemeinschaftung eine wesentlich kleinere Bedrohung der nationalstaatlichen Handlungsautonomie dar, als sie es noch zu Anfang des Jahrzehnts getan hätte.[227] Im Grunde hat bereits eine Art „schleichende Vergemeinschaftung" stattgefunden.[228] Die Vergemeinschaftung im Amsterdamer Vertrag wurde mit einem juristisch zwar komplizierten, aber ebenfalls sehr pragmatisch orientierten Angebot an die drei noch zögerlichen EU-Staaten Dänemark, Vereinigtes Königreich und Irland erkauft. Ihnen wurde eine relativ weit gehende Handlungsautonomie eingeräumt, die diesen sowohl die Option des Abseitsstehens, als auch die der Beteiligung zugesteht.

Für den Beginn der migrationspolitischen Kooperation in der zweiten Hälfte der achtziger Jahre ist festgestellt worden, daß die migrationspolitische Kooperation angestrebt wurde, um spezifische migrationspolitische Interessen der EU-Staaten zu befriedigen. Die Untersuchung des Kooperationsverlaufs in den neunziger Jahren hat zum einen eine Tendenz zur thematischen Ausweitung der Kooperation und zum anderen den Einfluß europapolitischer Interessen auf die Kooperation offenbart. Weiterhin besteht in der Verstetigung der Kooperation durch die festgestellte Bürokratisierung ein Trend, die Kooperation vom aktuellen Kooperationsbedarf und -druck zu verselbständigen. Ein vierter, die Zusammenarbeit im Vergleich zu ihren Anfängen verändernder Faktor, liegt in der Beteiligung der Gemeinschaftsinstitutionen. So entspringt die Einräumung von Rechten für das Europäische Parlament und die Diskussion um die Rechtsprechungs- und Auslegungsbefugnis des Europäischen Gerichtshofs in migrationspolitischen Fragen nicht migrationspolitischen Interessen, sondern normativen Grundbedingungen der EU-Staaten *(siehe hierzu auch Moravcsik/Nicolaïdis 1999: S. 80f.; Pollack 1997: S. 107).* Für die Zukunft ist hierdurch mit einer weiteren Beschränkung nationaler Handlungsautonomie im Politikfeld Migration zu rechnen.

Der vorangegangenen Untersuchung ist weiterhin zu entnehmen, daß sich die Europäisierung nationaler Migrationspolitik nicht in derselben Geschwindigkeit und Intensität auf alle migrationspolitischen Bereiche erstreckt. Am

---

[227] Daß es sich dabei immer noch um einen sensiblen Bereich nationalstaatlicher Souveränität handelt, soll an dieser Stelle nicht unterschlagen werden.

[228] So auch das Ergebnis einer empirischen Studie von Kohler-Koch und Edler in bezug auf die Forschungs- und Technologiepolitik, *Kohler-Koch/Edler (1998)*. Vgl. zur demokratietheoretischen Implikation dieses Befunds unten IV 1.5.

weitesten vorangeschritten ist der Prozeß in den Bereichen, in denen der Abstimmungs- und Kooperationsbedarf am offensichtlichsten war. Dies betraf zunächst Regelungen im – nun gemeinsamen – Außenverhältnis, die bei Wegfall der Binnengrenzkontrollen erforderlich schienen. Dies war insbesondere im Visabereich und in der Frage der Zuständigkeit für ein in den Staaten der Europäischen Union gestellten Asylantrag der Fall. Im Visabereich hat daher bereits eine schrittweise Harmonisierung stattgefunden, die gemeinsame Liste visapflichtiger Staaten ist in Form einer Verordnung vereinbart worden.[229] In diesem Bereich, wie in bezug auf das einheitliche Visaformat, sind bereits jetzt Mehrheitsentscheidungen die Regel, der Amsterdamer Vertrag sieht auch für andere Elemente der Visapolitik nach fünf Jahren einen automatischen Übergang zur Mehrheitsentscheidung vor. Generell sind Fragen, die einheitliche oder gemeinsame Formulare betreffen, verbindlich geregelt worden. Dies erfordert die transnationale Verwaltungspraxis, die vor allem im Bereich der Außengrenzkontrolle vereinbart worden ist. Dagegen sind Fragen, die die Aufnahme von Flüchtlingen, Arbeitnehmern, Familienangehörigen u.s.w. betreffen, lediglich in Form von unverbindlichen Entschließungen behandelt worden. Hier sind auch insbesondere Fragen des Ressourcentransfers in bezug auf die bei Aufnahme von Flüchtlingen geforderte Lastenteilung nicht konsensfähig. Schließlich sind Fragen, die genuin den Innenbereich betreffen, wie z.B. Staatsangehörigkeitsfragen, noch gar nicht auf europäischer Ebene verhandelt worden. Gegenwärtig wird hier die europäische Ebene nicht als eine zusätzliche Handlungsebene betrachtet, die autonome Gestaltungsmacht des Nationalstaates bleibt unberührt.[230]

Aus dem für einzelne migrationspolitische Bereiche unterschiedlichen Europäisierungstempo läßt sich somit schließen, daß entsprechend der oben identifizierten Transnationalität im doppelten Sinne (vgl. oben II 1.4) zunächst auch primär transnationale, nämlich wanderungsbezogene, Fragen behandelt wurden. Nachdem diese ersten, offensichtlichen Angleichungsprobleme behandelt worden sind, hat sich der Blick auf andere Bereiche geöffnet, deren

---

[229] Neben der Liste der Staaten, die für alle EU-Staaten visapflichtig sind, besteht eine Liste der Staaten, die nur für einige visapflichtig sind. In der Verordnung von 1999 haben sich die Mitgliedstaaten dazu verpflichtet, sich fortlaufend um eine Harmonisierung auch gegenüber diesen Ländern zu bemühen. Dazu wird gemäß der Verordnung die Kommission im ersten Halbjahr 2001 einen Bericht über den Stand der Harmonisierung erstellen. Vgl. Verordnung (EG) Nr. 574/1999 des Rates vom 12. März 1999 zur Bestimmung der Drittländer, deren Staatsangehörige beim Überschreiten der Außengrenzen der Mitgliedstaaten im Besitz eines Visums sein müssen, *ABl. EG Nr. L 072, v. 18.3.1999, S. 2ff.*

[230] So sind die deutschen migrationspolitischen Debatten der neunziger Jahre um eine Reform des Staatsangehörigkeitsrechts eine rein nationale Angelegenheit, auch wenn, beispielsweise in der Frage der Mehrstaatigkeit, europäische Vergleiche zunehmend Eingang gefunden haben in die innenpolitische Diskussion.

europäische Abstimmung in letzter Konsequenz auch erforderlich erscheint. So ist erkennbar, daß zunehmend die Frage der Gleichstellung von legal ansässigen Drittausländern an Bedeutung gewinnt und allmählich auch das nationale Aufenthaltsrecht einem Europäisierungstrend ausgesetzt wird.[231] Je mehr es sich dabei um Fragen handelt, die zum Herzstück des nationalen innenpolitischen Verhältnisses zwischen Einheimischen und Fremden gehören und je mehr es um Integrationsfragen geht, um so stärker macht sich die Souveränitätsrelevanz bemerkbar und um so schwieriger gestaltet sich die Zusammenarbeit.[232]

Resümierend ist als Ergebnis der empirischen Studie zur migrationspolitischen Kooperation zwischen den EU-Staaten in den neunziger Jahren festzuhalten, daß sich die Bedingungen nationaler Migrationspolitik entscheidend verändert haben. Die empirische Analyse hat einen Prozeß aufgedeckt, der im Politikfeld Migration politische Strukturen und Prozesse von dem bislang gewohnten, nationalstaatlich verfaßten Rahmen löst.

---

[231] Vgl. die Entschließung des Rates vom 4. März 1996 über die Rechtsstellung von Staatsangehörigen dritter Länder, die im Hoheitsgebiet der Mitgliedstaaten auf Dauer aufhältig sind *(ABl. EG Nr. C 080, vom 18.3.1996, S. 2f)*, sowie die Erläuterungen des Rates zum Raum der Freiheit, der Sicherheit und des Rechts, der für Bürger und Gebietsansässige gleichermaßen gelten soll (vgl. oben III 2.1.).

[232] Vgl. zu den von transaktionsanalytischen Überlegungen geprägten Ausführungen zum unterschiedlichen Europäisierungstempo verschiedener Bereiche: *Sandholtz/Stone Sweet (1998)*.

IV. Europäisierung nationaler Migrationspolitik zwischen Demokratieerfordernissen und migrationspolitischen Herausforderungen

Aus den vorangegangenen beiden Teilen der vorliegenden Untersuchung folgt, daß der Versuch der EU-Staaten, die durch Wanderungsbewegungen entstehenden Herausforderungen mit dem Aufbau transnationaler Steuerungskompetenz zu bewältigen, zur Veränderung von Regieren selbst in Kernbereichen nationalstaatlicher Souveränität führt. Im nun abschließenden Teil der Arbeit steht die Frage nach den Auswirkungen der Europäisierung nationaler Migrationspolitik im Vordergrund.

Wenn der Bezugsraum nationaler Migrationspolitik, wie die empirische Studie gezeigt hat, zunehmend nationalstaatliche Grenzen überschreitet, stellt sich zunächst die Frage nach der demokratischen Rückbindung politischer Entscheidungen. In einem ersten Kapitel sollen daher die demokratietheoretischen Probleme, die in der wissenschaftlichen Diskussion zur Veränderung von Regieren in Europa aufgeworfen werden, für das hier untersuchte Politikfeld Migration konkretisiert werden (1). Wie dargestellt, ist die Europäisierung nationaler Migrationspolitik eine Antwort der EU-Staaten auf die migrationsbedingten transnationalen Herausforderungen. In einem zweiten Kapitel werden daher die gemeinsam entwickelten Strategien vor dem Hintergrund migrationspolitischer Problembereiche und im Vergleich zu Lösungsansätzen anderer Kooperationsgremien untersucht (2). Abschließend erfolgt eine zusammenfassende Analyse des Beitrags, den die Europäisierung nationaler Migrationspolitik zur Bewältigung der migrationspolitischen Herausforderungen leistet (3).

1. Europäisierung der Migrationspolitik und Demokratie

Die empirische Analyse in Teil III hat dargelegt, wie im Laufe der neunziger Jahre im Politikfeld Migration der europäische Raum zunehmend zum politischen Bezugsraum der Akteure geworden ist. Nachdem es sich bei diesem im Europäisierungsprozeß befindlichen Politikfeld um einen Kernbereich nationalstaatlicher Souveränität handelt, stellt sich die in der politikwissenschaftlichen Diskussion erhobene Frage nach der demokratischen Legitimität der Veränderung von Regieren in Europa auf besonders drängende Weise (1.1). Im vorliegenden Kapitel werden daher die Fragen der demokratischen Legitimation transnationalen Regierens konkretisiert auf die für den Politikbereich

Migration vorliegenden Untersuchungsergebnisse diskutiert. Als Legitimitätsquellen des europäischen Mehrebenensystems stehen folgende in der theoretischen und politischen Diskussion:[233] Die direkte demokratische Repräsentation der Bürger auf europäischer Ebene durch das Europäische Parlament (1.2), die indirekte Rückbindung an den Souverän durch die Beteiligung der auf nationaler Ebene legitimierten Regierungen am europäischen Entscheidungsprozeß (1.3) und die Legitimität eines politischen Systems, die aus seiner Problemlösungsfähigkeit herrührt (1.4).

1.1 Demokratierelevante Problematik der Neukonstruktion des politischen Raumes im Politikfeld Migration

Ein Ausgangspunkt der migrationspolitischen Kooperation auf europäischer Ebene war die Gefahr der demokratischen Destabilisierung der europäischen Staaten mit hohem Ausländeranteil. Diese lag darin begründet, daß in der Bevölkerung Zweifel an der migrationspolitischen Problemlösungsfähigkeit ihrer nationalen Regierungen entstanden waren und rechtspopulistische Parteien mit einfachen, xenophoben Politikrezepten lockten (*Heisler/Layton-Henry 1993*. Vgl. auch bereits oben II 1.1). Es handelt sich hier um eine Spezifizierung der Herausforderungen, die aus der zunehmenden transnationalen Verflechtung für die demokratischen Industriestaaten resultieren.[234] Die in der vorliegenden Arbeit analysierte transnationale migrationspolitische Kooperation zwischen den EU-Staaten birgt allerdings ihrerseits die Gefahr der Aushöhlung der Demokratie in der Europäischen Union. Die allgemeine Demokratieproblematik des europäischen Einigungsprozesses *(Telò 1995; Newman 1996; Andersen/Eliassen 1996; Zürn 1996; Føllesdal/Koslowski 1998)* verschärft sich im vorliegenden Fall wegen der gesellschaftlichen und grundrechtlichen Relevanz des Politikfeldes Migration.

---

[233] Vgl. für eine überblicksartige Darstellung der wissenschaftlichen Diskussion um die demokratische Legitimität der Europäischen Union: *Höreth (1998)*.

[234] „Besteht nun über einen längeren Zeitraum eine Differenz zwischen Zielkonsens und Zielerreichung, dann ist Unzufriedenheit mit der Effektivität des Regierungsprozesses die Folge, die sich zum Beispiel in der Abwahl der Regierenden niederschlagen, aber auch Zweifel am gesamten politischen System erzeugen kann. Es besteht also in modernen Demokratien eine wechselseitige Abhängigkeit zwischen Legitimität und Effektivität des Regierens." *Brozus/Zürn (1999: S. 61)*.

1.1.1 Europäische Inklusions- und Exklusionsprinzipien?

Wie bereits dargelegt wurde, ist nationalstaatliche Migrationspolitik konstitutiv mit national geprägten, auf eine Solidargemeinschaft aufbauenden, Inklusions- und Exklusionsprinzipien verbunden (vgl. II 1.2). Die Europäisierung der nationalen Migrationspolitik verläßt diesen nationalen Bezugsrahmen. Damit stellt sich nicht nur die Frage nach der Repräsentation des nationalen Souveräns auf der europäischen Ebene.[235] Darüberhinaus ist nach der ideellen Basis der auf europäischer Ebene beschlossenen migrationspolitischen Leitlinien zu fragen. Entsprechen die darin zum Ausdruck kommenden Inklusions- und Exklusionsprinzipien einem in der Bevölkerung getragenen Selbstverständnis von europäischer Solidargemeinschaft?

In der intensiv geführten wissenschaftlichen Diskussion um das euopäische Demokratiedefizit spielt vor allem in der deutschen Debatte die Frage der grundsätzlichen Demokratiefähigkeit der Europäischen Union eine wichtige Rolle. Das Bundesverfassungsgericht hat 1993 in seinem Maastricht-Urteil der Europäischen Union die Demokratiefähigkeit mit dem Argument abgesprochen, es fehle an einem europäischen Demos *(Bundesverfassungsgericht 1993)*. Wenn das stimmt, dann kann es sachlogisch keine Migrationspolitik geben, die die Inklusions- und Exklusionsmechanismen dieses (ja nicht existierenden) Demos operationalisiert. Andererseits ließe sich argumentieren, daß die Formulierung gemeinsamer europäischer Regeln über den Zugang und den Aufenthalt von Drittausländern im Umkehrschluß die Genese eines europäischen Demos befördert.[236]

Die Existenz eines europäischen Demos verneint Kielmansegg, weil die Völker der Europäischen Union „keine Kommunikationsgemeinschaft, kaum eine Erinnerungsgemeinschaft und nur sehr begrenzt eine Erfahrungsgemeinschaft" bilden *(Kielmansegg 1996: S. 55)*. Für das Politikfeld Migration spezifiziert heißt dies: Die fehlende Kommunikationsgemeinschaft zeigt sich nicht nur in der allgemein bestehenden Sprachenproblematik, sondern hier auch ganz spezifisch in sprachlichen Begriffen unterschiedlicher semantischer Bedeutung.[237] Allerdings lassen sich in der Einstellung zu dem Migrationsphä-

---

[235] Darauf wird in den folgenden Abschnitten eingegangen (IV 1.2 und 1.3).

[236] In diesem Zusammenhang sei nur kurz auf den Konstruktcharakter politischer Gemeinschaften verwiesen. In der Geschichte der Nationalstaatsentwicklung ist ein Nationalbewußtsein und der Glaube an ein gemeinsam geteiltes Schicksal von den politischen Eliten gezielt erzeugt worden. Vgl. hierzu *Schulze (1994)*.

[237] Vgl. z.B. das im Französischen gebräuchliche „immigré", dem im Deutschen allenfalls der Übergang vom „Gastarbeiter", über den „Ausländer" zum „ausländischen Mitbürger", nicht jedoch der „Einwanderer" gegenübersteht. Ebenso die unterschiedliche Wertung, die im deutschen „Illegalen" und im italienischen „clandestini" steckt.

nomen und der Bedeutung, die einer Problemlösungskompetenz in diesem Bereich beigemessen wird, in demoskopischen Untersuchungen über Ländergrenzen hinweg einige Übereinstimmungen feststellen.[238] Die Erinnerungsgemeinschaft der Europäer in bezug auf Migration ist besonders fragmentiert zwischen Auswanderungsländern, Ländern mit kolonialer Vergangenheit und Ländern mit einer Anwerbetradition, die die Einwanderungssituation negieren. Hinsichtlich der Erfahrungsgemeinschaft, welches per se das am meisten zukunftsoffene Erfordernis darstellt, ist das größte Entwicklungspotential festzustellen. Besonders in Anbetracht der anderen Seite der migrationspolitischen Medaille, nämlich dem Freizügigkeitsrecht der EU-Bürger, erscheint die Erwartung berechtigt, daß Erfahrungsgemeinschaft durch konkrete Erfahrungen der Bevorzugung von EU-Bürgern gegenüber Drittausländern (Stichwort EU-Schalter an der Paßkontrolle in Flughäfen) ausgebaut wird.

Diese Überlegungen unterstreichen nochmals die Souveränitätsrelevanz des Politikfeldes Migration, wobei Souveränität sich diesmal nicht auf den Nationalstaat, sondern auf seine politische Basis, den Souverän, bezieht.

1.1.2 Rechtsstaatliche Problematik der Europäisierung nationaler Migrationspolitik

Ein weiterer Aspekt der Demokratieproblematik der Europäisierung nationaler Migrationspolitik betrifft die rechtsstaatliche Komponente des demokratischen Staatsverständnisses.

Im Vergleich zum Anfang des Jahrzehnts, als migrationspolitische Fragestellungen noch in Form der klassischen, auf Geheimhaltung bedachten Diplomatie bearbeitet wurden, sind in bezug auf das Transparenzgebot der demokratischen Ordnung einige Fortschritte erzielt worden. Einen ersten kleinen Schritt in diese Richtung stellte 1993 die Veröffentlichung der Sammlung zur europäischen Asylpraxis[239] dar, deren Verbreitung jedoch vornehmlich auf nationaler Ebene erfolgte. Eine erste Gelegenheit zur europäischen öffentlichen Diskussion unter Fachleuten bot 1994 die bereits erwähnte Mitteilung der Kommission zur Asyl- und Einwanderungspolitik (*Kommission der Europäischen Union 1994*). Die Ratsmitglieder haben sich allerdings erst auf ihrem Treffen am 23. November 1995, also mehr als zwei Jahre nach Inkrafttreten des Maastrichter Ver-

---

[238] So sind mit Ausnahme von Irland, Spanien und Finnland laut Umfrageergebnissen in allen EU-Staaten 60% und mehr der Bevölkerung der Ansicht, ihr Land hätte bei der Aufnahme von Ausländern eine Höchstgrenze erreicht und in allen EU-Staaten wird Einwanderung zu den sieben drängendsten politischen Problemen gezählt. Vgl. hierzu: *Europäische Kommission (1997)*.

[239] Diese enthielt den Text des Dubliner Übereinkommens sowie einiger asylrelevanter Entschließungen, die von den für Einwanderungsfragen zuständigen Ministern der EU-Staaten bis dahin verabschiedet worden waren. Vgl. *Bundesministerium des Innern (Hrsg.) 1993: Textsammlung zur Europäischen Asylpraxis (SN/2836/93)*.

trags, dazu entschieden, die zwischenzeitlich vereinbarten Rechtsakte im Amtsblatt der Gemeinschaft zu veröffentlichen *(Rat der Europäischen Union (Innen und Justiz): vom 23.11.1995).*

Bis zu ihrer tatsächlichen gesammelten Veröffentlichung im Amtsblatt verging dann jedoch noch fast ein Jahr, so daß einige der beschlossenen Rechtsakte zu diesem Zeitpunkt bereits über zwei Jahre alt waren *(vgl. ABl. EG Nr. C 274, v. 19.9.1996, S. 1–58).* Zwar ließe sich argumentieren, daß wegen der fehlenden unmittelbaren Wirksamkeit der Rechtsakte des Rates, und der fehlenden bzw. strittigen Rechtsverbindlichkeit der meisten Handlungsinstrumente der Dritten Säule überhaupt, die Anforderungen an das demokratische Informationsgebot niedriger zu setzen sind. Allerdings handelt es sich bei den im Rat beschlossenen Akten zumindest um politische Selbstverpflichtungen der Mitgliedstaaten, die die Politik der nationalen Ebene beeinflussen, wie gezeigt werden konnte (vgl. oben III 5.2). Die europäische Ebene legt Pfade für die nationale Diskussion an. Mit Blick auf diese determinierende Funktion bestand daher in der fehlenden Informationsmöglichkeit des Bürgers hier ein Demokratiedefizit.

Gerade in dieser Hinsicht sind in der zweiten Hälfte der neunziger Jahre wesentliche Fortschritte festzustellen. Hier hat vor allem die Politik der EU, ihre offiziellen Dokumente auf dem Internet der Öffentlichkeit zugänglich zu machen, zu einer besseren Informationsverbreitung beigetragen. Auch der Zeitraum zwischen Beschlußfassung und Veröffentlichung hat sich erheblich reduziert.[240] Zudem ist an dieser Stelle nochmals zu betonen, daß die Informationsmöglichkeiten sich nicht nur auf bereits beschlossene Rechtsakte beziehen, sondern auch Arbeitsprogramme, Vorhaben der Präsidentschaft, Diskussionslinien im Ministerrat und Tätigkeitsberichte umfassen. Diese umfassenden Informationsmöglichkeiten eröffnen nun grundsätzlich den Weg zur Meinungsbildung.

Der langsame Trend zur Verrechtlichung der migrationspolitischen Kooperation, der zudem unter den Bedingungen des Amsterdamer Vertrags verstärkt zu erwarten ist, ist bereits ausführlich behandelt worden (vgl. oben III 4.3.3). Auch hier sind zwar vor allem mit dem Amsterdamer Vertrag Fortschritte erzielt worden. Allerdings ist in der Gesamtbewertung der neunziger Jahre festzuhalten, daß die Unsicherheiten bezüglich der rechtlichen Qualität der im Maastrichter Vertrag neu eingeführten Handlungsinstrumente gemeinsamer Standpunkt und gemeinsame Maßnahme und die fehlende Rechtsprechungs- und Auslegungskompetenz des Europäischen Gerichtshofs in den Bereichen der migrationspolitischen Kooperation – die gerade auch grundrechtlich so relevante Fragen wie Asylrecht oder Datenschutz betreffen können – rechts-

---

[240] Beispielsweise ist die Entschließung des Rates vom 4. Dezember 1997 über Maßnahmen zur Bekämpfung von Scheinehen im Amtsblatt vom 16. Dezember 1997 veröffentlicht worden, s. *ABl. EG Nr. C 382, vom 16.12.1997, S. 1 f.*

staatlich sehr bedenklich sind. Die Erkenntnis, daß dies ein Legitimationsproblem für die Europäische Union darstellen kann, schwingt in der Ende 1998 vom Rat formulierten Philosophie des im Amsterdamer Vertrags vereinbarten „Raums der Freiheit, der Sicherheit und des Rechts" mit. Darin wird die Bedeutung eines Rechtssystems, „in das alle Bürger und Gebietsansässigen der Union Vertrauen haben können" besonders betont (*Rat der Europäischen Union (Innen und Justiz) 1999a*).

1.1.3 Migrationspolitikspezifische Legitimationslücken

Abschließend ist auf zwei weitere Aspekte des grundsätzlichen Problemkomplexes von Europäisierung nationaler Migrationspolitik und Demokratie einzugehen.

Zum einen ist hier die auch in anderen Politikbereichen des europäischen Integrationsprozesses feststellbare Instabilität durch ungleichzeitige Entwicklungen herauszustellen. Die vorangegangene empirische Analyse hat folgendes Muster des Europäisierungsprozesses herausgearbeitet: Die schrittweise Abschaffung der Binnengrenzen induziert die von allen Partnern geteilte Verantwortung für den entstandenen gemeinsamen Raum in bezug auf Drittausländer. Die dadurch erforderliche Kooperation baut auf der Annahme von der Gleichwertigkeit von Verfahren (Asyl, Rückführung etc.) auf.[241] Nachdem die jeweiligen Verfahren aber aufgrund unterschiedlicher Migrationssituation und migrationspolitischem Selbstverständnis in der Anfangszeit der Kooperation voneinander abwichen, erzeugte dies einen Bedarf nach gemeinsamen Standards (vgl. für den Bereich der Außengrenzkontrollen *Papademetriou 1996: S. 107*).

Dieser Bedarf rührt unter anderem auch daher, daß die migrationspolitische Kooperation die im nationalen Rahmen verwurzelten Prinzipien des Umgangs mit Fremden berührt.[242] Es kann sich bei Vorliegen unterschiedlicher Standards die Situation ergeben, daß beispielsweise die Vorgehensweise des in einer Rückführung um Kooperation ersuchten Staates die Prinzipien verletzt, die im nationalen Kontext des kooperationsersuchenden Staates gesellschaftlicher Konsens sind. Relevante Prinzipien können hier das gemeinsame Verständnis des Verhältnisses von Humanität auf der einen, und **Law and Order** auf der anderen Seite, das vorherrschende Verständnis der Rolle der Polizei im Staat

---

[241] Insofern liegt hier eine der vom EuGH entwickelten „Cassis-Philosophie" ähnliche Annahme vor: Die für einen gemeinsamen Asylraum unterstellte Gleichwertigkeit der Asylverfahren beruht auf dem Vertrauensprinzip zwischen den Mitgliedstaaten in dem Sinne, daß in einem Mitgliedstaat ordnungsgemäß durchgeführte Asylverfahren grundsätzlich auch für andere Mitgliedstaaten als ordnungsgemäß angesehen werden. Vgl zur „Cassis-Philosophie" *Oppermann (1999: S. 523)*.

[242] siehe zum Einfluß nationaler Errungenschaften und Politikstile auf die Schengen-Verhandlungen *Kapteyn (1993)*.

und allgemein der nationale Politikstil sein.[243] Zwar haben die Staaten der Europäischen Union vor allem durch die gemeinsame Verpflichtung auf die Prinzipien der Europäischen Menschenrechtskonventionen hier bereits viele gemeinsame Mindeststandards aufzuweisen, dennoch zeigen sich gerade im Umgang mit Fremden national geprägte Unterschiede.[244] So entzündete sich in der ersten Hälfte der neunziger Jahre die gesellschaftliche Kritik an der asylrelevanten Schengener Kooperation und am Dubliner Übereinkommen in den nördlichen EU–Staaten vornehmlich am unterschiedlichen Schutzstandard im asylrechtlichen Verfahren der teilnehmenden Staaten.[245]

Solange keine gemeinsamen Standards vereinbart worden sind, birgt die transnationale migrationspolitische Kooperation die Gefahr in sich, im nationalen Rahmen demokratisch legitimierte Grundprinzipien des Umgangs mit Fremden ins Leere laufen zu lassen. Bei der Vereinbarung dieser gemeinsamen Standards auf europäischer Ebene stellt sich allerdings das weiter unten noch ausführlicher zu behandelnde Problem der demokratischen Legitimation von Entscheidungen auf europäischer Ebene.

Die Analyse der schrittweisen Verrechtlichung der migrationspolitischen Zusammenarbeit auf europäischer Ebene eröffnet schließlich den Blick auf noch ein weiteres Legitimationsproblem der Europäisierung nationaler Migrationspolitik. Es ist zwar richtig, daß sich ein Europäisierungsprozeß dergestalt feststellen läßt, daß sich der Handlungsraum für die Akteure über den nationalen Rahmen hinaus erweitert hat. Die Vergemeinschaftung und damit zunehmende Verrechtlichung der migrationspolitischen Kooperation wurde aber in Amsterdam mit so grundlegenden Sonderrechten für einige Mitgliedstaaten erkauft (vgl. hierzu III 1.2), daß man in Zukunft möglicherweise nur schwerlich von der Entstehung **eines** politischen Raumes wird sprechen können. Der Rechtsraum wird jedenfalls zersplittert, wenn eine gemeinschaftsrechtliche Maßnahme in einem der im Amsterdamer Vertrag aufgezählten

---

[243] Dies sind recht allgemeine, diffuse Konzepte, die zwar im nationalen Wertesystem verankert sind, aber evtl. keine Kodifizierung erfahren haben. Dort, wo Konzepte des Verhältnisses zwischen Staat und Gesellschaft konkretisiert worden sind, wie z.B. beim Datenschutz, wird die Problematik auseinanderfallender Standards bei der Konstruktion transnationaler Kooperationsverfahren eher manifest. Ein Beleg hierfür ist darin zu sehen, daß der Beschluß des zur Durchführung des Dubliner Übereinkommens eingesetzten Ausschusses vom 30. Juni 1998 für den Fall des Austauschs von Fingerabdrücken vorsieht, daß Informationen hier nur „nach Maßgabe des innerstaatlichen Rechts des ersuchten Mitgliedstaats (...)" ergehen dürfen. Vgl. *Abl. EG Nr. L 196, vom 14.7.1998, S. 49 f.*

[244] An dieser Stelle sei nur kurz darauf hingewiesen, daß die Gefahr der Verletzung der hier angesprochenen nationalen Prinzipien in der Kooperation mit Drittstaaten (z.B. Türkei, s.o. III 3.2.) noch viel deutlicher zu Tage tritt.

[245] vgl. hierzu den Hinweis bei *Braun (1996: S. 77f).*

Bereiche angenommen wird, und sich das Vereinigte Königreich und Irland nicht zur Teilnahme an dieser Maßnahme entscheiden.[246]

Nach dieser Diskussion einiger grundlegender demokratisch relevanter Legitimationsprobleme der Europäisierung nationaler Migrationspolitik sollen im folgenden die mitwirkungszentrierten (direkt/indirekt) und effizienzorientierten Legitimationsquellen dieses Prozesses analysiert werden.

1.2 Legitimation durch Beteiligung des Europäischen Parlaments

Die Untersuchung der direkten demokratischen Legitimation der Europäisierung nationaler Migrationspolitik erfordert eine differenzierte Betrachtungsweise. Zunächst geht es um die Frage der parlamentarischen Kontroll- und Mitwirkungsmöglichkeiten auf europäischer Ebene und anschließend folgen grundsätzliche Überlegungen zu der Legitimationskraft dieser Beteiligungsrechte des Europäischen Parlaments im hier untersuchten Bereich der Veränderung von Regieren in Europa.

1.2.1 Beteiligung des Europäischen Parlaments an der Europäisierung nationaler Migrationspolitik

Das Europäische Parlament hat im hier betrachteten Zeitraum schrittweise eine stärkere Position im migrationspolitischen Entscheidungsprozeß auf europäischer Ebene erhalten (siehe hierzu auch bereits oben III 1.3). Vor Maastricht war das Europäische Parlament formell nicht in die hier untersuchte migrationspolitische Kooperation eingebunden. Allerdings war es durchaus beteiligt an den oben beschriebenen europapolitischen Entwicklungen, die dazu führten, daß die nationale Politik gegenüber Drittausländern auch vor der gezielten migrationspolitischen Kooperation der EU–Staaten teilweise bereits europäischen Vorgaben unterlag (vgl. hierzu oben II 2.1).[247] Das Schengener

---

[246] In bezug auf Dänemark wird es formaljuristisch bei der Annahme einer gemeinschaftsrechtlichen Maßnahme auch im Falle inhaltlicher Übereinstimmung immer zu einer zerklüfteten Rechtsordnung kommen, da Dänemark in jedem Falle migrationspolitische Maßnahmen nur auf nationaler Ebene beschließen wird und es sich dabei im Verhältnis zu den anderen Mitgliedstaaten um Völkerrecht, nicht um Gemeinschaftsrecht handelt. Vgl. hierzu Protokoll über die Position Dänemarks und die Ausführungen oben III 1.2. Vgl. auch *Hailbronner/Thiery (1998: S. 601)*.

[247] Jedoch wurden die Grundsteine für diese Entwicklungen, nämlich die Freizügigkeitsrichtlinien und vor allem das Assoziationsabkommen mit der Türkei zu einem Zeitpunkt gelegt, als das Europäische Parlament noch nicht direkt gewählt wurde, sondern von den nationalen Parlamenten bestimmt wurde.

und das Dubliner Übereinkommen sahen als völkerrechtliche Verträge keine Rolle für das Europäische Parlament vor.

Mit der Einbindung der migrationspolitischen Kooperation in den institutionellen Rahmen der Europäischen Union im Maastricht-Vertrag wurden dem Europäischen Parlament ein Informationsrecht und parlamentarische Anfragerechte eingeräumt. In den Bereichen der Visapolitik, die vergemeinschaftet worden waren, hatte das Europäische Parlament ein Anhörungsrecht. Die ersten Jahre der Anwendung des Maastrichter Vertrags waren von dem Streit zwischen Parlament und Rat bestimmt, ob Art. K.6 EUV ein Informationsrecht vor oder nach Beschlußfassung im Rat beinhaltete. Das Europäische Parlament blieb in dieser Zeit auf informelle Kontakte angewiesen, da es nur punktuell von den erzielten Verhandlungsergebnissen in Kenntnis gesetzt wurde.[248] Das Europäische Parlament versuchte darüber hinaus, seinen Positionen durch politischen Druck auf die Kommission Geltung zu verschaffen. Im Hinblick auf die Verwirklichung des Freizügigkeitsziels erhob es gegen die Kommission gar eine Unterlassungsklage vor dem Europäischen Gerichtshof *(Ireland 1996: S. 143)*.

Im Amsterdamer Vertrag wird dem Europäischen Parlament in den im Vertrag aufgezählten migrationspolitischen Bereichen ein Anhörungsrecht eingeräumt *(Art. 67 Abs. 1 EGV n.F.)*.[249] In den Bereichen, für die der Rat nach frühestens fünf Jahren beschließt, daß das Verfahren der Mitentscheidung Anwendung finden soll, erhält das Europäische Parlament dann eine Art Vetoposition, da sich das Europäische Parlament nach diesem europäischen Rechtsetzungsverfahren mit der Mehrheit seiner Mitglieder gegen ein Vorhaben des Rates stellen kann.[250] Die Integration des Schengener Vertrags in den Unionsrahmen eröffnet dem Europäischen Parlament hier erstmals Informations- und Anhörungsrechte, stellt also eine wesentliche inhaltliche Ausdehnung der Reichweite seiner Rechte dar.

---

[248] Siehe hierzu *Esders (1995)*: Der strittige Artikel lautet: „Der Vorsitz und die Kommission unterrichten das Europäische Parlament regelmäßig über die in den Bereichen dieses Titels durchgeführten Arbeiten." Art. K.6 EUV. Vgl. auch die kritische Stellungnahme der Kommission zur fehlenden Konsultation des Europäischen Parlaments durch den Rat in so weitgehenden Initiativen wie der Eurodac-Konvention, s. *Kommission der Europäischen Union (1995, S. 53)*. Mit der zunehmenden Transparenz der Arbeiten entschärfte sich der dogmatische Streit durch die Praxis. Die jeweiligen Präsidentschaften gingen ab 1995 dazu über, bei Vorstellung ihres Präsidentschaftsprogramms im Parlament auch ihre Vorhaben im migrationspolitischen Bereich darzulegen.

[249] Dieser Fortschritt entsprang insbesondere dem Wunsch Deutschlands, der Niederlande und der skandinavischen Staaten, ein klares Zeichen für eine stärkere demokratische Legitimation der Europäischen Union zu setzen. (Vgl. hierzu bereits oben II 1.4).

[250] Zur Neuregelung des Mitentscheidungsverfahrens im Amsterdamer Vertrag s. *Oppermann (1999: S. 113 f.)*. Vgl. zur positiven Bilanz von fünf Jahren Mitentscheidungsverfahren: *Maurer (1998)*.

Zur Beteiligung des Europäischen Parlaments an den konstitutiven Entscheidungen im Europäisierungsprozeß nationaler Migrationspolitik läßt sich folgendes feststellen: Das Europäische Parlament hat dadurch, daß es dem Maastricht-Vertrag zugestimmt hat, der Wertung migrationspolitischer Fragen als „Angelegenheiten von gemeinsamem Interesse" zugestimmt. Es hat im Rahmen der Arbeiten in der Reflexionsgruppe, die 1995 zur Vorbereitung der Regierungskonferenz 1996 eingesetzt wurde, intensiv an der Reform der migrationspolitisch relevanten Bestimmungen des Maastricht-Vertrags mitgearbeitet und wurde anschließend über den Fortgang der Regierungsverhandlungen informiert. Zum dann letztendlich in Amsterdam gefundenen Kompromiß hat es seine Zustimmung gegeben.

Am Alltag der migrationspolitischen Kooperation hat das Europäische Parlament im Rahmen seiner Informations- und Empfehlungsrechte in Form zahlreicher Stellungnahmen und Entschließungen mitgewirkt. Dabei forderte es vornehmlich verbesserte parlamentarische Informations- und Anhörungsrechte, eine Vergemeinschaftung des Politikfeldes Migration und eine umfassende europäische Migrationspolitik, die die als einseitig bewertete Konzentration auf den Migrationskontrollaspekt verlassen solle.[251]

1.2.2 Legitimationskraft des Europäischen Parlaments im Politikfeld Migration

Abgesehen von der allgemeinen Defizitanalyse bezüglich der Ausgestaltung parlamentarischer Kontroll- und Mitwirkungsrechte auf europäischer Ebene stellen sich mit Blick auf die demokratische Legitimationskraft des Europäischen Parlaments für die Europäisierung nationaler Migrationspolitik Legitimitätsfragen grundsätzlicher und spezifischer Art.

In der wissenschaftlichen Diskussion um das Europäische Parlament als demokratische Legitimationsquelle des politischen Systems Europäische Union werden folgende Schwächen aufgeführt: Die Wahlen zum Europäischen Parlament beruhen auf nationalen Wahlgesetzen und finden im nationalen Rahmen mit nationalen Wahllisten statt; die Wahlbeteiligung nimmt kontinuierlich ab und die Wahlen sind von nationalen Themen bestimmt; die Wahlbevölkerung großer Mitgliedstaaten ist unterrepräsentiert; es fehlt an europäischen Parteien, europäischen Medien, einer europäischen Öffentlichkeit *(vgl. hierzu Höreth 1998; Greven 1998; Kielmansegg 1996).* Konzentrieren läßt sich dies auf folgende zwei miteinander in Beziehung stehende strukturelle Probleme: Als strukturelle Defizite einer demokratischen Legitimation des Europäisie-

---

[251] Vgl. hierzu *Europäisches Parlament (Generaldirektion Forschung) 1996*: Allerdings wird in Ratsbeschlüssen vorwiegend auf das jeweils laufende Arbeitsprogramm des Rates verwiesen, manchmal auf die Kommissionsmitteilung von 1994, selten aber nur auf Parlamentsentschließungen.

rungsprozesses werden das Fehlen eines europäischen Volkes und eines einheitlichen europäischen Raumes aufgeführt. Die Problematik des fehlenden europäischen Volkes in Anbetracht der Europäisierung nationaler Migrationspolitik ist bereits angesprochen worden (vgl. oben IV 1.1.1). Auch die in der Literatur diskutierte Problematik des fehlenden europäischen politischen Raumes *(Greven 1998)* muß im Hinblick auf die hier analysierten Veränderungen im Bezugsraum nationaler Migrationspolitik spezifiziert werden (vgl. auch bereits IV 1.1.3).

Im Amsterdamer Vertrag ist die Vergemeinschaftung migrationspolitischer Bereiche unter Hinnahme umfassender Sonderregelungen für drei Mitgliedstaaten erkauft worden. Die Komplexität der dadurch entstehenden geographischen und juristischen Ausdifferenzierung in der Europäisierung nationaler Migrationspolitik ist bereits ausführlich dargestellt worden (vgl. oben III 1.2). Daraus ergeben sich mit Blick auf die Beteiligung des Europäischen Parlaments spezifische Legitimationsfragen. Dem demokratischen Kongruenzprinzip entsprechend ist im Amsterdamer Vertrag geregelt, daß Irland und das Vereinigte Königreich an der Beschlußfassung im Rat nur dann teilnehmen dürfen, wenn sie zuvor erklärt haben, sich an der beschlossenen Maßnahme zu beteiligen. Dänemark seinerseits nimmt an der Beschlußfassung im Rat nur teil, wenn es sich nicht um die Verabschiedung eines gemeinschaftsrechtlichen Instruments handelt. Damit wird sichergestellt, daß nur diejenigen entscheidungsbefugt sind, die hinterher auch von der Entscheidung betroffen sein werden.

Eine entsprechende interne Differenzierung des Abstimmungsverfahrens ist für die Beteiligung des Europäischen Parlaments am Entscheidungsprozeß vertraglich nicht vorgesehen. Dies führt zum Auseinanderklaffen der territorialen Basis der beiden am Rechtsetzungsprozeß beteiligten Organe und zu einer mangelnden Kongruenz von Herrschaftsausübenden und Herrschaftsunterworfenen. Von der europäischen Perspektive aus betrachtet, stärkt der Verzicht auf einen Ausschluß der Abgeordneten, die das nicht an einer Maßnahme teilnehmende Mitgliedsland stellt, die europäische Dimension des Europäischen Parlaments. Dies könnte dem oben genannten Defizit der zu starken nationalen Ausrichtung des Europäischen Parlamentes ein kleines Stück entgegenwirken.

Das hier zu Tage tretende Demokratiedilemma zwischen nationaler und europäischer Perspektive ist kennzeichnend für das Verhältnis der beiden Legitimitätssäulen *(vgl. Höreth 1998: S. 8)* des europäischen politischen Systems. Im folgenden ist nun auf die zweite dieser Legitimitätsquellen, nämlich der indirekten demokratischen Legitimation durch die Beteiligung der nationalen Ebene, einzugehen.

1.3 Indirekte Legitimation durch Beteiligung der nationalen Ebene

Das bereits erwähnte Maastricht-Urteil des Bundesverfassungsgerichts von 1993 hat zur Frage der demokratischen Legitimation des europäischen Einigungsprozesses folgendes ausgeführt:

> *„Nimmt ein Verbund demokratischer Staaten hoheitliche Aufgaben wahr und übt dazu hoheitliche Befugnisse aus, sind es zuvörderst die Staatsvölker der Mitgliedstaaten, die dies über die nationalen Parlamente demokratisch zu legitimieren haben. Mithin erfolgt demokratische Legitimation durch die Rückkopplung des Handelns europäischer Organe an die Parlamente der Mitgliedstaaten."* Bundesverfassungsgericht 1993.[252]

Wie sind diese demokratischen Rückkopplungsmöglichkeiten im Lichte der hier vorliegenden Analyse zur Europäisierung nationaler Migrationspolitik zu sehen?

Aus den Ausführungen zur Berücksichtigung der nationalen Souveränität im Rahmen der vertraglichen Grundlagen der migrationspolitischen Kooperation auf europäischer Ebene ist für diese Fragestellung hier nochmals folgendes herauszustellen (vgl. III 1.1): Der Maastricht-Vertrag hat zwar die Verpflichtung der EU-Staaten zur gegenseitigen Konsultation und Unterrichtung in Migrationsangelegenheiten vertraglich festgeschrieben. Mit dem das Entscheidungsverfahren aber ausschließlich bestimmenden Einstimmigkeitsprinzip und dem Ausschluß gemeinschaftsrechtlicher Instrumente[253] ist allerdings dem Interesse der Mitgliedstaaten an möglichst weit verbleibender Handlungsautonomie Rechnung getragen worden. Juristisch gesehen blieben die EU-Staaten mit dem Maastricht-Vertrag weitgehend die „Herren der Zusammenarbeit". Im Hinblick auf die hier demokratietheoretisch interessierende Fragestellung ließe sich daher nun argumentieren, daß damit die Möglichkeit der Repräsentation des jeweiligen nationalen Souveräns durch die demokratisch legitimierten Regierungen im Ministerrat gewahrt bleibt. Die Legitimationsgrundlage der unter diesen Bedingungen getroffenen Entscheidungen liegt in dieser Argumentationslinie in der die intergouvernementalen

---

[252] Zum Urteil und seiner Kritik vgl. auch *Weiler (1995)*.

[253] Eine kleine Ausnahme von der Regel stellt hier der Bereich der gemeinsamen Visaliste und des gemeinsamen Visaformats dar.

Verhandlungen kennzeichnenden Vetomöglichkeit jeder einzelnen Regierung *(Scharpf 1998: S. 237)*.[254]

Die Autonomie des Volkssouveräns ist allerdings auch bei Bestehen einer Vetomöglichkeit im Rat nur dann nicht gefährdet, wenn gewährleistet ist, daß die demokratische Kontrolle der Regierung durch den Volkssouverän für die in der migrationspolitischen Kooperation zur Entscheidung anstehenden Fragen auch greift. Zweifel hieran bestehen hinsichtlich des Legitimitätsdrucks, hinsichtlich der Beteiligungsmöglichkeiten des nationalen Parlaments und schließlich auch hinsichtlich des Wechselspiels zwischen nationaler und europäischer Ebene.

Zum einen entspricht der innerstaatliche Legitimitätsdruck intergouvernementaler Verhandlungen auch im ausgehenden zwanzigsten Jahrhundert noch nicht demjenigen der vermeintlich „eigentlichen" innenpolitischen Entscheidungen.[255] Die das Parlament konstituierenden Wahlen sind nicht europäische, sondern nationale Wahlen, bei denen europäische Themen nur eine untergeordnete Rolle spielen *(Kielmansegg 1996: S. 52)*. Dies läßt sich auch für die Bedeutung der hier untersuchten migrationspolitischen Kooperation auf europäischer Ebene für die Bundestagswahlen in den neunziger Jahren sagen. Zwar enthielten die Wahlprogramme der Parteien zur Bundestagswahl 1998 teilweise auch programmatische Aussagen zur europäischen Migrationspolitik, dies aber nur am Rande.[256]

---

[254] Die Wirkung der formal vorhandenen Vetomöglichkeit kann faktisch durch das Schnüren von Verhandlungspaketen jedoch gemindert werden. Bei einem solchen Paket besteht durchaus die Möglichkeit, daß einzelne seiner Bestandteile einer nationalen Position, die innenpolitisch abgestimmt ist, widersprechen, aber im Austausch für andere Interessen hingenommen werden. Dies mag dann nicht immer dem Willen des nationalen Souveräns entsprechen. Siehe hierzu ausführlicher *Falkner (1994: S. 248ff.)*.

[255] Darauf weist insbesondere in Opposition zu *Scharpf Habermas* hin, vgl.: *Habermas (1999: S. 428)*.

[256] Beispielsweise enthielt das 79seitige SPD-Wahlprogramm für die Bundestagswahl 1998 „Arbeit, Innovation und Gerechtigkeit" den Satz: „Wir wollen eine gemeinsame Flüchtlings- und Asylpolitik verwirklichen." (SPD 1998: Arbeit, Innovation und Gerechtigkeit, S. 74) Die 33seitige CDU/CSU-Wahlplattform 1998 – 2002 enthielt die beiden Sätze: „Wir brauchen klare europäische Asylregelungen mit eindeutigen Zuständigkeiten, vereinheitlichten Leistungen und einer fairen Lastenteilung. Wir sind bereit zu einer europäischen Harmonisierung, bei der der Staat Asyl nach Maßgabe der Gesetze gewährt." (CDU/CSU 1998: Wahlplattform 1998 – 2002, S. 32). Auch die Wahlprogramme der F.D.P. und von Bündnis 90 / Die Grünen, die das Thema Asyl- und Einwanderungspolitik wesentlich breiter behandelten als die beiden großen Volksparteien, widmeten der europäischen Ebene lediglich einen relativ kurzen Abschnitt. Das F.D.P.-Programm ist auf folgender Internetseite einsehbar: http://www.fde.de/fdpbv/programme/4freiheitundrecht.phtm und das Programm von Bündnis 90 / Die Grünen: http://www.gruene.de/btwahl98/prog/Wahlprog98/innen.htm.

Unabhängig vom konkreten Legitimitätsdruck sind für die Möglichkeit der demokratischen Legitimierung der Europäisierung nationaler Migrationspolitik durch die nationalen Parlamente deren Beteiligungsrechte von entscheidender Bedeutung. Für die vertraglichen Grundlagen des Europäisierungsprozesses liegen positive Voten der nationalen Parlamente vor. In einigen Ländern war der Souverän an der Konstituierung der migrationspolitischen EU-Kooperation und ihrer weiteren Ausgestaltung in den Verträgen von Maastricht und Amsterdam im Rahmen nationaler Referenda sogar unmittelbar beteiligt. Im Alltag der migrationspolitischen Kooperation sind seit ihrer Einbindung in den Kanon der EU-Politiken die generell für den europäischen Integrationsprozeß jeweils national formulierten parlamentarischen Beteiligungsrechte maßgeblich.

In der Bundesrepublik sind im Zusammenhang mit der Ratifizierung des Maastricht-Vertrags die Rechte des Bundestages in EU-Angelegenheiten entscheidend gestärkt worden. Informations- und Konsultationsrechte des Bundestages sind damit erstmals verfassungsrechtlich verankert worden.

„In Angelegenheiten der Europäischen Union wirken der Bundestag und durch den Bundesrat die Länder mit. Die Bundesregierung hat den Bundestag und den Bundesrat umfassend und zum frühestmöglichen Zeitpunkt zu unterrichten.

Die Bundesregierung gibt dem Bundestag Gelegenheit zur Stellungnahme vor ihrer Mitwirkung an Rechtsetzungsakten der Europäischen Union. Die Bundesregierung berücksichtigt die Stellungnahmen des Bundestages bei den Verhandlungen.(...)"(Art. 23 Abs. 2 und 3 GG)

Mit der verfassungsrechtlichen Verankerung und Aufzählung der Mitwirkungsrechte wollte die Gemeinsame Verfassungskommission dem Mißstand abhelfen, daß die Abgeordneten sich in Europaangelegenheiten oft zu spät oder ungenügend von der Bundesregierung unterrichtet fühlten (Fischer 1993: S. 41).[257]

---

[257] Mangelnde Information ist auch der in anderen nationalen Parlamenten am häufigsten beklagte Mißstand gewesen, dessen sich die europäischen Parlamentarier vor allem in den achtziger Jahren bewußt wurden, als die Anstrengungen zur Verwirklichung des europäischen Binnenmarktes auf der europäischen Ebene eine wahre Gesetzgebungsmaschinerie in Gang setzten. Manche wurden von ihren Regierungen sogar über bereits beschlossene und in Kraft getretene Verordnungen nicht in Kenntnis gesetzt, sondern waren auf informelle Kontakte, das Europäische Parlament, die Medien oder das Amtsblatt der Europäischen Gemeinschaft angewiesen. Ein Versuch, dem Informationsmangel durch transnationale Vernetzung nun seitens der nationalen Parlamente zu begegnen, stellt die 1989 eingerichtete Conférence des Organes Specialisées sur les Affaires Communautaires (COSAC) dar, die allerdings nur zweimal jährlich zusammenkommt. Im Amsterdamer Vertrag ist mit dem Protokoll über die Rolle der einzelstaatlichen Parlamente in der Europäischen Union der Weg für unmittelbare Handlungsmöglichkeiten der nationalen Parlamente auf europäischer Ebene eröffnet worden. Vgl. *Pöhle (1998: S. 79)*.

Der neue Artikel 23 des Grundgesetzes (auch Europa-Artikel genannt) ermöglicht es dem Parlament nun, europäische Entscheidungen nicht mehr nur ex-post zu sanktionieren, sondern auch an ihrer Entstehung mitzuwirken. Die Bundesregierung ist dazu verpflichtet, die Stellungnahme des Bundestages zu berücksichtigen, und zwar bereits während der Verhandlungen mit ihren europäischen Partnern *(Möller/Limpert 1993: S. 28).* Dabei trifft sie auf Kollegen, die teilweise in ihrer Meinungsbildung in noch viel stärkerem Ausmaß von ihrem nationalen Parlament abhängig sind.[258] Um die „begleitende Kontrolle" *(Kaiser 1998: S. 9)* des Parlaments auch trotz oftmals enger terminlicher Vorgaben realisieren zu können, ist im Deutschen Bundestag der Europa-Ausschuß eingerichtet worden.[259]

Eine besondere Prägung erhält die Frage der an die nationale Ebene rückgekoppelten demokratischen Legitimität europäischer Entscheidungen im deutschen Fall durch das Föderalismusprinzip. Nach dem Grundgesetz „wirken die Länder bei der Gesetzgebung (...) des Bundes mit" *(Art. 50 GG),* sind damit durch den Bundesrat Teil der deutschen Bundeslegislative. Der Bundesrat hat die Gefahr einer Aushöhlung seiner Kompetenzen durch die europäische Einigung viel eher erkannt als der Bundestag und sich schon frühzeitig um Kompensation durch Informations- und Mitwirkungsrechte bemüht.[260] Höhepunkt dieses Prozesses ist die Verankerung umfassender Beteiligungsrechte im neuen Artikel 23 GG. Das darauf beruhende Länderbeteiligungsverfahren hat nach Ansicht der Länder anläßlich der Reform des Maastricht-Vertrags „seine Feuerprobe bestanden" *(Fischer 1998: S. 63).*

Die Rolle der deutschen Bundesländer im Europäisierungsprozeß nationaler Migrationspolitik erscheint im Vergleich zu derjenigen des Bundestags viel

---

[258] Beispielsweise sieht das innerstaatliche Abstimmungsverfahren in Dänemark eine relativ starke Stellung des *Folketing* vor. Hervorzuheben ist bei dem Verfahren die seit Beginn der dänischen EG-Mitgliedschaft bestehende Verpflichtung der Regierung, dem parlamentarischen Ausschuß für die Gemeinschaftsbeziehungen die Position der Regierung vor einer Entscheidung im Rat zu erläutern. Die Regierung kann nur auf Grundlage dieser Position verhandeln, wenn die Mehrheit des Ausschusses sich nicht dagegen ausspricht. Vgl. ausführlicher zum angesprochenen Beteiligungsverfahren: *Møller (1983: insb. S. 254 ff.).* Auch im österreichischen Fall besteht laut *Føllesdal* eine Verpflichtung, vor der Ministerratssitzung die Position mit dem Parlament abzustimmen, während der Verhandlungen das Parlament zu konsultieren und sich hinterher für die Verhandlungen zu rechtfertigen, s. *Føllesdal (1998: S. 5).*

[259] Zum Vergleich europabezogener parlamentarischer Beteiligungsrechte und institutioneller Strukturen in Deutschand, Frankreich und dem Vereinigten Königreich, s. *Weber-Panariello (1995).*

[260] Zur Rolle des Bundesrats in der Europapolitik vgl. *Borkenhagen (1998).*

bedeutender, weil die Länderexekutiven über formelle und informelle Wege direkter Beteiligung auf europäischer Ebene verfügen. Wie bereits dargestellt worden ist, gehören Ländervertreter zur deutschen Delegation bei den Sitzungen der beschriebenen migrationsrelevanten Arbeitsstrukturen im Rat. Die Länder werden durch einen in Brüssel plazierten Länderbeobachter informiert und haben darüber hinaus noch jeweils eigene Informationswege durch ihre Büros in Brüssel (vgl. oben III 5.1).

Bislang ist die Europäisierung nationaler Migrationspolitik auch eher von den Ländern zu einem Thema öffentlicher Diskussion gemacht worden als vom Bundestag. Die Drohung des bayerischen Ministerpräsidenten, dem Amsterdamer Vertrag im Bundesrat nicht zuzustimmen, wenn der deutsche Außenminister seinen Kollegen nicht die Interpretationsauffassung mitteile, daß auch nach dem Amsterdamer Vertrag die Einwanderungspolitik nationale Kompetenz bleibe, zeigt das Drohpotential der subnationalen Ebene.[261] Die heftige Kritik, die Bayern 1997 und 1998 an italienischen Grenzschutzstandards äußerte, und der wiederholte Hinweis darauf, daß sich die Wahlen 1998 auf dem Feld der inneren Sicherheit entscheiden würden (siehe hierzu oben III 2.2), sind im Hinblick auf die hier zu untersuchende Fragestellung nach der demokratischen Legitimation der Europäisierung nationaler Migrationspolitik folgendermaßen zu bewerten:

Die migrationspolitische Kooperation auf europäischer Ebene ist im nationalen Raum politisierbar. Ein Legitimitätsdruck auf nationaler Ebene kann aufgebaut werden. Allerdings geht hier der Druck nicht von der Legislative aus, sondern eigentlich ebenfalls von der (subnationalen) Exekutive, die allerdings auch als nationale Legislative fungieren kann. Das Druckpotential zieht die subnationale Ebene hier aus beiden Funktionen, da sie einerseits als Verantwortliche z.B. für den Grenzschutz selbst in der Erfüllung ihrer Aufgaben – und damit auch in ihrer Wiederwählbarkeit – betroffen ist, und andererseits als Teil der Bundeslegislative gebraucht wird. Als Ergebnis bleibt, daß indirekte demokratische Kontrolle der für die europäischen Entscheidungen auf nationaler Ebene verantwortlichen Regierung erfolgt, und daß die Regierung auch für die europäischen Entscheidungen und das Verhalten europäischer Partner verantwortlich gemacht wird.[262] Allerdings handelt es sich hier nur bedingt um eine

---

[261] Vgl. *F.A.Z. vom 11.3.1998*. Es ist auch schon vorgekommen, daß der bayerische Innenminister mit seinen Ängsten und Vorschlägen direkt bei der zuständigen Kommissarin *Gradin* vorstellig geworden ist, s. F.A.Z. v. 5.9.1997.

[262] Beispielsweise sah während der oben beschriebenen kurdischen Flüchtlingskrise der bayerische Ministerpräsident *Stoiber* die deutsche Bundesregierung in der Pflicht für die Wirksamkeit italienischer Außengrenzen (SZ, v. 8.1.1998).

Form der parlamentarischen Kontrolle und ist auf die Verhältnisse in anderen Mitgliedstaaten der EU nicht übertragbar.

Wenn für die „echte" parlamentarische Kontrolle also wieder der Bundestag verstärkt in das Zentrum der Untersuchung gestellt werden muß, so bleibt nach der Darstellung seiner Mitwirkungsrechte nun die Frage seiner grundsätzlichen Mitwirkungsfähigkeit zu diskutieren.

Es ist darauf hingewiesen worden, daß die hier zu legitimierenden Entscheidungen in einem komplexen Vorbereitungs- und Entscheidungsprozeß zwischen den (sub)nationalen Fachministerien und teilweise auch Fachbehörden, im langwierigen Austarieren von Interessen zwischen nationalen Regierungen entstehen, mit zunehmender Beteiligung der Kommissionsbürokratie (vgl. III 4.1). Diese Prozesse sind für das jeweilige nationale Parlament nur schwer durchschaubar.

Die Exekutive kann sich, wegen der mangelnden eindeutigen Zurechenbarkeit für europäische Entscheidungs- und Handlungsprozesse, der parlamentarischen Kontrolle teilweise entziehen. Hier kommt das Problem der Verantwortungsdiffusion zum Tragen, das generell die multinationalen Regulierungsversuche kennzeichnet. Die nationale Exekutive befindet sich im Verhältnis zur Legislative im Vorteil, da sie sowohl auf der nationalen, wie auch auf der inter/supranationalen Ebene präsent ist. Das Spielen auf zwei Ebenen (*two-level-game*) erweitert die Handlungsmöglichkeiten der Regierung, da sie beide Ebenen gegeneinander ausspielen kann und minimiert damit vor allem die Kontrollmöglichkeiten der nationalen Opposition.[263] Diese theoretischen Überlegungen bieten sich als ein möglicher Erklärungsansatz für den deutschen Asylkompromiß 1992 an.[264] Die regierende CDU/CSU-Koalition, die bereits seit den achtziger Jahren eine Änderung des Grundrechts auf Asyl anstrebte, war gleichzeitig eine der Hauptinitiatoren für eine europäische Asylpolitik (vgl. dazu auch oben III 1.1.2). Innenpolitisch konnte sie der Opposition gegenüber argumentieren, eine Grundgesetzänderung werde „von Europa gefordert".[265]

---

[263] vgl. ausführlich zur theoretischen Darstellung dieses Spielens auf mehreren Ebenen: *Putnam (1988).*

[264] siehe hierzu ausführlich: *Schwarze (1998).*

[265] So führte beispielsweise der Vorsitzende der CDU/CSU-Bundestagsfraktion *Schäuble* auf einem Fachkongreß der CDU Baden-Württemberg aus: „Wir sind inzwischen von der EG-Kommission aufgefordert worden, unsere Regelung anzupassen, weil es keinen Sinn macht, wenn sich einzelne Vertragsstaaten nicht konsequent an die Abkommen halten." Zitiert nach *Bade (1992: S. 193).* Vgl. zur Alibifunktion Europas auch bereits oben III 5.2.

Zusammenfassend läßt sich festhalten, daß die nationale parlamentarische Kontrolle der Regierungshandlungen nur unzureichend sein kann, solange das Parlament, und insbesondere die parlamentarische Opposition, nicht umfassenden Einblick in die komplexen Verhandlungszusammenhänge auf europäischer Ebene erhält.[266]

Neben den beiden dargestellten mitwirkungszentrierten Legitimitätsquellen steht auch die Möglichkeit der Legitimierung des europäischen Systems durch seinen **Output** in der Diskussion. Darauf soll im folgenden eingegangen werden.

1.4 Legitimation durch gesteigerte Problemlösungskompetenz?

Es ist bereits darauf hingewiesen worden, daß eine der grundlegenden Herausforderungen für das legitime Regieren unter den Bedingungen zunehmender Interdependenz darin liegt, größtmögliche Effektivität des politischen Handelns sicherzustellen (vgl. oben IV 1.1). Der in der Mehrzahl der EU-Staaten bestehende Konsens über das Ziel der Wanderungskontrolle läßt sich angesichts der dargestellten trasnationalen Dimensionen des Politikfeldes Migration auf nationaler Ebene nur in einem Maße erreichen, das als unbefriedigend betrachtet wird (vgl. oben II 1.3). Mit der hier analysierten Kooperation zwischen den EU-Partnern versuchen die beteiligten Regierungen, Effektivitätsverluste im Politikfeld Migration über den Aufbau transnationaler Steuerungskompetenz zu kompensieren.

In der wissenschaftlichen Diskussion um die demokratische Legitimität von Regieren „jenseits des Staates" wird in Anbetracht dieser wechselseitigen Abhängigkeit von Effektivität und Legitimität des politischen Systems im Sinne einer **outputzentrierten Demokratiekonzeption** folgendermaßen argumentiert: Nachdem die wegen zunehmender transnationaler Verwundbarkeit schwindende Effektivität des Regierens auf nationaler Ebene zu einem Legitimitätsverlust des politischen Systems führe, müsse die Legitimitätsfrage des entstehenden transnationalen politischen Systems abhängig von seiner Problemlösungsfähigkeit beantwortet werden: „Eine normative Wertung des Systems kann nur unter Einbeziehung aller drei Ziele komplexer Demokratietheorie – Transparenz, Partizipation, Effizienz – erfolgen" *(Christiansen 1995: S. 61)*. Laut Scharpf gewinnt Politik ihre Legitimation auch daraus, „daß sie unter Beachtung ihrer normativen Beschränkungen und unter den gegebenen Umständen das im Interesse der Bürger Nötige und Mögliche tut." *(Zitate aus:*

---

[266] Um dies zu ermöglichen, ist bereits Anfang der siebziger Jahre die unmittelbare Beteiligung eines parlamentarischen Beauftragten an intergouvernementalen Verhandlungen vorgeschlagen worden. Vgl. *Kaiser (1971: S. 368f.)*.

Scharpf 1998b: S. 99) Zum entscheidenden Maßstab werden die Akzeptanz der Politik bei der Bevölkerung und die Zufriedenheit der Bürger mit den perzipierten Ergebnissen. Denn:

> *„Democracy is not only a question of representative institutions but is as much one of efficiency in delivering the goods the people want. If such efficiency is not achieved, the electorate will look for other people whom they believe could deliver these goods (...)." (Eliassen 1995: S. 191).*

Statt der Frage nach der „Regierung **durch** das Volk" der vorangegangenen mitwirkungsorientierten Legitimitätsdiskussion erscheint hier die Frage nach der „Regierung **für** das Volk" maßgeblich.[267]

In der die Regierungsverhandlungen zur Reform des Maastricht-Vertrags kennzeichnenden Berufung auf das Interesse der Bürger kommt diese auch von den (Regierungs-) Akteuren geteilte Auffassung zum Ausdruck. „Der Europäische Rat bittet die Regierungskonferenz, sich bei ihren Arbeiten stets vor Augen zu halten, daß der Bürger im Zentrum des europäischen Aufbaus steht". Europäischer Rat von Turin: Schlußfolgerungen des Vorsitzes, 29.3.1996, zitiert nach: Jopp/Schmuck (1996: Dokument 9). „Die Bürger fordern (..) einen besseren Umgang mit der Herausforderung, die der steigende Einwanderungsdruck auf die Union für diese darstellt" (Reflexionsgruppe 1995). Die entscheidende Rolle, die diese Berufung auf das unterstellte Interesse der Bürger an effektiver Problemlösung im Politikfeld Migration für die Vergemeinschaftung der migrationspolitischen Kooperation hatte, ist bereits ausführlich dargelegt worden (vgl. oben III 2.1).

Laut Eurobarometer-Umfragen befürworten rund 60% der europäischen Bevölkerung ein migrationspolitisches Handeln auf europäischer Ebene. Dieser Wert an öffentlicher Unterstützung liegt über demjenigen, den der europäische Integrationsprozeß als ganzes in Umfragen erhält (50%) *(Dalton/Eichenberg 1998: S. 259f.).* Auch die nationale Opposition und Interessengruppen befürworten grundsätzlich die europäische Ebene als Problemlösungsebene.[268] Fraglich ist aber, ob diese grundsätzliche Zustimmung zur Wahl einer Problemlösungsebene auch als Zustimmung zu den gewählten Problemlösungsansätzen gewertet werden kann.

---

[267] vgl. die schematische Gegenüberstellung der beiden Konzeptionen bei *Höreth (1998: S. 22 und S. 25).*

[268] Diese Aussage bezieht sich auf Deutschland. Die grundsätzlich positive Bewertung, die die europäische Problemlösungsebene auch jenseits der Regierung erfährt, ist bereits in II 5.3 dargestellt worden.

Wie die Fallbeispiele zur Praxis der migrationspolitischen Kooperation aufgezeigt haben, handelt es sich bei den behandelten Themen um hochpolitische Fragen: Humanistische Tradition Europas, Verhältnis zwischen Bürger und Staat, finanzielle Umverteilungsaspekte. Wenn beispielsweise nur der Rückgang der Asylbewerberzahlen seit Anfang der neunziger Jahre als Maßstab für gute migrationspolitische Kooperation der EU-Staaten genommen würde, so griffe dies wahrscheinlich zu kurz, auch wenn die hohen Asylbewerberzahlen zu Anfang des Jahrzehnts Zweifel an der Problemlösungsfähigkeit der Regierungen und damit eventuell auch an der Legitimität des politischen Systems geweckt haben.[269] Das Politikfeld Migration ist, wie oben dargelegt, durch hohe Komplexität gekennzeichnet (vgl. oben II 1). Einfache Kausalitätsbeziehungen, nach denen sich die Effektivität einzelner Maßnahmen eindeutig bestimen ließen, sind hier nicht zu unterstellen. Hier sind normative Grundentscheidungen erforderlich, über die im politischen Raum gestritten werden muß.

Bereits bei der Problemdefinition ist betont worden, daß es sich aufgrund der gesellschaftlichen Relevanz des Politikfeldes im starken Maße um eine vom politischen und sozialen Diskurs abhängige Problemdefinition handelt (vgl. II 1.1). Was eine angemessene Reaktion auf ein Problem ist, wann Problemlösungsfähigkeit zu bescheinigen ist und welche Ebene hier geeigneter erscheint, ist demnach ebenfalls vom gesellschaftlichen und politischen Kontext abhängig und läßt sich schwer objektiv beurteilen.[270]

1.5 Fazit: Notwendigkeit der begleitenden parlamentarischen Kontrolle im Europäisierungsprozeß nationaler Migrationspolitik

Für die Frage der demokratischen Legitimität des hier untersuchten Europäisierungsprozesses nationaler Migrationspolitik ist aus den vorangegangenen Ausführungen folgendes festzuhalten.

---

[269] Beispielsweise ließe sich argumentieren, daß der Rückgang der Asylbewerberzahlen mit einem Anstieg der illegalen oder undokumentierten Zuwanderung erkauft worden ist, was durch die Rechtlosigkeit der betroffenen Personen die Aufnahmegesellschaften noch viel stärker unter Druck setzen kann.

[270] Siehe zum Begriff der „Problemlösungsfähigkeit" in der politikwissenschaftlichen Diskussion um die Folgen der Entgrenzung auch allgemein: *Jachtenfuchs (1998: S. 239)*.

Die allgemeine Demokratiefrage des entstehenden politischen Systems[271] Europäische Union stellt sich für das Politikfeld Migration in besonderer Weise. Nationalstaatliche Migrationspolitik ist konstitutiv mit national geprägten Inklusions- und Exklusionsprinzipien verbunden. Die Europäisierung nationaler Migrationspolitik verläßt diesen nationalen Bezugsrahmen. Es bestehen Zweifel darüber, ob man im europäischen Raum bereits von einer empfundenen europäischen Solidargemeinschaft sprechen kann, die eine Basis für eine legitime Formulierung von Inklusions- und Exklusionsprinzipien bilden würde. Daraus entstehen auch Zweifel bezüglich einer legitimen Vertretungsbefugnis des Europäischen Parlaments zur Ausübung demokratischer Kontrolle im Politikfeld Migration auf europäischer Ebene.

Abgesehen von diesen grundsätzlichen Überlegungen ist für das Europäische Parlament allerdings auch festzuhalten, daß sich seine Mitwirkungsrechte im Bereich der Migrationspolitik im Laufe der neunziger Jahre zwar beträchtlich erweitert haben, zum gegenwärtigen Zeitpunkt aber gerade einmal das Stadium der Anhörungsrechte erreicht haben. Demokratische Kontrolle des Europäisierungsprozesses nationaler Migrationspolitik im Sinne demokratischer Mitwirkungsrechte scheint also zum gegenwärtigen Zeitpunkt nur über die parlamentarische Kontrolle der Regierungsaktivitäten auf europäischer Ebene möglich. Dieser für die Migrationspolitik festgestellte Befund entspricht auch Erkenntnissen empirischer Studien des Europäsierungsprozesses nationaler Politik in anderen Politikbereichen. Charakteristisch für die Einführung neuer Politikbereiche ist, daß anfangs primär die Mitgliedstaaten eine Rolle spielen. Wenn dann die Vergemeinschaftung dieses neuen Politikbereiches beschlossen wird und damit die Position des Europäischen Parlaments gestärkt wird, hat bereits ein Prozeß der schleichenden Vergemeinschaftung stattgefunden.[272]

Dies unterstreicht die Notwendigkeit begleitender parlamentarischer Kontrolle der migrationspolitischen Aktivitäten der Regierung auf europäischer Ebene.

---

[271] Dazu resignierend *Münch*: „Selbstbestimmung und Demokratie lassen sich wahrscheinlich nur auf Kosten permanenter Klagen über erhebliche politische Entscheidungsdefizite aufrechterhalten." *Münch (1993: S. 156)*.

[272] Der in der empirischen Analyse herausgearbeitete Prozeß der Europäisierung nationaler Migrationspolitik entspricht den Schlußfolgerungen, die *Kohler-Koch* und *Edler* aus der empirischen Analyse der Veränderung des politischen Bezugsraums im Bereich der Forschungs- und Technologiepolitik ziehen: „Dabei zeigt sich im historischen Ablauf (der Vertragsrevision, V.T.), daß die Einbeziehung neuer Politikfelder stets ein Vorgehen in kleinen Schritten war, bei dem über die Stufen der unverbindlichen Koordinierung und der Aufwertung eines Politikbereichs zur ‚Angelegenheit von gemeinsamem Interesse' zunächst gemeinsame Programme und schließlich eine gemeinschaftliche Politik eingeführt wurde. Die in unserer Untersuchung ausgewählte Forschungs- und Technologiepolitik ist ein eindrückliches Beispiel dafür, wie durch einen schleichenden Prozeß eine Politik vergemeinschaftet worden war, lange bevor die rechtliche Grundlage gelegt wurde." *Kohler-Koch/Edler (1998: S. 173f.)*.

2. Europäisierung nationaler Migrationspolitik und die Migrationskrise

Im folgenden Kapitel werden die bislang von den EU-Staaten gemeinsam entwickelten migrationspolitischen Problemlösungsansätze analysiert. Dafür werden zunächst die migrationspolitischen Problembereiche und Herausforderungen dargestellt (2.1). Im Anschluß daran erfolgt ein kurzer Überblick über bi- und multilaterale Kooperationsgremien, die ebenfalls migrationsrelevante Fragen behandeln (2.2). Vor diesem Hintergrund werden die Strategien, die die EU-Staaten im Politikfeld Migration gemeinsam entwickeln, identifiziert (2.3), und zwar insbesondere auch im Vergleich zu den Lösungsansätzen anderer Kooperationszusammenhänge (2.4).

2.1 Krise des gegenwärtigen Asyl- und Migrationssystems

Im folgenden werden aufbauend auf den Erläuterungen zum migrationspolitischen Kooperationsbedarf (vgl. oben II.) die migrationspolitischen Problemfelder, die auf nationaler und internationaler Ebene zu beobachten sind, zusammenfassend dargestellt.

Die hohen Asylbewerberzahlen in der zweiten Hälfte der achtziger Jahre und Anfang der neunziger Jahre haben die westeuropäischen Aufnahmestaaten vor allem auch deshalb unter starken Handlungsdruck gesetzt, weil hier für die Anwendung der Genfer Flüchtlingskonvention aufwendige Verfahren mit Einzelfallprüfung eingerichtet worden waren. Auf große Zahlen von Asylbewerbern waren diese Verfahren nicht ausgerichtet, das System war schnell überlastet, der Bearbeitungsrückstau verlängerte die Verfahren über Jahre hinaus. Dies verursachte vor allem in den Staaten, die Asylbewerber in ihr Sozialleistungssystem integrierten, hohe Kosten *(Loescher 1992: S. 18)*. So überschritten die Kosten, die in den westeuropäischen Staaten jährlich für das Asylverfahren aufgewendet wurden, das Jahresbudget, das der UNHCR für Flüchtlinge auf der ganzen Welt zur Verfügung hat, um ein Vielfaches *(Loescher 1992: S. 19; Meissner et al. 1993: S. 66)*. Nicht nur diese Ressourcenfehlallokation, sondern auch der Eindruck, viele Asylbewerber würden angesichts fehlender legaler Einwanderungsmöglichkeiten das Asylverfahren in Einwanderungsabsicht nutzen, führten zur Diskreditierung des Asylinstituts *(Weiner 1995: S. 17)*. Die offensichtlichen Schwierigkeiten des Asylsystems, eine angemessene Antwort auf die Situation der vor den Bürgerkriegen auf dem Balkan fliehenden Menschen zu bieten, trug weiter dazu bei, daß sich humanitäre Prinzipien und staatliche Vorkehrungen im offensichtlichen Spannungsverhältnis befanden.[273]

Die nationalen Asylsysteme sind Teil des internationalen Flüchtlingsregimes. Dieses Regime wird in den neunziger Jahren zunehmend hinterfragt, und zwar in Bezug auf seine Prinzipien, seine Normen und seine organisationelle Basis.[274]

Die Genfer Flüchtlingskonvention als das grundlegende internationale Vertragswerk des Asylregimes ist 1951 vor dem Hintergrund des Kalten Krieges abgeschlossen worden. Auch wenn 1967 die zeitliche Beschränkung auf Ereignisse, die vor dem 1. Januar 1951 eingetreten waren, die de facto eine geographische Beschränkung auf die Staaten des Ostblocks darstellte, aufgehoben wurde, blieb die ideologische Basis des Flüchtlingsregimes zumindest in Europa doch die ideologische Auseinandersetzung um das bessere Gesellschaftssystem.[275] Diese ideologische Legitimationsgrundlage des Asylregimes in Europa ist mit dem Ende des Kalten Krieges weggefallen.[276]

Die Prinzipien des Flüchtlingsschutzes sind gefährdet, weil die Komplexität des Migrations- und Fluchtphänomens eine eindeutige Flüchtlingsdefinition erschwert. Unfreiwillige Migration beruht zunehmend auf einer Vielzahl von Motivationsbündeln, die politische, ethnische, wirtschaftliche, ökologische und menschenrechtliche Faktoren umfassen können. Die eindeutige Festlegung, bei wieviel Prozent politischer Motivation eine Flucht als „asylwürdig" einzustufen ist, erscheint zunehmend schwieriger. Angesichts dieser diffizilen Bewertungsproblematik einer hochgradig komplexen Wirklichkeit fragt der UNHCR: „Hat das traditionelle System zum Schutz von Flüchtlingen noch eine Bedeutung in einer Welt, in der ‚gemischte Migration' verbreitet ist und in der Menschen aus einem komplexen Gemisch unterschiedlicher Gründe ihre Heimat verlassen?" (UNHCR 1995: S. 216). Die Flüchtlingsdefinition erweist

---

[273] Die Reaktionen der EU-Staaten auf die Situation pendelten zwischen Anwendung des Asylsystems auch auf Bürgerkriegsflüchtlinge, Nutzung von bestehenden Ausnahmeregelungen, wie z.B. Aussetzung der Abschiebung aus humanitären Gründen, und Einführung eines spezifischen Status für den vorübergehenden Schutz. Vgl. hierzu den folgenden Überblick: *IGC (1995a)*.

[274] vgl. allgemein zu Regimen: *Krasner (1983); Eifinger et al. (1990)*.

[275] Flüchtlinge aus dem Osten waren deshalb willkommen, weil ihre Flucht quasi als „Abstimmung mit den Füßen" für das westliche System gewertet wurde. *Loescher (1992: S. 16f)*.

[276] Zudem ist der solidarische Rückhalt in der Bevölkerung bei steigenden Arbeitslosenzahlen und der Zunahme der Zahl jener, die das Asylrecht in Einwanderungsabsicht in Anspruch nehmen, zurückgegangen. Vgl. hierzu auch: *Stalker (1994: S. 143ff.)*.

sich auch dort als zunehmend unzureichend, wo sie, wie in den meisten EU-Staaten, auf die Flucht vor staatlicher Verfolgung abstellt. Damit fallen all jene Flüchtlinge aus dem Anwendungsbereich des Regimes, die aus Staaten fliehen, die zu der immer größer werdenden Gruppe der **failed states** zu zählen sind. Diese sind definitionsgemäß dadurch gekennzeichnet, daß es eben keine staatliche Hoheitsgewalt, demnach auch keine staatliche Verfolgung, mehr gibt. Die Voraussetzung der staatlichen Verfolgung schließt auch diejenigen aus, die zwar nicht vom Staat verfolgt werden, von diesem aber auch nicht vor Verfolgung geschützt werden, wie dies zum Beispiel bei den weit verbreiteten ethnischen Auseinandersetzungen zunehmend der Fall ist.[277] Die Prinzipien des Flüchtlingsschutzes sind weiterhin deswegen gefährdet, weil die Grundnorm des Asylregimes, das **Non-Refoulement-Prinzip**, Gefahr läuft, ausgehöhlt zu werden *(UNHCR 1995: S. 243)*. Die Reformen, die die EU-Staaten zur Entlastung ihrer Asylsysteme ergriffen haben, beinhalten die Einführung des Konzepts des sicheren Drittstaates. Nachdem aber die EU-Staaten ihre östlichen Nachbarstaaten zu sicheren Drittstaaten erklärt und dort dadurch den Problemdruck erhöht haben, führen auch diese zunehmend das Konzept des sicheren Drittstaates ein und wenden dies nun ihrerseits in Bezug auf ihre östlichen Nachbarstaaten an. Damit wächst die Gefahr der Kettenabschiebung, bei der als letztes Glied der Herkunftsstaat des Flüchtlings steht.[278]

Das traditionelle Asylregime scheint also in bezug auf seinen sachlichen Anwendungsbereich keine Antworten auf die neuen migrationspolitischen Herausforderungen zu liefern und wird zudem durch die nationalen Problemlösungsversuche in seinen Grundnormen in Frage gestellt.

„Die internationale Gemeinschaft steht vor der schwierigen Aufgabe, die Prinzipien des Flüchtlingsschutzes aufrechtzuerhalten und gleichzeitig neue Ansätze zu entwickeln, die ein Gleichgewicht zwischen den humanitären Bedürfnissen und den politischen Realitäten schaffen." (UNHCR 1994: S. 6)

---

[277] Hieran läßt sich die oben angerissene Problematik der Bürgerkriegsflüchtlinge anknüpfen. Bürgerkriege sind in den neunziger Jahren kein neues Phänomen, erstmals sind aber die europäischen Asylsysteme mit Bürgerkriegen in unmittelbarer Nachbarschaft konfrontiert. Definitionsgemäß fallen Bürgerkriegsflüchtlinge aus dem Asylregime heraus, die Schutznotwendigkeit besteht aber dennoch, und zwar unmittelbar und drängend. Gleichzeitig stehen die Staaten aber vor dem Dilemma, die ethnischen Vertreibungen nicht durch Flüchtlingsaufnahme zementieren zu wollen. Vgl. dazu bereits die Ausführungen in III 3.1.

[278] Das Non-Refoulement-Prinzip wird allerdings auch durch die zunehmend verbreitete Praxis der EU-Staaten, an ihren internationalen Flughäfen exterritoriale Zonen einzurichten, in Frage gestellt. Wer definitionsgemäß noch gar nicht in das Staatsgebiet eingereist ist, kann in sein Heimatland zurückgeschickt werden, ohne daß damit im strikten Sinne das Non-Refoulement-Prinzip betroffen wäre.

Seit Mitte der neunziger Jahre zeichnet sich als Reaktion auf die Unzulänglichkeiten des gegenwärtigen Asylregimes ein langsamer Regimewandel ab. Neben das Prinzip des Schutzes der Flüchtlinge in Aufnahmestaaten tritt das Prinzip des Schutzes in oder nahe der Heimat, zunehmend wird ein präventiver Ansatz gefordert und die Zielrichtung eines umfassenderen Schutzansatzes liegt in den Herkunftsländern. So die UN-Flüchtlingskommissarin Ogata, zitiert in: UNHCR (1995: S. 47f.). Damit rückt zunehmend auch die internationale Verantwortlichkeit der fluchtgenerierenden Staaten in das Blickfeld der internationalen Gemeinschaft.[279] Mit dem umfassenderen Schutzansatz geht eine Ausdehnung der UNHCR-Aufgaben einher.[280] Festzuhalten bleibt, daß im Asylbereich das nach dem Zweiten Weltkrieg eingerichtete internationale Regime in der Krise ist, und insofern Unsicherheit erzeugt.[281]

Einen weitereren migrationspolitischen Problembereich stellt die Schleuserkriminalität dar. Schleusung ist zu einem wichtigen Geschäftszweig der internationalen organisierten Kriminalität geworden, in dem die Profitchancen diejenigen des internationalen Drogenhandels wohl überschreiten.[282] Die Schleuserproblematik stellt einen Kristallisationspunkt der Dilemmata dar, die das Politikfeld Migration bestimmen. Das unternehmerische Ziel der transnationalen Schleuserorganisationen besteht darin, mit der Überwindung von Migrationsbarrieren, die Nationalstaaten aufstellen, möglichst viel Gewinn zu machen. Dies erreichen sie dadurch, daß sie möglichst viele Personen möglichst kostengünstig in die Zielstaaten (vornehmlich die westlichen Industriestaaten) bringen. Das Wanderungskontrollinteresse des Nationalstaates gebietet, diese Unterminierung von Migrationsbarrieren zu verhindern. Im Interesse des Menschenrechtsschutzes sind die Schleuseraktivitäten aufgrund ihrer aus Profitgier menschenverachtenden und lebensbedrohlichen Praktiken zu unter-

---

[279] vgl. hierzu die Darstellung der Diskussion bei *Achermann (1997)*.

[280] Symptomatisch für den beschriebenen Prozeß ist der Titel des UNHCR-Jahresberichts von 1995: „Die Suche nach Lösungen".

[281] Bei der Asylkrise handelt es sich nicht nur um ein humanitäres Problem, sondern auch um ein Sicherheitsproblem, da große Flüchtlingsströme das internationale Staatensystem dadurch destabilisieren, daß sie das Versagen einzelner Staaten im Schutz ihrer eigenen Bevölkerungen demonstrieren. Vgl. zu diesem Gedankengang: *Keely (1996: S. 1046–1066)*.

[282] Laut Schätzungen von IOM werden jährlich sieben Milliarden Dollar weltweit durch Schleusungen verdient, vgl. hierzu und grundlegend zur Schleuserproblematik: *Heikkinen/Lohrmann (1998)*. „Die Preise für die Hilfe zur illegalen Einreise nach Deutschland liegen nach den Erfahrungen der Ermittler zwischen 700 und 20 000 Mark pro Person." *Thym (1999)*.

binden.²⁸³ Diese Praktiken begründen die Notwendigkeit der Bekämpfung des Schleuserwesens auch im Interesse des Flüchtlingsschutzes, obwohl damit ein moralisches Dilemma verbunden ist, da in Anbetracht der Zunahme an Migrationsbarrieren den Flüchtlingen der Fluchtweg oftmals nur mit Hilfe von Schleuserorganisationen möglich ist *(vgl. UNHCR 1995: S. 241).*

Der folgende Abschnitt stellt einige der bi- und multilateralen Lösungsversuche, die hinsichtlich der Herausforderung Migration in Europa unternommen werden, überblicksartig dar.

2.2 Migrationspolitische Kooperation außerhalb des EU-Rahmens

Bei den multilateralen Kooperationsgremien, die sich in Europa außerhalb der Europäischen Union mit Migrationsfragen beschäftigen, lassen sich drei verschiedene Gruppen feststellen, die sich ausgehend von ihrem unterschiedlichen Kooperationszusammenhang in ihrer inhaltlichen Zielsetzung und Arbeitsweise unterscheiden: bereits bestehende internationale Organisationen, teils spezifisch für Flucht- und Wanderungsfragen eingerichtet, teils mit Aufgaben betraut, die migrationsrelevante Aspekte umfassen, bestehende internationale Organisationen, die Migrationspolitik als neuen Bereich in ihren Kooperationszusammenhang mit einbeziehen, und zwischenstaatliche Gremien, die spezifisch zur Behandlung migrationspolitisch relevanter Fragen gegründet wurden.

Auf globaler Ebene sind folgende Organisationen zu nennen: Während der UNHCR für den globalen Flüchtlingsschutz zuständig ist, besteht die Aufgabe der **International Labor Organization** (ILO) im Schutz der Rechte von Wanderarbeitnehmern.²⁸⁴ Die **International Organization for Migration** (IOM) ist vornehmlich für die Wieder- und Neuansiedlung von Flüchtlingen und Fachkräften und deren organisatorische Ausgestaltung zuständig *(Jaenicke 1990).* Innerhalb der Vereinten Nationen befassen sich die Generalversammlung, der

---

²⁸³ Als ein Beispiel unter vielen für die Inhumanität des Schleusergeschäfts sei hier nur auf folgenden Fall verwiesen: Im Oktober 1998 fand die Polizei nahe der tschechischen Grenze 75 Flüchtlinge aus dem Kosovo eingepfercht auf acht Quadratmeter in einem luftdicht abgeschlossenen Kleinlastwagen. Vgl. hierzu *Thym (1999: S. 64).*

²⁸⁴ Die ILO stellt als tripartite Organisation einen Sonderfall in Bezug auf die Teilnehmer dar. Neben den Mitgliedstaaten sind auch die Sozialpartner originäre Mitglieder. Ihre Arbeitsgebiete liegen vornehmlich im Bereich der sozialen Sicherheit und Gleichstellung von Wanderarbeitnehmern und ihren Familien.Tätigkeiten hier sind Normsetzung, technische Zusammenarbeit und Forschung. Vgl. hierzu die Selbstdarstellung der ILO im Internet: http://www.ilo.org/public/english/overview/mandate.htm.

Bevölkerungsfonds der Vereinten Nationen (UNFPA), das Entwicklungsprogramm der Vereinten Nationen (UNDP) und die Bevölkerungsabteilung des **UN Department for Economic and Social Information and Policy Analysis** mit Migrationsfragen *(Ghosh 1997: S. 267).*[285]

Als regionale Organisation in Europa ist vor allem der Europarat zu nennen, der sich seit seiner Gründung 1949 mit migrationsrelevanten Fragen beschäftigt. Ursprünglich lagen die Schwerpunkte im Bereich Verbesserung der Rechte von Wanderarbeitnehmern und Bekämpfung von Rassismus in den Mitgliedstaaten.[286] Hintergrund dieser inhaltlichen Ausrichtung ist der Charakter des Europarats als institutionelle Verankerung des europäischen Menschenrechtsschutzes. Seit dem Zusammenbruch des Ostblocks ist die Mitgliederzahl auf 39 Staaten angestiegen. Damit stellt der Europarat **die** gesamteuropäische Organisation dar, in der die Staaten Mittel- und Osteuropas in die Analyse von Wanderungsbewegungen und die Förderung interethnischer Beziehungen eingebunden sind. Dementsprechend hat die Zielsetzung der Arbeiten des Europarats in den neunziger Jahren einen umfassenderen Ansatz angenommen. Dieser beinhaltet nun die Aspekte Integrationspolitik, Migrationsursachen und die Definition von Prinzipien für reguläre Wanderungsbewegungen nach und innerhalb Europas. Dabei wird die allgemeine Zielsetzung des Europarats, die Verbesserung der Menschenrechtssituation in den Staaten Mittel- und Osteuropas, ausdrücklich auch als Instrument zum Abbau von Migrationsursachen gesehen *(Council of Europe 1996a: S. 19).* Kontrollaspekte sind explizit nicht Bestandteil der migrationsrelevanten Aktivitäten des Europarats, da hier die Minister auf das Vorhandensein anderer Gremien für diesen Bereich hingewiesen haben *(Council of Europe 1996b: S. 6).*[287]

Diese Gremien sind sogenannte **Prozesse:** Berliner, Wiener und Budapester Prozeß. Die Terminologie verweist darauf, daß es sich hier nicht um Organisationen handelt, sondern um eine weniger institutionalisierte Form der Kooperation. Diese Prozesse sind durch eine Folge von Konferenzen auf Ministerebene gekennzeichnet, bilden aber zunehmend auch einen Bezugsrahmen für praktische Kooperation auf der Arbeitsebene.

---

[285] Migrationsfragen waren auch einer der Schwerpunkte auf der Kairoer Weltbevölkerungskonferenz.

[286] Vgl. zu den im folgenden dargestellten regionalen Kooperationsgremien in Europa, ihren Teilnehmern und ihren Arbeitsschwerpunkten Abbildung 3 im Anhang.

[287] Unter Sicherheitsgesichtspunkten haben dagegen bestehende Organisationen und Gremien wie die Organisation für Sicherheit und Zusammenarbeit in Europa (OSZE), die NATO und die Gruppe der sieben führenden Industriestaaten (G7) migrationspolitische Fragestellungen zusätzlich in ihre Agenda aufgenommen.

Der Berliner Prozeß ist zurückzuführen auf eine deutsche Initiative Anfang der neunziger Jahre. Eine erste Konferenz, zu der europaweit die zuständigen Fachminister und Direktoren internationaler Organisationen geladen waren, fand Ende Oktober 1991 in Berlin zur Thematik illegaler Wanderungsströme von und durch Mittel- und Osteuropa statt. Die sich anschließende Ministerkonferenz im Februar 1993 in Budapest hat eine Empfehlung zu verstärkter Grenzkontrollkooperation in Europa verabschiedet und die Einrichtung einer für die Überwachung ihrer Umsetzung zuständigen Leitungsgruppe. Diese Leitungsgruppe (Budapest Group), deren Vorsitz Ungarn übertragen wurde, setzt sich zusammen aus den Vorsitzenden der EU, Schengen, EFTA und den Fachministern von Kroatien, der Tschechischen Republik, Polen und der Türkei *(ICMPD 1997: Information Note on the Development of the Budapest Process)*. In den Budapester Prozeß ist 1994 auch der Wiener Prozeß übergegangen, der ebenfalls 1991 auf Initiative Österreichs begonnen hatte und einen weiteren Teilnehmerkreis umfaßte als der Berliner Prozeß: alle damaligen Europaratsmitglieder, sämtliche Staaten Mittel- und Osteuropas, sowie Australien, Kanada und die U.S.A. Anders als der rein auf Kontrollfragen fokussierte Berliner Prozeß beinhaltete der Wiener Prozeß die Sammlung und Analyse der Daten zur europaweiten Migration, ein migrationspolitisches Diskussionsforum und spezifische Fragen des Aufbaus von Asylverfahren und Visaregimen in Mittel- und Osteuropa *(Concil of Europe 1996a: S. 19)*.

Die Schwerpunkte der Kooperation im Rahmen des Budapester Prozesses liegen in den Bereichen Schleuserkriminalität, Verstärkung der Grenzkontrollen in Mittel- und Osteuropa und Rückübernahme illegal eingereister Personen. Der Budapester Prozeß spielt unter den hier aufgeführten Kooperationsgremien eine Sonderrolle, da er das einzige Gremium darstellt, das nicht nur alle Staaten Europas (und zusätzlich Australien, Kanada und die U.S.A.) umfaßt, sondern an ihm beteiligen sich auch sämtliche sonstigen Kooperationsgremien, die sich mit den genannten Kooperationsschwerpunkten befassen: Europäische Kommission, EU- und Schengen-Vorsitz, IOM, IGC, UNHCR, Europarat, INTERPOL *(ICMPD 1997: Information Note on the Development of the Budapest Process)*. Der Budapester Prozeß bildet auch den Rahmen zur Unterstützung der Staaten Mittel- und Osteuropas beim Aufbau ihrer Grenzkontroll-, Visa- und Asylregime, dient der Vorbereitung der mittel- und osteuropäischen Länder auf ihren Beitritt zur Europäischen Union und der Information der Nicht-EU-Länder über die migrationsrelevanten Entwicklungen innerhalb der EU.

Die möglichst informelle und praktische Kooperation ist das Hauptanliegen der seit 1985 bestehenden **Intergovernmental Consultations on Asylum, Refugee and Migration Policies in Europe, North America and Australia**, kurz IGC genannt. Hierbei handelt es sich um ein Forum für Informations-

Europäisierung nationaler Migrationspolitik zwischen Demokratieerfordernissen und ...

austausch und praktische Zusammenarbeit in technischen Fragen.²⁸⁸ Gegenwärtig nehmen alle EU-Staaten mit Ausnahme Luxemburgs, Frankreichs, Portugals und Griechenlands daran teil, zusätzliche Teilnehmer sind die Schweiz, Norwegen und die drei überseeischen Einwanderungsländer U.S.A., Kanada und Australien. Es bietet den Nicht-EU-Staaten die Möglichkeit, über die engere Kooperation im Rahmen der EU informiert zu bleiben. Es ist gleichzeitig das Diskussions- und Austauschforum fast aller wichtigen westlichen Aufnahmestaaten über strategische Neukonzeptionen in einem sich wandelnden Migrations- und Fluchtumfeld. Beispielsweise werden hier grundsätzliche Fragen des temporären Schutzes außerhalb der Genfer Flüchtlingskonvention oder auch Fragen des Umgangs mit minderjährigen Asylbewerbern besprochen.²⁸⁹

Dieser kurze Überblick offenbart eine institutionelle Vielfalt an migrationsrelevanten Kooperationsgremien in Europa, die sich in Zusammensetzung, Kooperationsform und inhaltlicher Ausrichtung unterscheiden.²⁹⁰ Zusätzlich zu diesen multilateralen Kooperationsgremien findet migrationsbezogene Kooperation auch auf bilateralem Wege statt. Zum einen haben die westeuropäischen Aufnahmestaaten mit ihren östlichen Nachbarstaaten und etlichen Herkunftsstaaten bilaterale Rückführungsabkommen abgeschlossen. Zum zweiten unterstützen westliche Aufnahmestaaten den Aufbau von Asyl- und Grenzschutzsystem ihrer östlichen Nachbarstaaten.²⁹¹

---

²⁸⁸ Der IGC ähnlich sind andere regionale Kooperationsgremien, die zur weiteren Regionalisierung des Politikfeldes Migration beitragen: Puebla Prozeß in Zentralamerika, Manila Prozeß in Südostasien.

²⁸⁹ Vgl. zu diesem Absatz auch die Selbstdarstellung von IGC im Internet (http://www.igc.ch/information.htm). Die Bedeutung dieses Konsultationsgremiums läßt sich auch daran festmachen, daß mit Ausnahme Japans alle 15 Hauptgeberländer des UNHCR, die das jährliche Budget zu 97% stellen, IGC-Teilnehmer sind. Vgl. hierzu die Informationen in der Selbstdarstellung des UNHCR im Internet (http://www.unhcr.ch/fdrs/ga99/funding.htm).

²⁹⁰ vgl. hierzu auch Überblick und Bewertung bei *Klos (1998)*.

²⁹¹ vgl. zu den von der Bundesrepublik Deutschland abgeschlossenen Rückführungsabkommen *Glatzel 1997; Lehnguth/Maaßen/Schieffer 1998*. Aufgrund seiner geographisch exponierten Lage gehört Deutschland zu den Spitzenreitern, was das migrationspolitische Engagement im Osten Europas anbelangt. Dazu gehört auch die praktische Kooperation beispielsweise im Bereich der Schleuserbekämpfung. So ist im Frühjahr 1999 eine internationale Schleuserorganisation in deutsch-tschechischer Zusammenarbeit, bei der auf beiden Seiten Verbindungsbeamte in den Polizeiführungszentralen für die Koordination sorgten, zerschlagen worden. Im Anschluß an die Operation äußerten sich die Präsidenten der tschechischen und der ostbayerischen Polizei sehr zufrieden über die Zusammenarbeit und betonten die Bedeutung persönlicher Kontakte zwischen den Beamten für den Erfolg der Kooperation. Vgl. hierzu: *Thym (1999: S. 64)*.

Verónica Tomei

2.3 Migrationspolitische Lösungsansätze der EU-Staaten

Die migrationspolitischen Bereiche, die von den EU-Staaten in den neunziger Jahren behandelt worden sind, und in denen in den kommenden Jahren Maßnahmen ergriffen werden sollen, sind in dem im Amsterdamer Vertrag enthaltenen Arbeitsprogramm aufgeführt. (Vgl. Abbildung 2 im Anhang).

In bezug auf die oben analysierte Asylkrise sind folgende Strategien der EU-Staaten zu identifizieren. Zum einen sollen die Konzepte sicherer Herkunftsstaat, sicherer Drittstaat und offensichtlich unbegründeter Asylantrag dem Ziel dienen, nationale Asylsysteme möglichst schnell zu entlasten. Die Verschärfung der Außengrenzkontrollen, die Kriminalisierung des Schleuserwesens, Sanktionen gegen Beförderungsunternehmer, die Drittausländer ohne die erforderlichen Dokumente transportieren, die zahlreichen Maßnahmen zur Sicherung von Einreisedokumenten gegen Fälschung und Verfälschung im Rahmen der gemeinsamen Visapolitik sind alles Maßnahmen, die externe Migrationsbarrieren aufstellen (vgl. zur Systematik von internen und externen Migrationsbarrieren oben II 1.3.). Diese Kontrollstrategie enthält Elemente, die die oben dargestellte Krise des internationalen Asylregimes weiter verschärfen können. Sie tragen auch dazu bei, daß die Gefahr der Vermischung von Flüchtlingsfragen und illegaler Migration besteht.[292]

Eine zweite Strategie, die sich in bezug auf die asylpolitischen Maßnahmen der EU-Staaten beobachten läßt, besteht darin, den EU-Raum als einen gemeinsamen Asylraum zu betrachten. So gehen die Schengener und Dubliner Übereinkommen von dem Prinzip einer gemeinsam gegenüber der Genfer Flüchtlingskonvention eingegangenen Verpflichtung aus. Einer der Vertragsstaaten ist für einen im Vertragsgebiet gestellten Asylantrag zuständig und übernimmt damit stellvertretend für die anderen Vertragsstaaten die flüchtlingsrechtliche Verantwortung. Derselben Logik entspringt auch das in einem Protokoll zum Amsterdamer Vertrag vereinbarte Prinzip, daß EU-Bürger in der Regel in keinem der EU-Staaten Asyl beantragen können.[293] Die zunehmende Betrachtung des EU-Raums als ein gemeinsamer Asylraum äußert sich auch in

---

[292] So waren laut Meinung des damaligen deutschen Innenministers „ (...) angesichts der von professionellen Schlepperbanden organisierten illegalen Zuwanderung von Kurden aus dem Irak und der Türkei sowie Albanern aus dem Kosovo große Kraftanstrengungen zur Sicherung der Außengrenzen erforderlich (...)". *BMI 1998b: Innenpolitik Nr. 2/1998, vom 19.5.1998.*

[293] Protokoll über die Gewährung von Asyl für Staatsangehörige von Mitgliedstaaten der Europäischen Union (abgedruckt in: Bundesregierung (Presse- und Informationsamt) 1999: Vertrag von Amsterdam. Texte des EU-Vertrages und des EG-Vertrages mit den deutschen Begleittexten, herausgegeben von Thomas Läufer, Bonn). Hier sind Ausnahmeregelungen, die insbesondere die Aussetzung der Menschenrechte betreffen, enthalten.

den Vereinbarungen zu gemeinsamen Mindeststandards im Asylverfahren, in der gemeinsamen Beurteilung der Lage in Herkunftsländern, in den oben angesprochenen Kontrollmaßnahmen und in dem zunehmend gemeinsamen Auftreten gegenüber Herkunftsstaaten. Wie die empirische Untersuchung zur Europäisierung nationaler Migrationspolitik eine Entwicklung identifiziert hat, durch die der Bezugsraum nationaler Akteure zunehmend nationalstaatliche Grenzen überschreitet (Europäisierung im Binnenverhältnis), so läßt sich an den hier besprochenen Maßnahmen eine Entwicklung zur handlungsrelevanten Bedeutungserhöhung der EU-Grenzen ablesen (Europäisierung im Außenverhältnis).

Die dadurch bewirkte Regionalisierung des internationalen Asylsystems begründet die überregionale Bedeutung der von den EU-Staaten ergriffenen Maßnahmen. Die EU-Staaten bemühen sich darum, gemeinsame Standards im Asylverfahren, und allmählich auch im Asylrecht, zu entwickeln. Dazu gehören beispielsweise das Prinzip, weibliche Flüchtlinge von weiblichen Entscheidern befragen zu lassen, eine Rechtswegegarantie und Beteiligungsmöglichkeiten für den UNHCR. Diese gemeinsam geteilten Vorstellungen von Mindestgarantien im Asylverfahren entfalten durch ihre Integration in den von den Beitrittskandidaten zu erfüllenden **Acquis** (siehe dazu oben III 2.3.) eine Ausstrahlungswirkung über den EU-Raum hinaus. Die EU-Staaten setzen somit asylrelevante Maßstäbe für fast den gesamten europäischen Raum. Vor dem Hintergrund der oben angesprochenen migrationspolitischen Problemfelder erscheint diese normsetzende Funktion vor allem im Hinblick auf die in Europa neue Problematik der Bürgerkriegsflüchtlinge bedeutsam. Wie das Fallbeispiel oben gezeigt hat, wird die Problematik der Bürgerkriegsflüchtlinge in den neunziger Jahren intensiv auf europäischer Ebene beraten (vgl. oben III 3.1.). Dies hat zwar nicht zu einem **gemeinsamen** Handeln, aber immerhin zu einem **gemeinsam abgestimmten** Handeln geführt. Dabei ist die konzeptionelle Arbeit, die im Rahmen der Verhandlungen geleistet wird, von besonderer Bedeutung. So sind der **Entschließung des Rates vom 25. September 1995 zur Lastenverteilung hinsichtlich der Aufnahme und des vorübergehenden Aufenthalts von Vertriebenen** ein gemeinsames Verständnis besonders schutzbedürftiger Personen und der Ausschluß von Kriegsverbrechern vom temporären Schutz abzulesen *(ABl. EG Nr. C 262, vom 7.10.1995)*. Auch der Flüchtlingsbegriff ist zwar nicht verbindlich, aber die in dem gemeinsamen Standpunkt zusammengefaßten Leitlinien[294] zeugen von einem gemeinsamen

---

[294] Gemeinsamer Standpunkt vom 4. März 1996 – vom Rat aufgrund von Artikel K.3 des Vertrags über die Europäische Union festgelegt – betreffend die harmonisierte Anwendung der Definition des Begriffs „Flüchtling" in Artikel 1 des Genfer Abkommens vom 28. Juli 1951 über die Rechtsstellung der Flüchtlinge, ABl. EG Nr. L 063 vom 13.3.1996.

Grundverständnis, dem sich in Zukunft auch die mittel- und osteuropäischen Beitrittskandidaten annähern werden müssen.[295]

In der Betrachtung des EU-Raums als ein gemeinsamer Asyl- und Migrationsraum liegt auch das Solidaritätsprinzip begründet, dem in der empirischen Studie eine dynamisierende Bedeutung zugemessen wurde (III 3.4.). Dieses Solidaritätsprinzip bewirkt, daß auch eine zunächst punktuell ansetzende migrationspolitische Herangehensweise im Laufe der Zeit allmählich umfassender wird, um neu auftretende oder in Erscheinung tretende Ungleichgewichte auszugleichen.

2.4 Fazit: Migrationspolitische Lösungsansätze im Vergleich

Im Überblick erscheinen die dargestellten migrationsrelevanten Kooperationsgremien in Europa als ein Geflecht sich vielfältig überschneidender Kreise, deren Schwerpunkt die migrationspolitische Kooperation zwischen den EU-Staaten bildet. Dabei bedingt die Betrachtung des EU-Raums als ein gemeinsamer Asyl- und Migrationsraum den grundlegenden Unterschied zwischen der migrationspolitischen Herangehensweise zwischen den EU-Staaten und anderer Kooperationsgremien. Zwar liegt auch innerhalb der EU-Zusammenarbeit ein großer Schwerpunkt auf Informationsaustausch und praktischer Zusammenarbeit. Die Einbindung der migrationspolitischen Zusammenarbeit in den EU-Rahmen hat aber folgende Auswirkungen: Die Konzeption eines gemeinsamen Rechtsraums erfordert gemeinsame Standards mit Tendenz zur Verrechtlichung. Das Solidaritätsprinzip führt zur Verknüpfung verschiedener migrationspolitischer Bereiche. Die europapolitische Einbettung bedingt die Beteiligung der Gemeinschaftsinstitutionen, so daß nationale Regierungen nicht mehr die ausschließlichen Akteure sind und andere Interessen Eingang finden können. Dies befördert eine Tendenz zu einem umfassenderen migrationspolitischen Ansatz. Beispielsweise erfordert die gemeinsame Verantwortung für ein möglichst konfliktarmes Zusammenleben innerhalb der Europäischen Union nicht nur Maßnahmen zur Vermeidung ungewollter Migration, sondern auch Maßnahmen zur Integration der legal ansässigen

---

[295] Auch Soysal hebt die normative Bedeutung nicht verbindlicher Absprachen hervor: „(...) the Community contributes to the institutionalization of a transnational discursive agenda, a cognitive map and legitimated goals, available for pirating by the member states." *Soysal (1993: S. 171-186).*

Drittausländerbevölkerung.[296] Aber nicht nur andere migrationspolitische Bereiche müssen vermehrt Berücksichtigung finden. Die europapolitische Einbindung der Migrationspolitik kann auch dazu führen, daß transnationale migrationspolitische Interessen mit den Interessen anderer Ressorts kollidieren.

Die Europäische Union scheint daher weniger zu einer punktuellen, ausschließlich an spezifischen Interessen nationaler Regierungen orientierten migrationspolitischen Problemlösung geeignet, als dies beispielsweise für die Kooperation innerhalb der IGC der Fall ist. Andererseits bietet die EU gegenüber anderen migrationsbezogenen Kooperationszusammenhängen den Vorteil, das über bereits vorhandene verläßliche Strukturen die Einbindung der Partner in gemeinsame Verantwortung eher möglich ist. Diese vorhandenen umfassenderen Kooperationsstrukturen erleichtern im Gegensatz zu anderen migrationsbezogenen Kooperationsgremien ein Auftreten als gemeinsamer migrationspolitischer Akteur. Dieses Auftreten als gemeinsamer Akteur kann auch nicht intendierte Folge gemeinsam gesetzter Standards sein, die nach außen wirken.

Die migrationspolitische Kooperation der EU-Staaten bewirkt schrittweise eine Regionalisierung des internationalen Asylsystems. Dieser Trend und die Lastenverschiebung nach Osten, die dort die Gefahr einer Destabilisierung birgt (wegen der Überlastung der noch schwach ausgebildeten Asylsysteme), erhöhen den Druck auf die Entwicklung neuer Ansätze zur Lösung der oben dargestellten Krise des Asylregimes.

---

[296] So enthält die Empfehlung des Rates vom 27.September 1996 zur Bekämpfung der illegalen Beschäftigung von Drittausländern folgenden Hinweis: „Whereas measures to combat the illegal employment and exploitation of third-country nationals should be complemented by measures to promote the integration of foreign workers lawfully established and legally employed in the territory of the member states, guaranteeing them appropriate conditions of access to vocational training;" *ABl. EG Nr. C 304, v. 14.10.1996, S. 1.* Bei den Erwägungsgründen der Entschließung des Rates vom 4. März 1996 über die Rechtsstellung von Staatsangehörigen dritter Länder, die im Hoheitsgebiet der Mitgliedstaaten auf Dauer aufhältig sind findet sich folgendes Postulat: „Die Mitgliedstaaten müssen Fortschritte erzielen bei der Annahme von Maßnahmen, durch die Staatsangehörige dritter Länder, die sich als auf Dauer aufhältige Einwohner im Hoheitsgebiet der Mitgliedstaaten befinden, im Gastland gesellschaftlich integriert werden können. Die Integration der auf Dauer aufhältigen Einwohner trägt zu mehr Sicherheit und Stabilität sowohl im täglichen Leben als auch im Berufsleben und zum sozialen Frieden in den einzelnen Mitgliedstaaten bei." *ABl. EG Nr. C 080, vom 18.3.1996, S. 2.*

3. Drittes Zwischenergebnis: Demokratische und migrationspolitische Vorteile der Europäisierung nationaler Migrationspolitik

In der vorliegenden Untersuchung ist herausgestellt worden, daß internationale Migration **per definitionem** ein den nationalen Handlungsrahmen überschreitendes soziales Phänomen ist. Es führt zur Internationalisierung der Beziehungen zwischen dem Aufnahmestaat und seiner Wohnbevölkerung. Nationale Migrationspolitik muß diesen Prozeß aktiv gestalten. Es müssen Infrastrukturleistungen bereitgestellt werden, sowohl zur Integration, wie auch zur Steuerung von Wanderungsbewegungen. Handlungsstategien im Umgang mit unerwünschter, oder auch illegaler, Migration müssen entwickelt werden, und zwar nicht nur aus dem Gesichtspunkt ihrer Vermeidung, sondern auch im Hinblick auf die damit verbundenen Integrationsprobleme. In der alltäglichen Bewältigung der Veränderung der Realitäten im Asylbereich müssen neue Konzepte definiert werden, die in Form von beispielsweise Verwaltungsvorschriften eine Umsetzung der politischen Linie gewährleisten. Bei etlichen dieser Gestaltungsaufgaben ist die autonome Gestaltungsmacht des Nationalstaates aufgrund der transnationalen Dimensionen des Politkfeldes Migration beschränkt.

Wenn der migrationspolitische Handlungsdruck so groß ist, daß trotz der Souveränitätsrelevanz des Politikfeldes Migration Versuche zum Aufbau transnationaler Steuerungskompetenz unternommen werden, so stellt sich in Anbetracht der gesellschaftlichen und grundrechtlichen Bedeutung des Politikfeldes Migration die Frage nach der demokratischen Rückbindung dieser transnationalen Maßnahmen. Mit der migrationspolitischen Zusammenarbeit innerhalb des institutionellen Rahmens der Europäischen Union haben sich die EU-Staaten für eine Strategie entschieden, die die Herausbildung eines neuen transnationalen migrationspolitischen Raumes innerhalb bereits bestehender transnationaler Strukturen bewirkt. Diese bestehenden Strukturen mit ihren normativen Vorgaben rekonstruieren einen demokratischen und rechtsstaatlichen Prinzipien verpflichteten Raum auf europäischer Ebene. Entgrenzung des politischen Raumes bedeutet in diesem Kontext – und dies wird vor allem im Politikfeld Migration augenfällig – nicht Auflösung von Grenzen, sondern Verschiebung der Grenzen.[297] Europäisierung nationaler Migrationspolitik heißt, wie gezeigt werden konnte, daß der Bezugsraum nationaler Akteure nicht mehr nur national, sondern zunehmend europäisch ist. Aber dieses sich herausbildende migrationsspezifische Mehrebenensystem hat territorial konzipierte Grenzen. Indem es auf die Mitgliedstaaten aufbaut und staatliche und gesellschaftliche Elemente wie Parlament, Gerichtshof und Interessenvertretungen auf europäischer Ebene rekonstruiert, handelt es sich

---

[297] zum Begriff der Entgrenzung vgl. *Kohler–Koch (1998: S. 12)*.

zwar beim europäischen Mehrebenensystem um Regieren jenseits des Staates. Der demokratische und rechtsstaatliche Anspruch wird jedoch weiter erhoben. Dies ist zum einen der Kritik an einem empfundenen Demokratiedefizit der EU abzulesen. Zum anderen läßt sich aber in der Längsschnittbetrachtung tatsächlich die zunehmende Berücksichtigung demokratischer und rechtsstaatlicher Prinzipien beobachten, auch im migrationspolitischen Bereich.

Im Vergleich hierzu stellt sich die Demokratiefrage bei den anderen hier besprochenen migrationspolitischen Kooperationsgremien auf viel drängendere Weise, da es sich hier in viel stärkerem Maße um klassische intergouvernementale Verhandlungen handelt, die der Öffentlichkeit nicht zugänglich sind.[298] Diese Gremien sind der demokratischen Kontrolle nur über die demokratische Verantwortung der Regierungen gegenüber ihren Parlamenten unterworfen. Im Gegensatz zu den migrationspolitischen Arbeiten innerhalb der EU besteht hierfür aber nicht ein so ausgefeiltes parlamentarisches Beteiligungsverfahren. Gleichzeitig wird von diesen transnationalen Strukturen nicht ein neuer fester Raum institutionalisiert, der eigene demokratische und rechtsstaatliche Elemente herausbilden könnte.

Aus nationaler Perspektive mag daher die Europäisierung nationaler Migrationspolitik als eine Gefährdung nationaler Demokratie erscheinen. Im Vergleich zu anderen transnationalen Kooperationsstrukturen erscheint die EU aber vergleichsweise gut ausgestattet, um die demokratische Substanz des Regierens jenseits des Staates zu schützen. Paradoxerweise wird dieser Vorteil mit einer stärkeren Beschränkung der nationalen Handlungsautonomie erkauft.

In migrationspolitischer Perspektive birgt die EU-Zusammenarbeit in sich den Trend zur Ausweitung der migrationspolitischen Agenda. Dies ist auf den Bedarf an gemeinsamen Standards, auf die institutionelle Eigendynamik der Gemeinschaftsorgane und auf die zunehmende Perzeption der europäischen Ebene als migrationspolitische Anspruchsebene zurückzuführen. Gleichzeitig sind auch die Ressourcen vorhanden, einen umfassenderen migrationspolitischen Ansatz zu verfolgen. Für nationale Regierungen sind aber möglicherweise die anderen Gremien attraktiver, da sie hier mehr Handlungsfreiheit entfalten können, die es ihnen erlaubt, die Zusammenarbeit auf die Punkte zu konzentrieren, die ihnen im innenpolitischen Parteienwettbewerb Vorteile verschaffen.

Zusammengefaßt bleibt festzuhalten, daß auch im Aufbau transnationaler Steuerungskompetenz Ebenendilemmata bleiben. Die Grenzen des nationalstaatlichen Handelns haben sich zwar territorial verschoben. Auf der einen Seite wird aber, da es sich primär um Kooperation zwischen Aufnahmestaaten, und erst ansatzweise um Kooperation mit Transit- und Herkunftsstaaten

---

[298] Vor dem Hintergrund des gemeinsamen Diskurses und Problemverständnisses, die sich in solchen intergouvernementalen Zirkeln herausbilden, erscheint demokratische Kontrolle notwendig, auch wenn in diesen Gremien keine gemeinsamen politischen Leitlinien explizit verabschiedet werden.

handelt, die räumliche Deckung zwischen Handlungs- und Problembereich nicht hergestellt. Und auf der anderen Seite gestaltet sich die parallele räumliche Ausdehnung der demokratischen und rechtsstaatlichen Kontrolle schwierig. In beiden Bereichen weist der migrationspolitische Kooperationszusammenhang innerhalb der Europäischen Union vergleichsweise mehr Entwicklungspotentiale auf.

V. Zusammenfassung und Schluß

Die vorliegende Untersuchung ist der Frage nachgegangen, warum die EU-Staaten in der zweiten Hälfte der achtziger Jahre begonnen haben, im Politikfeld Migration zusammenzuarbeiten, und welche Auswirkungen sich im Laufe der neunziger Jahre aus dieser einmal begonnenen Kooperation ergeben haben. Die Hauptthese der Arbeit ist folgende: Transnationale soziale Prozesse wie Wanderungsbewegungen stellen die untereinander eng verflochtenen EU-Staaten vor Herausforderungen an ihre Problemlösungsfähigkeit, deren Bewältigung zur Veränderung von Regieren selbst in Kernbereichen nationalstaatlicher Souveränität führt. Die Zielsetzung der Arbeit war, mit der empirischen Analyse des Europäisierungsprozesses im Politikfeld Migration einen Beitrag zur Erforschung der Veränderung von Regieren in Europa zu leisten.

Im folgenden sollen nun zunächst die Hauptergebnisse der Studie zusammengefaßt dargestellt werden (1). Im Anschluß daran erfolgt eine Einordnung dieser Ergebnisse in die integrationstheoretische Literatur (2).

1. Zusammenfassung der Ergebnisse

Zur Ausgangslage der migrationspolitischen Kooperation sind grundsätzliche Charakteristika des Politikfeldes Migration und Kooperationsinteressen und -bedingungen, die sich daraus und aus der migrationspolitischen Situation der EU-Staaten Anfang der neunziger Jahre ergaben, herausgearbeitet worden.

Migrationspolitik ist ein nationales Hoheitsrecht und ein Grundelement nationaler Selbstbestimmung. Sie regelt das Zusammenleben im Innern des Staates und das Verhältnis nach außen. Internationale Migration ist **per definitionem** ein den nationalen Handlungsrahmen überschreitendes soziales Phänomen. Transnationale Wanderungsbewegungen führen zur Internationalisierung der Beziehungen zwischen Staatsgewalt und Wohnbevölkerung im Aufnahmeland und erhöhen damit die Verwundbarkeit des Staates gegenüber äußeren Einflüssen. Ende der achtziger Jahre und Anfang der neunziger Jahre war die migrationspolitische Situation in einigen EU-Staaten von dem Gefühl der Krise und Nichtbeherrschbarkeit von Wanderungsströmen geprägt. Fremdenfeindliche Gewalttaten und Einstellungen sowie die Wahlerfolge rechtsextremer Parteien erzeugten innenpolitischen Handlungsdruck. Wegen der transnationalen Dimensionen des Migrationsphänomens ist die autonome Steuerungskompetenz des Nationalstaates jedoch beschränkt. Für die EU-Staaten verschärft sich dies zusätzlich durch den hohen Verflechtungsgrad untereinander und das integrationspolitische Projekt der Abschaffung der Binnengrenzkontrollen. Migrationspolitische Kooperation ist daher notwendig. Die Situation stellte sich für die EU-Staaten zu Beginn der neunziger Jahre so dar, daß migrationspolitische Kooperation auch möglich war, und zwar aus folgenden Gründen: Der innenpolitische Handlungsdruck war in etlichen EU-Staaten sehr stark. Nationale Regierungen konnten im innenpolitischen Parteienwettbewerb einen Vorteil aus der transnationalen Kooperation ziehen. Migration wurde zunehmend als Sicherheitsbedrohung perzipiert, zwischen den EU-Staaten lag daher eine Interessenkongruenz vor in bezug auf das Ziel der Vermeidung weiterer Zuwanderung. In europapolitischer Perspektive bestand eine Interessenkongruenz bezüglich der Verhinderung von innergemeinschaftlichen Konflikten. Migrationspolitische Kooperation erschien daher im Hinblick auf die Binnenmarktöffnung als notwendige Schadensbegrenzung.

Für die Ausgangslage der migrationspolitischen Kooperation ist daher folgendes festzuhalten: In einem Politikbereich, der für die nationalstaatliche Souveränität und die Grundlagen gesellschaftlicher Stabilität als besonders wichtig erachtet wird, herrscht extremer Handlungsbedarf. Da das Politikfeld aber wesensgemäß stark transnational geprägt ist, erscheint die nationalstaatliche Handlungsebene als ungenügend. Dies gilt um so mehr für die untereinander stark interdependenten kontinentaleuropäischen EU-Staaten. Die migrationspolitische Kooperation der EU-Staaten ist nötig und möglich, soweit sie das Interesse an Erhöhung nationalstaatlicher Steuerungskompetenz in diesem Bereich mit der Bewahrung nationalstaatlicher Handlungsautonomie verbindet.

Nach der migrationspolitischen Momentaufnahme widmete sich die Arbeit der Prozeßbetrachtung. Für die Untersuchung der migrationspolitischen Kooperation zwischen den EU-Staaten in den neunziger Jahren stand zum einen die Frage im Vordergrund, welche institutionellen Lösungen gefunden worden sind, um diese Balance zwischen Kooperationsbedarf und Souveränitätsbeharren zu wahren. Zum zweiten interessierte aber auch die Frage, ob sich im Verlauf der Kooperation Veränderungen in diesem Verhältnis ausmachen lassen, und wenn ja, welche Dynamisierungsfaktoren zu identifizieren sind. Schließlich war die Frage nach der Veränderung der Bedingungen nationalen Regierens im Politikfeld Migration zu beantworten.

Vor diesem Hintergrund hat der Vergleich zwischen den verschiedenen vertraglichen Grundlagen der migrationspolitischen Zusammenarbeit, die in den neunziger Jahren vereinbart worden sind, zu folgendem Ergebnis geführt: Das Austarieren des Spannungsverhältnisses zwischen dem nationalstaatlichen Souveränitätsbeharren und dem doppelten Kooperationsbedarf im Migrationsbereich hat sich im Laufe der neunziger Jahre auf dem Kontinuum von Intergouvernementalität und Supranationalität deutlich in Richtung des zweiten Pols bewegt. Dabei ist im Verhältnis zwischen nationaler Handlungsautonomie und Einbindung in die europäische Handlungsebene eine schrittweise Evolution zu beobachten, die stark von pragmatischen und politischen Überlegungen geprägt ist und dabei oft zu juristisch und institutionell sehr komplexen Lösungen kommt. So ist im Amsterdamer Vertrag die Vergemeinschaftung migrationspolitischer Bereiche und die Integration von Schengen mit umfangreichen Sonderpositionen für einige Länder erkauft worden, die diesen eine sehr weitgehende Handlungsautonomie – bei offenstehender Möglichkeit zur Kooperation – einräumen.

Nationale Migrationspolitik ist in den neunziger Jahren nicht nur dadurch europäisiert worden, daß eine vertragliche Verankerung auf europäischer Ebene stattgefunden hat, sondern auch dadurch, daß sie zunehmend zu einem wichtigen Bestandteil des europäischen Einigungsprozesses geworden ist. Dies hängt insbesondere mit der gesellschaftlichen Relevanz des Politikbereichs Migration zusammen und mit der integrationspolitischen Notwendigkeit der neunziger Jahre, das europäische Einigungsprojekt dem Bürger nahe zu bringen. Damit unterliegt die migrationspolitische Kooperation der EU-Staaten nicht mehr ausschließlich migrationspolitischen Interessen. Von einer Schadensbegrenzungsmaßnahme ist sie zur Legitimationsfrage des europäischen Integrationsprojekts geworden.

Somit sind die EU-Staaten in ihren migrationspolitischen Entscheidungen nicht mehr völlig autonom, sondern an vertragliche Kooperationspflichten und politische Zusammenhänge gebunden. Gleichzeitig kann aber dadurch die europäische Ebene zunehmend als migrationspolitische Problemlösungsebene genutzt werden, wie anhand der drei Fallbeispiele festgestellt werden konnte. Aufbauend auf den Erkenntnissen aus diesen Fallbeispielen ist die Praxis der transnationalen Verwaltungskooperation eingehender untersucht worden. Dabei konnte die Herausbildung einer migrationspolitischen Bürokratie europäischen Zuschnitts beobachtet werden, die zur Verfestigung und Verstetigung der Zusammenarbeit beiträgt. Weitere Faktoren, die die Eigendynamik des Europäisierungsprozesses bestimmen, sind der institutionalisierte Informationsaustausch und die praktische Zusammenarbeit auf Grundlage gemeinsamer Verfahren. Träger der festgestellten Entwicklungsdynamik sind die involvierten nationalen Beamten. Bestandteil ihrer täglichen Arbeit ist zunehmend der Kontakt zu den Kollegen der anderen EU-Staaten. Personalaustausch über Ländergrenzen hinweg und die wachsende Reglementierung des täglichen Arbeitsablaufs durch transnational fixierte Verwaltungsvorschriften tragen dazu bei, daß die Bezugsebene ihrer täglichen Arbeit und ihrer Selbstidentifikation nicht mehr national geprägt ist. Doch nicht nur für die involvierten nationalen Beamten, sondern auch für den nationalen migrationspolitischen Diskurs gewinnt die europäische Dimension zunehmend an Bedeutung.

Im Laufe der neunziger Jahre läßt sich zwischen den EU-Staaten ein migrationspolitischer Konvergenztrend beobachten. Dies ist allerdings nicht auf rechtlich verbindliche Harmonisierung von „oben" zurückzuführen. Vielmehr hat im Laufe der neunziger Jahre eine Einbeziehung des europäischen Diskurses in die nationale Politikformulierung und eine europäische Erweiterung des nationalstaatlichen Handlungsrahmens stattgefunden. Die Annäherung der auf nationaler Ebene ergriffenen Maßnahmen resultiert aus dem intensiven Informations- und Erfahrungsaustausch, der gegenseitiges Lernen, eine gemeinsame Problemdefinition, und ein gemeinsames Verständnis möglicher Lösungsansätze fördert.

Im Hinblick auf die für diesen Teil der Arbeit aufgeworfenen Fragen können damit folgende Antworten formuliert werden:

Das Einstimmigkeitsprinzip der intergouvernementalen Verhandlungen und die rechtliche Unverbindlichkeit der Texte ermöglichen eine weitestgehende Berücksichtigung nationaler Interessen bei der Suche nach gemeinsamen Kompromissen. Damit, und mit Sonderrechten für einzelne EU-Staaten, ist eine pragmatische Herangehensweise für das Austarieren zwischen dem Bedarf an Erhöhung der migrationspolitischen Problemlösungsfähigkeit und dem Interesse an Bewahren nationalstaatlicher Handlungsautonomie gewählt worden. Als Elemente der Eigendynamik der Kooperation sind folgende herausgearbeitet worden: Der institutionalisierte Informations- und Erfahrungsaustausch schafft Vertrauen und wirkt kooperationsfördernd. Der praktischen Verwaltungszusammenarbeit wohnt ein permanenter Reformbedarf inne. Das Solidaritätsprinzip verlangt ebenfalls ständige Nachbesserungen, um Kooperationsnachteile auszugleichen. Der europäische Integrationsprozeß der neunziger Jahre verschärfte den Einigungsdruck in gesellschaftlich relevanten Bereichen.

Somit haben sich die Bedingungen nationalen Regierens im Politikfeld Migration vornehmlich dadurch verändert, daß nationale und europäische Ebene hinsichtlich der Problemdefinition, der Lösungssuche, der Evaluation ergriffener Maßnahmen, innenpolitischer Debatten und einzelner Verfahren in etlichen migrationspolitischen Bereichen zunehmend miteinander verflochten sind. Die Bedingungen nationalen Regierens im Politikfeld Migration haben sich auch dadurch verändert, daß die Strategie, durch transnationale Kooperation der EU-Staaten den Handlungsraum der Regierung zu vergrößern, eine zunehmende Beteiligung supranationaler Institutionen und eine wachsende Bedeutung der europäischen Ebene als migrationspolitische Anspruchsebene zur Folge hat. Die migrationspolitische Kooperation der EU-Staaten als Antwort auf die transnationale Herausforderung Migration hat somit in einem Kernbereich nationalstaatlicher Souveränität zur Veränderung von Regieren geführt.

Im Lichte dieses Ergebnisses galt es zu fragen, wie es um die demokratische Legitimation dieser Veränderung steht. Dabei führte insbesondere der Vergleich mit anderen migrationsrelevanten Kooperationsgremien in Europa zu folgendem Paradoxon: Zwar bindet die EU-Kooperation den einzelnen Staat mehr ein als die Kooperation in anderen Gremien und erscheint daher in demokratischer Hinsicht legitimationsbedürftiger. Allerdings wurden die beiden hauptsächlichen Kooperationsformen dieser anderen Gremien, nämlich Informations- und Erfahrungsaustausch und praktische Zusammenarbeit, im Rahmen der EU-Zusammenarbeit bereits analysiert und ihnen ist eine den nationalen Diskurs und die nationale Problemdefinition beeinflussende Wirkung zugesprochen worden. Diese im Vorfeld nationaler Entscheidungsprozesse liegenden Einflußfaktoren entziehen sich bei den Kooperationsgremien jenseits der Europäischen Union der demokratischen Kontrolle, sowohl auf nationaler als auch auf transnationaler Ebene. Nationale parlamentarische Beteiligungsverfahren entsprechen in ihrer Ausgestaltung nicht denjenigen, die für die EU-Politik entwickelt worden sind, und nur die Europäische Union verfügt über eigene parlamentarische und rechtsstaatliche Elemente.

Im Hinblick auf die entwickelten migrationspolitischen Lösungsansätze ist die EU-Kooperation im Vergleich zu anderen Kooperationsgremien dadurch gekennzeichnet, daß ihr die Tendenz zur Ausweitung der migrationspolitischen Agenda innewohnt. Die Betrachtung der Europäischen Union als ein gemeinsamer **Raum der Freiheit, der Sicherheit und des Rechts** zielt in Richtung auf einen umfassenderen migrationspolitischen Ansatz. In demokratietheoretischer Hinsicht bleibt insbesondere fraglich, ob sich die Entwicklung eines solchen umfassenderen Ansatzes auf europäischer Ebene bereits auf eine empfundene europäische Solidargemeinschaft stützen kann, die eine Basis für eine legitime Formulierung von Inklusions- und Exklusionsprinzipien bildet.

Die hier dargestellten Ergebnisse der vorliegenden Arbeit sind somit folgendermaßen zusammenzufassen:

Die migrationspolitische Steuerungskompetenz der EU-Staaten auf nationaler Ebene ist aufgrund der transnationalen Dimensionen des Politikbereichs Migration und aufgrund der bestehenden Verflechtungen zwischen den EU-Staaten begrenzt. Zur Erweiterung der nationalstaatlichen Handlungsmöglichkeiten ist unter den Bedingungen des gemeinsamen Binnenmarktes eine migrationspolitische Kooperation zwingend erforderlich. Die Souveränitätsrelevanz des Politikbereichs Migration bestimmt das Interesse der Nationalstaaten an einer Kooperation, die ihre Handlungsautonomie in diesem Bereich nicht zu stark bindet.

Durch die Einbindung des Politikfeldes Migration in den europäischen Integrationsprozeß ist jedoch eine Entwicklung in Gang gesetzt worden, die diesen Politikbereich immer weniger als einen Bereich erscheinen läßt, der der ausschließlichen Entscheidungsgewalt des Nationalstaates unterliegt. Allerdings wird nationale Migrationspolitik von der europäischen Ebene weniger durch rechtliche Zwänge, als vielmehr durch politische Vereinbarungen und Praktikabilitätsüberlegungen beeinflußt.

Folgende Aspekte des Europäisierungsprozesses im Politikfeld Migration sind herausgearbeitet worden: Die vertragliche Institutionalisierung auf der europäischen Ebene, die Einbindung in den europäischen Integrationsprozeß, die zunehmende Nutzung der europäischen Ebene zur Behandlung migrationspolitischer Herausforderungen, die zunehmend institutionalisierte transnationale Verwaltungskooperation und die Einbindung des nationalen Asyl- und Migrationssystems in das europäische Mehrebenensystem.

Es handelt sich dabei um eine schrittweise Evolution des Verhältnisses zwischen nationaler Handlungsautonomie und Einbindung in die europäische Handlungsebene. Den Motor der Zusammenarbeit stellen der Informations- und Erfahrungsaustausch und die transnationale Verwaltungskooperation dar. Als Bestandteile der Entwicklungsdynamik sind das Solidaritätsprinzip und ein inhärenter Reformbedarf identifiziert worden. Zur Verstetigung und Verfestigung der Zusammenarbeit tragen die Herausbildung einer migrationspolitischen Bürokratie europäischen Zuschnitts, zunehmende Kontinuität der Arbeiten und die Verrechtlichung der Kooperation bei. Der hier untersuchte Europäisierungsprozeß beruht auf der permanenten Interaktion zwischen europäischer und nationaler Ebene. Im Politikfeld Migration verläßt somit der politische Raum zunehmend die nationalen Grenzen und wird zum europäischen Raum.

Kurz: Transnationale soziale Prozesse wie Wanderungsbewegungen stellen die untereinander eng verflochtenen EU-Staaten vor Herausforderungen an ihre Problemlösungsfähigkeit, deren Bewältigung zur Veränderung von Regieren selbst in Kernbereichen nationalstaatlicher Souveränität führt.

Bei der derart zu beobachtenden Veränderung von Regieren stellt sich die Demokratiefrage auf besonders drängende Weise. In Anbetracht der Notwendigkeit zur Kooperation erscheint aber die migrationspolitische Kooperation innerhalb des institutionellen Rahmens der Europäischen Union sowohl in demokratischer als auch in migrationspolitischer Hinsicht als die angemessenste Strategie.

2. Einordnung der Ergebnisse in die integrationstheoretische Literatur

Die Ergebnisse der vorliegenden Arbeit können zunächst als Bestätigung jener integrationstheoretischen Ansätze betrachtet werden, die in der Europäischen Union eine **Interdependenzmanagementinstitution** sehen *(Wessels 1992; Jachtenfuchs/Kohler-Koch 1996)*. Es ist festgestellt worden, daß die EU-Staaten eine Beschränkung ihrer migrationspolitischen Handlungsautonomie hinnehmen, um im kooperativen Verbund an migrationspolitischer Steuerungskompetenz zu gewinnen. Die Eigendynamik, die dieser einmal in

Gang gesetzten Kooperation innewohnt, konnte ebenfalls bestätigt werden. Für das Politikfeld Migration gilt aufgrund seiner Souveränitätsrelevanz in besonderem Maße, daß diese Dynamik nicht automatisch in Richtung eines Bundesstaates verläuft. Im Gegenteil konnte mit der Identifikation etlicher souveränitätsschonender Elemente (Konstruktion der intergouvernementalen Dritten Säule, vorläufige Beibehaltung des Initiativrechts der Mitgliedstaaten im Gemeinschaftsverfahren nach dem Amsterdamer Vertrag, Einräumung von umfassenden Sonderrechten für drei Mitgliedstaaten) ein zunehmender „Grad an institutioneller und prozeduraler Differenzierung und Komplexität" herausgearbeitet werden *(vgl. hierzu Wessels 1992: S. 47).*

Zur Erklärung der Europäisierung nationaler Migrationspolitik scheint es angebracht, folgende drei Situationen zu unterscheiden:

1. Beginn der migrationspolitischen Zusammenarbeit:

Entsprechend den rationalen Kosten–Nutzen–Berechnungen, die neorealistischen und regimetheoretischen Ansätzen zugrunde liegen, haben die EU–Staaten ein Interesse an Kooperation in den migrationspolitischen Bereichen, in denen sie sich von der Kooperation mehr Nutzen versprechen als von nationaler Autonomie. Sie legen jedoch bei der Gestaltung der Kooperationsregeln darauf Wert, daß sie jederzeit die entscheidenden Akteure bleiben. Die Einstimmigkeitsregel schützt sie davor, eine Maßnahme **mittragen** zu müssen, die nicht in ihrem Interesse liegt. Der Ausschluß von Gemeinschaftskompetenzen schützt sie davor, Maßnahmen **verhandeln** zu müssen, die nicht in ihrem Interesse liegen. Allerdings spielt in auf Dauer angelegten Kooperationszusammenhängen, wie sie der Schengener und Maastrichter Vertrag darstellen, die Zeitdimension eine entscheidende Rolle. Im Laufe der Zeit sich verändernde Präferenzen und Rahmenbedingungen können dazu führen, daß das Einstimmigkeitsprinzip nicht mehr die autonome Entscheidungsfreiheit jedes einzelnen Mitgliedstaats schützt.[299]

2. Alltag der Zusammenarbeit:

Hinsichtlich des Alltags der Zusammenarbeit erklären regimetheoretische Ansätze, warum die Kooperation fortschreiten kann, obwohl bei einzelnen Entscheidungen die Situation entstehen kann, daß nicht jeder Teilnehmer von der Kooperation mehr profitiert als von der autonomen Handlung. Das Regime ist eingerichtet worden, um eine verläßliche Zusammenarbeit zu ermöglichen,

---

[299] „Mit zunehmender Regelungsdichte bedeutet Nicht–Einigung immer häufiger die Weitergeltung früherer Beschlüsse und nicht die Rückkehr in einen Zustand ohne kollektive Regelung. (...) Anstatt freiwilliger Zustimmung herrscht also jetzt institutioneller Zwang, und anstatt optimaler Interessenverwirklichung die Privilegierung der durch die Status–Quo–Politik begünstigten Minderheit und eine im Zeitablauf zunehmend schlechtere Übereinstimmung mit der realen Problem– und Interessenlage." So *Scharpf* in seinen Ausführungen zur Wirkweise der Zeitdimension bei der Politikverflechtungsfalle. *Scharpf (1994: S. 29).*

die sich für jeden insgesamt lohnt, ohne daß er fallweise die Ressourcen für eine umfangreiche Kosten-Nutzen-Analyse aufbringen muß. Gegen diesen, auf einem grundsätzlichen Kooperationsvertrauen beruhenden Mechanismus, wehren sich Dänemark und das Vereinigte Königreich auch nach den Amsterdamer Regelungen, indem sie sich zwar die Tür zur Teilnahme offenhalten, jedoch jeweils fallweise entscheiden wollen, ob eine vorgeschlagene Maßnahme mitgetragen wird.

Die Alltagssituation der Zusammenarbeit ist in kooperationstheoretischer Hinsicht deswegen entscheidend, weil hier getestet wird, ob das Vorschußvertrauen in den Nutzen der Kooperation gerechtfertigt war, und weil nur im Alltag der Kooperation Lernprozesse stattfinden können.

3. Intensivierung der Zusammenarbeit:

In der praktischen Erfahrung begründete Lernprozesse und exogene Faktoren können zu Präferenzänderungen führen, die sich in neuen konstitutionellen Verhandlungen niederschlagen. Dies ist für die Verhandlungen zum Amsterdamer Vertrag nachgezeichnet worden.

Auf der Grundlage der hier durchgeführten Analyse ist im Hinblick auf die Veränderung von Regieren in Europa auf folgendes hinzuweisen: Die vertraglich vereinbarte migrationspolitische Kooperation und die Institutionalisierung eines Informations- und Erfahrungsaustausches im Politikfeld Migration haben den Rahmen zur Herausbildung eines migrationsbezogenen Mehrebenensystems geliefert. Dadurch ist zum einen die permanente Interaktion von nationaler und europäischer Ebene institutionalisiert worden. Damit haben politische Akteure und institutionelle Strukturen eines weiteren Politikfeldes Eingang in die nationale Europapolitik gefunden. Auf der anderen Seite hat die Wahl des institutionellen Rahmens EU die Erwartungen an die migrationspolitische Problemlösungsfähigkeit dieser Ebene geweckt und zudem die Entwicklung hin zu mehr demokratischer und rechtsstaatlicher Kontrolle in Gang gesetzt.

Vor dem Hintergrund der vorliegenden Literatur ist insbesondere darauf hinzuweisen, daß die Mehrebenendynamik bereits weit vor einer rechtlichen Vergemeinschaftung eines Politikbereichs greift. Daher erscheint in bezug auf die Demokratieproblematik die begleitende Kontrolle transnationaler Regierungsaktivitäten durch das nationale Parlament besonders notwendig.

Als weiteres integrationstheoretisch relevantes Ergebnis der vorliegenden Studie läßt sich festhalten, daß auch der Prozeß der Europäisierung nationaler Migrationspolitik von einer „fundamentalen Asymmetrie" *(Scharpf 1994c)* zwischen negativer und positiver Integration geprägt ist. Die Betrachtung des EU-Raumes als ein gemeinsamer Asylraum im Dubliner Übereinkommen impliziert die Gleichwertigkeit von Asylverfahren.[300] Negative Integration hat in diesem Fall nicht durch die Rechtsprechung des Europäischen Gerichtshofs oder durch Maßnahmen der Europäischen Kommission stattgefunden, sondern in Folge eines völkerrechtlichen Vertrags. Der regulative Wettbewerb wirkt wie im wirtschaftlichen Bereich auf eine Harmonisierung, die von jenen angestrebt wird, deren günstigere Bestimmungen ihnen einen Wettbewerbsnachteil – im vorliegenden Fall mehr Asylbewerber – aufbürden. Die Souveränitätsrelevanz des Politikfeldes Migration und die deswegen möglichst souveränitätsschonend ausgestalteten Entscheidungsverfahren des Maastrichter Vertrags haben bislang positive Integration im Sinne supranationaler Standardisierung weitestgehend verhindert. Diese Ungleichzeitigkeit in der Entwicklung stellt in Anbetracht der gesellschaftlichen und grundrechtlichen Relevanz des hier betroffenen Politikfeldes ein besonderes Legitimationsproblem dar.

3. Schlußbetrachtungen

Die vorliegende Arbeit hat zu dem Ergebnis geführt, daß die EU-Staaten auf die durch transnationale Wanderungsbewegungen hervorgerufenen Herausforderungen mit einer transnationalen Kooperation im Rahmen der Europäischen Union antworten und sich dadurch die Bedingungen nationalen Regierens in einem Kernbereich nationalstaatlicher Souveränität verändern. Führt man sich die außenpolitischen Dimensionen des Politikfeldes Migration nochmals vor Augen, so erstaunt die im Amsterdamer Vertrag beschlossene Vergemeinschaftung migrationspolitischer Bereiche gerade im Vergleich zur Ausgestaltung der Gemeinsamen Außen- und Sicherheitspolitik. Die Bereitschaft, im Politikfeld Migration Souveränitätsrechte teilweise gemeinsam auszuüben, zeugt vor diesem Vergleich um so mehr von dem vorhandenen Handlungsdruck.

Internationale Migration ist Ausdruck und Faktor der zunehmenden globalen Interdependenzbeziehungen und stellt im Vergleich zu anderen transnationalen Austauschbeziehungen eine besondere Herausforderung dar. Diese Besonderheit der Herausforderung liegt darin begründet, daß internationale Migration die Staaten in ihren Grundbedingungen verändert.

Es spricht für die Leistungskraft des politischen Systems Europäische Union, wenn die EU-Staaten sich auch angesichts dieser besonderen transnationalen Herausforderung seiner bedienen, um Interdependenz zu bewältigen. Die

---

[300] Siehe hier die bereits erwähnte Parallelität zur Cassis-Philosophie des EuGH, wonach ordnungsgemäß in einem Mitgliedstaat produzierte Waren grundsätzlich auch in anderen Mitgliedstaaten vertrieben werden dürfen. Vgl. *Oppermann (1999: S. 523)*.

vorliegende Arbeit hat nochmals aufgezeigt, daß es sich bei dem europäischen Einigungsprozeß um einen dynamischen Prozeß handelt, der nicht unbedingt auf einen bestimmten Endzustand hin ausgerichtet ist. Seine Stärke liegt anscheinend vielmehr darin, daß er genügend verläßliche Strukturen geschaffen hat, um auch pragmatische, vielfach unkonventionelle Lösungen für neue Probleme zuzulassen. Es spricht aber auch für die normative Ausgestaltung des politischen Systems Europäische Union, daß er einmal in seinem Rahmen angesiedelte Kooperationsbereiche einer Demokratisierungs- und Verrechtlichungsdynamik aussetzt. Für den Politikbereich Migration erscheint dies aufgrund seiner gesellschaftlichen und grundrechtlichen Relevanz von besonderer Bedeutung.

VI. Anhang

Abbildung 2: Amsterdam: Aufgabenkatalog und Entscheidungsverfahren

Zeitplan des Amsterdamer Vertrags im Vergleich zum Aktionsplan des Rates zur bestmöglichen Umsetzung der Amsterdamer Vorschriften, von Dezember 1998.

Art.	Regelungsbereich	Handlungsfrist	Entscheidungsverfahren
62	Bereich Außengrenzkontrollen / Visapolitik:		
62 Nr. 2 b) i)	Liste visapflichtiger und visabefreiter Länder	5 Jahre	Qualifizierte Mehrheit, Initiativmonopol der Kommission, Anhörungsrecht EP
62 Nr. 2 b) iii)	Einheitliche Visumgestaltung	5 Jahre	Qualifizierte Mehrheit, Initiativmonopol der Kommission, Anhörungsrecht EP
62 Nr. 2 b) ii)	Verfahren und Voraussetzungen für die Visumserteilung	5 Jahre (Aktionsplan: 2 Jahre)	Nach 5 Jahren Mitentscheidungsverfahren automatisch
62 Nr. 2 b) iv)	Vorschriften für ein einheitliches Visum	5 Jahre (Aktionsplan: 2 Jahre)	Nach 5 Jahren Mitentscheidungsverfahren automatisch
62 Nr.2 a)	Normen und Verfahren, die von den Mitgliedstaaten bei der Durchführung der Personenkontrollen an den Außengrenzen einzuhalten sind	5 Jahre	Nach 5 Jahren Mitentscheidungsverfahren möglich
62 Nr. 3	Bedingungen für Reisefreiheit von Drittstaatsangehörigen für die Dauer von höchstens 3 Monaten	5 Jahre	Nach 5 Jahren Mitentscheidungsverfahren möglich

63	Bereich Asyl und Flucht:		
63 Nr. 1a)	Zuständigkeitskriterien für die Prüfung eines in einem der Mitgliedstaaten gestellten Asylantrags	5 Jahre	Nach 5 Jahren Mitentscheidungsverfahren möglich
63 Nr. 1b)	Mindestnormen für die Aufnahme von Asylbewerbern	5 Jahre (Aktionsplan: 2 Jahre)	Nach 5 Jahren Mitentscheidungsverfahren möglich
63 Nr. 1c)	Mindestnormen für die Anerkennung von Drittstaatsangehörigen als Flüchtlinge	5 Jahre (Aktionsplan: 2 Jahre)	Nach 5 Jahren Mitentscheidungsverfahren möglich
63 Nr. 1d)	Mindestnormen für die Verfahren in den Mitgliedstaaten zu Zu- und Aberkennung der Flüchtlingseigenschaft	5 Jahre (Aktionsplan: 2 Jahre)	Nach 5 Jahren Mitentscheidungsverfahren möglich
63 Nr. 2a)	Mindestnormen für den vorübergehenden Schutz von Vertriebenen, die nicht in ihr Heimatland zurückkehren können und Personen, die anderweitig internationalen Schutzbedürfen	5 Jahre (Aktionsplan: „so schnell wie möglich")	Nach 5 Jahren Mitentscheidungsverfahren möglich
63 Nr. 2b)	Lastenverteilung	5 Jahre (Aktionsplan: „so schnell wie möglich")	Nach 5 Jahren Mitentscheidungsverfahren möglich

63 Nr. 3	**Bereich Migration:**		
63 Nr. 3a)	Einreise- und Aufenthaltsvoraussetzungen sowie Normen für die Verfahren zur Erteilung von Visa für einen langfristigen Aufenthalt und Aufenthaltstiteln, einschließlich solcher zur Familienzusammenführung, durch die Mitgliedstaaten	Keine Frist (Aktionsplan: 5 Jahre)	Nach 5 Jahren Mitentscheidungsverfahren möglich
63 Nr. 3b)	Illegale Einwanderung und illegaler Aufenthalt, einschließlich der Rückführung solcher Personen, die sich illegal in einem Mitgliedstaat aufhalten	Keine Frist (Aktionsplan: 5 Jahre)	Nach 5 Jahren Mitentscheidungsverfahren möglich
63 Nr. 4	**Bereich Integrationspolitik:** Freizügigkeitsrecht für Drittausländer mit rechtmäßigem Aufenthalt in einem Mitgliedstaat	Keine Frist (Aktionsplan: 5 Jahre)	Nach 5 Jahren Mitentscheidungsverfahren möglich

Eigene Zusammenstellung © VT 1999

Quelle: EGV in der Fassung vom 2.10.1997 und Rat der Europäischen Union (Innen und Justiz) 1999a: Aktionsplan des Rates und der Kommission zur bestmöglichen Umsetzung der Bestimmungen des Amsterdamer Vertrags über den Aufbau eines Raums der Freiheit, der Sicherheit und des Rechts, vom 3.12.98, ABl. EG Nr. C 19/1, vom 23.1.1999.

Abbildung 3: Übersicht (schematisiert) über migrationsrelevante multilaterale Kooperationsgremien in Europa

Gremium	Mitglieder	Inhaltliche Schwerpunkte	Kooperationsverfahren
Europäische Union	Belgien, Dänemark, Deutschland, Finnland, Frankreich, Griechenland, Großbritannien, Irland, Italien, Luxemburg, Niederlande, Österreich, Portugal, Schweden, Spanien	Asyl, Visa, kurz- und längerfristige Einwanderung, Integration bereits ansässiger Drittausländer, Antirassismus, Verhinderung illegaler Einwanderung	A) Transnationale Verwaltungskooperation B) Verfahrensangleichung C) Informationsaustausch D) Gemeinsame Politik E) Rechtliche Harmonisierung F) Beteiligung Supranationaler Institutionen G) Gemeinsame Datenbank
Schengen	Europäische Union (-) Großbritannien und Irland (+) Norwegen und Island (Assoziiert)	Asyl, Visa, Außengrenzkontrollen, Verhinderung illegaler Einwanderung	A) Transnationale Verwaltungskooperation B) Verfahrensangleichung C) Informationsaustausch G) Gemeinsame Datenbank
IGC	Europäische Union (-) Frankreich, Griechenland, Luxemburg, Portugal (+) Schweiz, Norwegen USA, Kanada, Australien	Asylverfahren, Temporary Protection Status, Minderjährige Flüchtlinge	C) Informationsaustausch H) Know-How-Austausch I) Diskussionsforum

Gremium	Mitglieder	Inhaltliche Schwerpunkte	Kooperationsformen
Budapester Prozeß	Europarat (-) Luxemburg, Balkan-Staaten, Malta, Zypern, San Marino, Andorra (+) USA, Kanada, Australien	Bekämpfung der Schleuserkriminalität	C) Informationsaustausch H) Know-How-Austausch I) Diskussionsforum J) Gemeinsame Empfehlungen
Europarat	Alle Staaten Europas	Integration von Wanderarbeitnehmern, Bekämpfung von Fremdenfeindlichkeit	C) Informationsaustausch J) Gemeinsame Empfehlungen

© VT 1999

VII. Abkürzungsverzeichnis

AA	Auswärtiges Amt
ABl. EG	Amtsblatt der Europäischen Gemeinschaft
Abs.	Absatz
ARB	Assoziationsratsbeschluß
Art.	Artikel
AStV	Ausschuß der Ständigen Vertreter
Aufl.	Auflage
BAFl	Bundesamt für die Anerkennung ausländischer Flüchtlinge
BMI	Bundesministerium des Innern
BMJ	Bundesministerium der Justiz
BVerfGE	Entscheidungen des Bundesverfassungsgerichts
bzgl.	bezüglich
CDU	Christliche Demokratische Union
CIREA	Center for Information, Reflection and Exchange on Asylum
CIREFI	Center for Information, Reflection and Exchange for Immigration
CSU	Christliche Soziale Union
dass.	dasselbe
ders.	derselbe
dies.	dieselbe(n)
DÜ	Dubliner Übereinkommen
ebd.	ebenda
ECHO	European Community Humanitarian Office
ECU	European Currency Unit
EFTA	European Free Trade Association
EGV	Vertrag zur Gründung der Europäischen Gemeinschaft
EMRK	Europäische Menschenrechtskonvention
erg.	ergänzt(e)
EU	Europäische Union
EuGH	Europäischer Gerichtshof
EuGRZ	Europäische Grundrechte Zeitschrift
EUV	Vertrag über die Europäische Union
EWR	Europäischer Wirtschaftsraum
F.A.Z.	Frankfurter Allgemeine Zeitung

f.	folgende
F.D.P.	Freie Demokratische Partei
ff.	fortfolgende
FPÖ	Freiheitliche Partei Österreichs
FR	Frankfurter Rundschau
GG	Grundgesetz
Hrsg.	Herausgeber
ICMPD	International Center for Migration Policy Development
IGC	Intergovernmental Consultations on Asylum, Refugee and Migration Policies in Europe, North America and Australia
ILO	International Labour Organization
IOM	International Organization for Migration
i.V.m.	in Verbindung mit
Jg.	Jahrgang
MOEL	Mittel- und Osteuropäische Länder
NATO	North Atlantic Treaty Organization
neubearb.	neubearbeitete
n.F.	neue Fassung
Nr.	Nummer
NRO	Nichtregierungsorganisation
NZZ	Neue Züricher Zeitung
OSZE	Organisation für Sicherheit und Zusammenarbeit in Europa
rev.	revidierte
S.	Seite
s.	siehe
SDÜ	Schengener Durchführungsübereinkommen
s.o.	siehe oben
SPD	Sozialdemokratische Partei Deutschlands
Studienausg.	Studienausgabe
SZ	Süddeutsche Zeitung
u.a.	und andere
überarb.	überarbeitet(e)
UNHCR	United Nations High Commissioner for Refugees
v.	vom
vgl.	vergleiche
z.B.	zum Beispiel

Verónica Tomei

VIII. Literaturverzeichnis

1. Primärliteratur

1.1 Verträge, Verordnungen und Beschlüsse des Rates der Europäischen Union

Bundesministerium des Innern (Hrsg.) 1993: Textsammlung zur Europäischen Asylpraxis (SN/2836/93).

Bundesregierung (Presse- und Informationsamt) 1992: Europäische Gemeinschaft. Europäische Union. Die Vertragstexte von Maastricht, herausgegeben von Thomas Läufer, Bonn.

Bundesregierung (Presse- und Informationsamt) 1999: Vertrag von Amsterdam. Texte des EU-Vertrages und des EG-Vertrages mit den deutschen Begleittexten, herausgegeben von Thomas Läufer, Bonn.

Beschluß des Rates vom 23. November 1995 über die Veröffentlichung der vom Rat in den Bereichen Asyl und Einwanderung verabschiedeten Rechtsakte und sonstigen Schriftstücke im Amtsblatt der Europäischen Gemeinschaften, ABl. EG Nr. C 274, v. 19.9.1996, S. 1f.

Beschluß des Rates vom 22. Dezember 1995 zur Beobachtung der Durchführung der im Bereich der Zulassung von Staatsangehörigen dritter Länder bereits angenommener Rechtsakte, ABl. EG Nr. C 011, v. 16.1.1996.

Beschluß des Rates vom 4. März 1996 über ein Warn- und Dringlichkeitsverfahren zur Lastenverteilung hinsichtlich der Aufnahme und des vorübergehenden Aufenthalts von Vertriebenen ABl. EG Nr. L 63, v. 13.3.1996.

Beschluß des Rates vom 16. Dezember 1996 zur Beobachtung der Durchführung der vom Rat erlassenen Rechtsakte im Bereich der illegalen Einwanderung, der Rückübernahme, der illegalen Beschäftigung von Staatsangehörigen dritter Länder und der Zusammenarbeit bei der Vollstreckung von Ausweisungsanordnungen, ABl. EG Nr. L 342, v. 31.12.1996.

Beschluß des Rates vom 26. Mai 1997 über den Informationsaustausch betreffend die Hilfen für die freiwillige Rückkehr von Drittstaatsangehörigen, ABl. EG Nr. L 147, v. 5.6.1997, S. 3f.

Beschluß des Rates vom 26. Juni 1997 zur Beobachtung der Durchführung der Rechtsakte im Asylbereich, ABl. EG Nr. L 178, v. 7.7.1997, S. 6 f.

Beschluß des Rates vom 3. Dezember 1998 über gemeinsame Normen für die Eintragungen in den einheitlichen Aufenthaltstiteln, ABl. EG Nr. L 333, v. 9.12.1998, S. 8 ff.

Empfehlung des Rates vom 24. Juli 1995 betreffend Leitsätze für die Ausarbeitung von Protokollen zur Durchführung von Rückübernahmeabkommen, ABl. EG Nr. C 274, v. 19.9.1996, S. 25 ff.

Empfehlung des Rates vom 22. Dezember 1995 betreffend die Abstimmung und Zusammenarbeit bei Rückführungsmaßnahmen, ABl. EG Nr. C 005, v. 10.1.1996, S. 3 ff.

Empfehlung des Rates vom 22. Dezember 1995 zur Harmonisierung der Mittel zur Bekämpfung der illegalen Einwanderung und der illegalen Beschäftigung sowie zur Verbesserung der einschlägigen Kontrollverfahren, ABl. EG Nr. C 005, v. 10.1.1996, S. 1ff.

Empfehlung des Rates vom 4. März 1996 betreffend die Zusammenarbeit der konsularischen Vertretungen vor Ort in Fragen der Visumerteilung, ABl. EG Nr. C 080, v. 18.3.1996, S. 1.

Entschließung des Rates vom 20. Juni 1995 über Mindestgarantien für Asylverfahren, ABl. EG Nr. C 274, v. 19.9.1996, S. 13 ff.

Entschließung des Rates vom 4. März 1996 über die Rechtsstellung von Staatsangehörigen dritter Länder, die im Hoheitsgebiet der Mitgliedstaaten auf Dauer aufhältig sind, ABl. EG Nr. C 080, vom 18.3.1996, S. 2 f.

Entschließung des Rates vom 26. Juni 1997 betreffend unbegleitete minderjährige Staatsangehörige dritter Länder, ABl. EG Nr. C 221, v. 19.7.1997, S. 23 ff.

Entschließung des Rates vom 25. September 1995 zur Lastenverteilung hinsichtlich der Aufnahme und des vorübergehenden Aufenthalts von Vertriebenen, ABl. EG Nr. C 262, v. 7.10.1995, S. 1 f.

Entschließung des Rates vom 4. Dezember 1997 über Maßnahmen zur Bekämpfung von Scheinehen. ABl. EG Nr. C 382, vom 16.12.1997, S. 1 f.

Entschließung zur Festlegung der Prioritäten für die Zusammenarbeit im Bereich Justiz und Inneres für den Zeitraum vom 1. Juli 1996 bis zum 30. Juni 1998, ABl. EG Nr. C 319 v. 26.10.1996.

Entschließung zur Festlegung der Prioritäten für die Zusammenarbeit im Bereich Justiz und Inneres für den Zeitraum vom 1. Januar 1998 bis zum Inkrafttreten des Amsterdamer Vertrages, ABl. EG Nr. C 011 v. 15.1.1998.

Europäische Kommission 1997: Vorschlag des Rates für eine gemeinsame Maßnahme auf der Grundlage von Artikel K.3 Absatz 2 Buchstabe b des Vertrags über die Europäische Union betreffend den vorübergehenden Schutz für Vertriebene, KOM (97) 93 endg., v. 5.3.1997.

Gemeinsame Maßnahme vom 16. Dezember 1996 – vom Rat aufgrund von Artikel K.3 des Vertrags über die Europäische Union angenommen – zur einheitlichen Gestaltung der Aufenthaltstitel, ABl. EG Nr. L 007, v. 10.1.1997, S. 1 ff.

Gemeinsame Maßnahme vom 19. März 1998 – vom Rat aufgrund von Artikel K.3 des Vertrags über die Europäische Union angenommen – betreffend die Festlegung eines Ausbildungs-, Austausch- und Kooperationsprogramms in den Bereichen Asyl, Einwanderung und Überschreitung der Außengrenzen – „ODYSSEUS", ABl. EG Nr. L 099, 31.3.1998, S. 2ff.

Gemeinsamer Standpunkt vom 4. März 1996 – vom Rat aufgrund von Artikel K.3 des Vertrags über die Europäische Union festgelegt – betreffend die harmonisierte Anwendung der Definition des Begriffs „Flüchtling" in Artikel 1 des Genfer Abkommens vom 28. Juli 1951 über die Rechtsstellung der Flüchtlinge, ABl. EG Nr. L 063 vom 13.3.1996.

Leitlinien für die Ausarbeitung der gemeinsamen Berichte über Drittstaaten (vom Rat am 20. Juni 1994 angenommener Text), ABl. EG Nr. C 274, vom 19.9.1996, S. 43 ff.

Schlußfolgerungen des Rates vom 30. November 1994 über die Ausgestaltung des Informations-, Reflexions- und Austauschzentrums für Fragen im Zusammenhang mit dem Überschreiten der Außengrenzen und der Einwanderung (CIREFI), ABl. EG Nr. C 274, v. 19.9.1996, S. 50f.

Verordnung (EG) Nr. 1683/95 des Rates vom 29. Mai 1995 über eine einheitliche Visagestaltung, ABl. EG Nr. L 164, v. 14.7.1995, S. 1f.

Verordnung (EG) Nr. 574/1999 des Rates vom 12. März 1999 zur Bestimmung der Drittländer, deren Staatsangehörige beim Überschreiten der Außengrenzen der Mitgliedstaaten im Besitz eines Visums sein müssen, ABl. EG Nr. L 072, v. 18.3.1999, S. 2ff.

Verteilung und Vertraulichkeit der gemeinsamen Berichte über die Situation in bestimmten Drittländern (vom Rat am 20. Juni 1994 angenommener Text), ABl. EG Nr. C 274, vom 19.9.1996, S. 43 ff.

1.2 Presseerklärungen, Drucksachen, Stellungnahmen, Tätigkeitsberichte, Selbstdarstellungen, Programme und Organigramme

Ad-hoc-Gruppe Einwanderung 1991: Bericht der für Einwanderungsfragen zuständigen Minister an den Europäischen Rat (Maastricht) über die Einwanderungs- und Asylpolitik, Brüssel, den 3. Dezember 1991 (SN/4038/91 WGI 930).

Beschluß der 17. Konferenz der Europa-Minister der Bundesländer zu den Ergebnissen der Regierungskonferenz am 25.Juni 1997 in Bonn, abgedruckt in: Internationale Politik Jg. 52 (1997), Heft 11, S. 76f.

Beschluß des SPD-Parteivorstands vom 15. September 1997 zur Europa-Politik der SPD, auszugsweise abgedruckt in: Internationale Politik Jg. 52 (1997), Heft 11, S. 87f.

Bundesamt für die Anerkennung ausländischer Flüchtlinge 1997: Das Bundesamt für die Anerkennung ausländischer Flüchtlinge und das Asylverfahren, Nürnberg.

Bundesamt für die Anerkennung ausländischer Flüchtlinge 1999: Informationsbroschüre, Nürnberg.

Bundesministerium des Innern 1998b: Schengen-Info Nr. 3 vom 12. August 1998 (http://www.bundesregierung.de/05/0511/980625/05.htm).

Bundesministerium des Innern 1998c: Pilotprojekt Illegale Zuwanderung und Schleusungskriminalität (http://www.bundesregierung.de/05/0511/980625/17.htm).

Bundesregierung 1994a: Ziele und Schwerpunkte der deutschen Präsidentschaft im Rat der Europäischen Union. Aktuelle Beiträge zur Wirtschafts- und Finanzpolitik Nr. 14/1994.

Bundesregierung 1994b: Abschlußkommuniqué der Sitzung des Schengener Exekutivausschusses am 21.11.1994, Heidelberg.

Bundesregierung 1996: Antwort der Bundesregierung auf die Große Anfrage der Abgeordneten Çem Özdemir, Kerstin Müller (Köln), Volker Beck (Köln), weiterer Abgeordneter und der Fraktion Bündnis 90/Die Grünen - Drucksache 13/2990 - Situation der Bundesrepublik Deutschland als Einwanderungsland, BT-Drs. 13/5065.

Bundesregierung 1998: Ziele und Schwerpunkte der deutschen Präsidentschaft im Rat der Europäischen Union, Aktuelle Beiträge zur Wirtschafts- und Finanzpolitik, Nr. 13/1998, Bonn, 21. Dezember 1998.

Bundesverfassungsgericht 1993: Urteil des Zweiten Senats vom 12. Oktober 1993 (Maastricht Urteil), BVerfGE 89, 155.

Bündnis 90/ Die Grünen: Entwurf eines Gesetzes zur Regelung der Rechte von Einwanderinnen und Einwanderern (Einwanderungsgesetz) vom 15.4.1997, BT–Drs. 13/7417.

CDU/CSU 1998: Wahlplattform 1998 – 2002.

Council of Europe 1996a: Activities of the Council of Europe in the Migration Field, CDMG (96) 15 E, Straßburg.

Council of Europe 1996b: Sixth Conference of European Ministers Responsible for Migration Affairs (Warsaw, 16–18 June 1996), Final Communiqué, MMG–6 (96) 5 final.

Bericht über die Tätigkeit des Informations–, Reflexions– und Austauschzentrums für Asylfragen (CIREA) in den Jahren 1994 und 1995 (vom Rat am 26. Mai 1997 gebilligter Text), ABl. EG, Nr. C 191, S. 29ff.

Bericht über die Tätigkeit des Informations–, Reflexions– und Austauschzentrums für Asylfragen (CIREA) im Jahr 1996 (vom Rat am 26. Mai 1997 gebilligter Text): ABl. EG, Nr. C 191, S. 29ff.

Erklärung der deutschen Bundesregierung zum Europäischen Rat in Amsterdam, abgegeben von Bundeskanzler Helmut Kohl am 27. Juni 1997 in Bonn, gekürzt abgedruckt in: Internationale Politik Jg. 52 (1997), Heft 11, S. 81–85.

Erklärung des britischen Premierministers, Tony Blair, am 18.Juni 1997 über die Ergebnisse des Europäischen Rates vom 16. und 17. Juni 1997 in Amsterdam vor dem House of Commons, auszugsweise abgedruckt in: Internationale Politik Jg. 52 (1997), Heft 11, S. 74f.

Europäischer Rat 1992: Erklärung zu den Grundsätzen für die externen Aspekte der Einwanderungspolitik, Schlußfolgerungen des Vorsitz Teil A, Anlage 5, in: EG–Nachrichten. Berichte und Informationen – Dokumentationen Nr. 15 vom 21. Dezember 1992, S. 25 ff.

Europäischer Rat 1995a: Presidency Conclusions, Cannes 26./27.6.1995 (SN 211/95–Part B).

Europäischer Rat 1995b: Tagung am 15.–16. Dezember 1995 in Madrid, Schlußfolgerungen des Vorsitzes (SN 400/1/95 Rev 1).

Europäisches Parlament 1995: Stellungnahme des Ausschusses für Grundfreiheiten und innere Angelegenheiten für den institutionellen Ausschuß zum Funktionieren des Vertrags über die Europäische Union in der Perspektive der Regierungskonferenz von 1996, Verfasser: José Barros Moura (PE 210.525/end), Brüssel.

European Union Migrants' Forum 1995: Proposals for the Revision of the Treaty on European Union at the Intergovernmental Conference of 1996, Brüssel.

Executive Committee of the High Commissioner's Programme, Standing Committee: Progress Report on Informal Consultations on the Provision of International Protection to All Who Need it, EC/47/SC/CRP.27, vom 30.5.1997.

fdk (freie demokratische korrespondenz): Einwanderung kontrollieren – Eingliederung und Einbürgerung erleichtern, 10.4.1997.

Kommission der Europäischen Union 1994: Mitteilung Zuwanderungs- und Asylpolitik, COM (94) 23 endg., Brüssel.

Kommission der Europäischen Union 1995: Bericht der Kommission an die Reflexionsgruppe, Luxemburg.

Kommission der Europäischen Union 1997: Agenda 2000, dem Europäischen Parlament vorgelegt von der Europäischen Kommission am 16. Juli 1997 in Straßburg, auszugweise abgedruckt in: Internationale Politik, Jg. 52 (1997), Heft 10, S. 85–113.

Mitteilungen der Beauftragten der Bundesregierung für die Belange der Ausländer: Erstes Treffen der Ausländerbeauftragten europäischer Länder in Bonn zu Ende gegangen, Bonn, den 4. März 1997.

Organisationsplan des Bundesministeriums des Innern, Stand: 5. April 1994 und Stand: 4.2.1999.

Organisationsplan des Bundesministeriums der Justiz, Stand: 1. März 1994 und Stand: 17.5.1999.

Organisationsplan des Auswärtigen Amtes, Stand: April 1994 und Stand: Dezember 1998.

Rat der Europäischen Union 1995: Bericht des Rates über das Funktionieren des Vertrags über die Politische Union, Brüssel.

Rat der Europäischen Union (Allgemeine Angelegenheiten) 1998: Presseerklärung Nr. 05271/98 (Presse 13), vom 26.1.1998.

Rat der Europäischen Union (Innen und Justiz) 1995a: Presseerklärung Nr. 4323/95 (Presse 69), vom 10.3.1995.

Rat der Europäischen Union (Innen und Justiz) 1995b: Presseerklärung Nr. 9977/95 (Presse 262), vom 26.9.1995.

Rat der Europäischen Union (Innen und Justiz) 1995c: Presseerklärung Nr. 11720/95 (Presse 332), vom 23.11.1995.

Rat der Europäischen Union (Innen und Justiz) 1996a: Presseerklärung Nr. 5727/96 (Presse 63), vom 19.3.1996.

Rat der Europäischen Union (Innen und Justiz) 1996b: Presseerklärung Nr. 7813/96 (Presse 157), vom 4.6.1996.

Rat der Europäischen Union (Innen und Justiz) 1997a: Presseerklärung Nr. 8318/97 (Presse 166) vom 26.5.1997.

Rat der Europäischen Union (Innen und Justiz) 1997b: Presseerklärung Nr. 12888/97 (Presse 375), vom 4.12.1997.

Rat der Europäischen Union (Innen und Justiz) 1998a: Presseerklärung Nr. 6889/98 (Presse 73), vom 19.3.1998.

Rat der Europäischen Union (Innen und Justiz) 1998b: Presseerklärung Nr. 8856/98 (Presse 170), vom 28.5.1998.

Rat der Europäischen Union (Innen und Justiz) 1998c: Presseerklärung Nr. 11282/98 (Presse 302), vom 24.9.1998.

Rat der Europäischen Union (Innen und Justiz) 1998d: Presseerklärung Nr. 13673/98 (Presse 427), vom 3.12.1998.

Rat der Europäischen Union (Innen und Justiz) 1999a: Aktionsplan des Rates und der Kommission zur bestmöglichen Umsetzung der Bestimmungen des Amsterdamer Vertrags über den Aufbau eines Raums der Freiheit, der Sicherheit und des Rechts, vom 3.12.98, ABl. EG Nr. C 19/1, vom 23.1.1999.

Rat der Europäischen Union (Innen und Justiz) 1999b: Presseerklärung Nr. 6545/99 (Presse 70), vom 12.3.1999.

Rat der Europäischen Union (Innen und Justiz) 1999c: Presseerklärung Nr. 6973/99 (Presse 93), vom 7.4.1999.

Reflexionsgruppe 1995: Bericht der Reflexionsgruppe, Brüssel 5.12.1995 (SN520/95).

Regierungserklärung des Bundeskanzlers Helmut Kohl vor dem Deutschen Bundestag am 13. Dezember 1991 über die Ergebnisse des Europäischen Rates in Maastricht, gekürzt abgedruckt in: Europa-Archiv, 47. Jg. (1992), D 110–D 117.

SPD 1998: Arbeit, Innovation und Gerechtigkeit.

Zweiter Bericht über die Tätigkeit des Informations-, Reflexions- und Austauschzentrums für Asylfragen (CIREA) (vom Rat am 20. Juni 1994 angenommener Text), ABl. EG Nr. C 274, vom 19.9.1996, S. 43 ff.

2. Sekundärliteratur

Achermann, Alberto 1997: Die völkerrechtliche Verantwortlichkeit fluchtverursachender Staaten. Ein Beitrag zum Zusammenwirken von Flüchtlingsrecht, Menschenrechten, kollektiver Friedenssicherung und Staatenverantwortlichkeit, Baden-Baden: Nomos Verlagsgesellschaft.

Achermann, Alberto u.a. 1995: Schengen und die Folgen. Der Abbau der Grenzkontrollen in Europa, Bern: Verlag Stämpflie+Cie AG.

Achermann, Alberto/Maya Hertig 1998: Europäischer Asylraum, Einwanderung von Drittstaatsangehörigen und die Schweiz, in: Cottier, Thomas/Kopše, Alwin R. (Hrsg.): Der Beitritt der Schweiz zur Europäischen Union, Zürich: Schulthess Polygraphischer Verlag, S. 573–607.

Albert, Mathias 1998: Entgrenzung und Formierung neuer politischer Räume, in: Kohler-Koch, Beate (Hrsg.): Regieren in entgrenzten Räumen, PVS-Sonderheft 29/1998, Opladen: Westdeutscher Verlag, S. 49–75.

Andersen, Svein S./Eliassen, Kjell A. (Hrsg.) 1993: Making Policy in Europe. The Europeification of National Policy-Making, London: Sage.

Andersen, Svein S./Eliassen, Kjell A. (Hrsg.) 1996: The European Union: How Democratic Is It?, London: Sage.

Anderson, Christopher 1995: Economic Uncertainty and European Solidarity Revisited: Trends in Public Support for European Integration, in: Rhodes, Carolyn/Mazey, Sonia (Hrsg.): Building a European Polity? The State of the European Union, Vol.3, Boulder (Co): Lynne Rienner Publishers, S. 111–134.

Andreae, Lisette/Kaiser, Karl 1998: Die „Außenpolitik" der Fachministerien, in: Eberwein, Wolf-Dieter/Kaiser, Karl (Hrsg.): Deutschlands neue Außenpolitik. Band 4: Institutionen und Ressourcen, München: Oldenbourg Verlag, S. 29–46.

Angenendt, Steffen 1992: Ausländerforschung in Frankreich und in der Bundesrepublik Deutschland: gesellschaftliche Rahmenbedingungen und inhaltliche Entwicklung eines aktuellen Forschungsbereichs, Frankfurt a. M.: Campus.

Angenendt, Steffen 1997a: Deutsche Migrationspolitik im neuen Europa, Opladen: Leske+Budrich.

Angenendt, Steffen (Hrsg.) 1997b: Migration und Flucht. Aufgaben und Strategien für Deutschland, Europa und die internationale Gemeinschaft, München: Oldenbourg Verlag.

Angenendt, Steffen (Hrsg.) 1999a: Asylum and Migration Policies in the European Union, Bonn: Europa Union Verlag.

Angenendt, Steffen 1999b: Asylum and Migration in the EU Member States: Structures, Challenges and Policies in Comparative Perspective, in: ders. (Hrsg.): Asylum and Migration Policies in the European Union, Bonn: Europa Union Verlag, S. 6–64.

Ardittis, Solon (Hrsg.) 1994: The Politics of East–West Migration, Houndmills: Macmillan.

Arnold, Fred 1992: The Contribution of Remittances to Economic and Social Development, in: Kritz, Mary M./Lim, Lin Lean/Zlotnik, Hania (Hrsg.): International Migration Systems. A Global Approach, Oxford: Clarendon Press, S. 205–220.

Bade, Klaus (Hrsg.) 1992: Ausländer, Aussiedler, Asyl in der Bundesrepublik Deutschland, Bonn: Bundeszentrale für politische Bildung.

Baldwin–Edwards, Martin 1997: The Emerging European Immigration Regime: Some Reflections on Implications for Southern Europe, in: Journal of Common Market Studies, Jg. 35 (1997), S. 497–519.

Bartels, Romy/Kraft, Andreas 1996: Die asylrechtliche Dimension des Schengener Abkommens, in: Heckmann, Friedrich/Tomei, Verónica (Hrsg.): Freizügigkeit in Europa. Migrations– und europapolitische Aspekte des Schengen-Vertrags, Bonn: Europa Union Verlag, S. 63–79.

Bauböck, Rainer 1996: Nation, Migration und Staatsbürgerschaft, in: Beyme, Klaus von/Offe, Claus (Hrsg.): Politische Theorien in einer Ära der Transformation. PVS–Sonderheft Nr. 26 (1996), Opladen: Westdeutscher Verlag, S. 325–348.

Beauftragte der Bundesregierung für Ausländerfragen 1998: Daten und Fakten zur Ausländersituation, Bonn.

Beauftragte der Bundesregierung für Ausländerfragen 1999: Daten und Fakten zur Ausländersituation, Bonn.

Beauftragte der Bundesregierung für die Belange der Ausländer 1994a: Bericht über die Lage der Ausländer in der Bundesrepublik Deutschland 1993, Bonn.

Beauftragte der Bundesregierung für die Belange der Ausländer 1994b: Ausländerinnen und Ausländer in europäischen Staaten, Bonn.

Beauftragte der Bundesregierung für die Belange der Ausländer 1995: Bericht über die Lage der Ausländer in der Bundesrepublik Deutschland, Bonn.

Beck, Ulrich 1997: Was ist Globalisierung?, Frankfurt a.M.: Suhrkamp.

Beck, Ulrich (Hrsg.)1998: Politik der Globalisierung, Frankfurt a.M.: Suhrkamp.

Bergmann, Jan/Lenz, Christopher (Hrsg.) 1998: Der Amsterdamer Vertrag. Eine Kommentierung der Neuerungen des EU– und EG–Vertrages, Köln: Omnia Verlag.

Betz, Hans-Georg 1993: Fortress Europe or Promised Land?, in: Cafruny, Alan W./Rosenthal, Glenda G. (Hrsg.): The Maastricht Debates and Beyond. The State of the European Community, Band 2, Boulder (Co): Lynne Rienner Publishers, S. 195–208.

Beyers, Jan/Dierickx, Guido 1998: The Working Groups of the Council of the European Union: Supranational or Intergovernmental Negotiations?, in: Journal of Common Market Studies, Jg. 36 (1998), S. 289–317.

Bieber, Roland/Monar, Jörg (Hrsg.) 1995: Justice and Home Affairs in the European Union. The Development of the Third Pillar, Brüssel: Interuniversity Press.

Blume, Gerd/Rex, Alexander Graf von 1998: Weiterentwicklung der inhaltlichen und personellen Mitwirkung der Länder in Angelegenheiten der EU nach Maastricht. Die Regierungskonferenz 1996 als Bewährungsprobe für die Ländermitwirkungsrechte, in: Borkenhagen, Franz H.U. (Hrsg.): Europapolitik der deutschen Länder. Bilanz und Perspektiven nach dem Gipfel von Amsterdam, Opladen: Leske + Budrich, S. 29–49.

Borkenhagen, Franz H. U. u.a. (Hrsg.) 1992: Die deutschen Länder in Europa, Baden-Baden: Nomos Verlagsgesellschaft.

Borkenhagen, Franz H.U. (Hrsg.) 1998: Europapolitik der deutschen Länder. Bilanz und Perspektiven nach dem Gipfel von Amsterdam, Opladen: Leske+Budrich.

Braun, Wilfried 1996: Asylpolitik in der Europäischen Union, in: Müller-Graff, Peter-Christian (Hrsg.): Europäische Zusammenarbeit in den Bereichen Justiz und Inneres. Der dritte Pfeiler der Europäischen Union, Baden-Baden: Nomos Verlagsgesellschaft, S. 75–84.

Breitenmoser, Stephan 1993: Das Recht auf Achtung des Privat- und Familienlebens in der Schweizer Rechtsprechung zum Ausländerrecht, in: Europäische Grundrechte Zeitschrift, Jg. 20 (1993), S. 537–546.

Brill, Klaus 1997: Viele Wege nach Deutschland führen über Rom, in: SZ v. 20.11.1997.

Brozus, Lars/Zürn, Michael 1999: Globalisierung – Herausforderung des Regierens, in: Informationen zur politischen Bildung Nr. 263/1999, S. 59–65.

Brubaker, Rogers (Hrsg.) 1989: Immigration and the Politics of Citizenship in Europe and North America, New York: University Press of America.

Brubaker, Rogers 1994: Staats-Bürger. Deutschland und Frankreich im historischen Vergleich, Hamburg: Junius.

Bulmer, Simon 1983: Domestic Politics and European Community Policy-Making, in: Journal of Common Market Studies, Jg. 21 (1983), S. 349–363.

Bundesministerium des Innern 1997: Aufzeichnung zur Ausländerpolitik und zum Ausländerrecht in der Bundesrepublik Deutschland, Stand: August 1997, Bonn.

Bundesministerium des Innern 1998a: Ausländer- und Asylpolitik in der Bundesrepublik Deutschland, Bonn.

Bundesrat (Hrsg.) 1988: Bundesrat und Europäische Gemeinschaft, Bonn.

Busch, Heiner 1995: Grenzenlose Polizei? Neue Grenzen und polizeiliche Zusammenarbeit in Europa, Münster: Verlag Westfälisches Dampfboot.

Cafruny, Alan W./Rosenthal, Glenda G. (Hrsg.) 1993: The Maastricht Debates and Beyond. The State of the European Community, Vol. 2, Boulder (Co): Lynne Rienner Publishers.

Callovi, Giuseppe 1992: Regulation of Immigration in 1993: Pieces of the European Community Jig-Saw Puzzle, in: International Migration Review Jg. 26 (1992), S 353–372.

Callovi, Giuseppe 1998: La citoyenneté de l'Union et les migrations dans la nouvelle architecture de l'Union Européenne, in: Wicker, Hans-Rudolf (Hrsg.): Nationalismus, Multikulturalismus und Ethnizität. Beiträge zur Deutung von sozialer und politischer Einbindung und Ausgrenzung, Bern: Verlag Paul Haupt, S. 177–206.

Castles, Stephen/Miller, Mark J. 1993: The Age of Migration. International Population Movements in the Modern World, Houndmills: Macmillan Press.

Christiansen, Thomas 1995: Gemeinsinn und Europäische Integration. Strategien zur Optimierung von Demokratie- und Integrationsziel, in: Steffani, Winfried/Thaysen, Uwe (Hrsg.): Demokratie in Europa: Zur Rolle der Parlamente. Sonderband der Zeitschrift für Parlamentsfragen, Opladen: Westdeutscher Verlag, S. 50–64.

Church, Clive H./Phinnemore, David 1994: European Union and European Community: A Handbook and Commentary on the Post-Maastricht Treaties, New York u.a.: Harvester Wheatsheaf.

Cloos, Jim u.a. 1994: Le traité de Maastricht. Genèse, Analyse, Commentaires, 2. überarb. Aufl., Brüssel: Etablissements Emile Bruylant.

Coleman, David 1996: Großbritannien und die internationale Migration: Die Bilanz hat sich geändert, in: Fassmann, Heinz/Münz, Rainer (Hrsg.) 1996: Migration in Europa. Historische Entwicklung, aktuelle Trends, politische Reaktionen, Frankfurt a.M.: Campus, S. 53–88.

Coleman, James S. 1991: Grundlagen der Sozialtheorie. Band 1. Handlungen und Handlungssysteme, München: Oldenbourg Verlag.

Collicelli, Carla/Salvatori, Fanco 1994: Italy, in: Ardittis, Solon (Hrsg.) 1994: The Politics of East–West Migration, Houndmills: Macmillan, S. 171–183.

Collinson, Sarah 1993: Beyond Borders: West European Migration Policy Towards the 21st Century, London: Royal Institute of International Affairs.

Collinson, Sarah 1994: Europe and International Migration, London: Royal Institute of International Affairs.

Contel, Michele/Biase, Rosaria De 1999: Italy, in: Angenendt, Steffen (Hrsg.): Asylum and Migration Policies in the European Union, Bonn: Europa Union Verlag, S. 228–242.

Corbett, Richard 1993: The Treaty of Maastricht. From Conception to Ratification: A Comprehensive Reference Guide, Harlow: Longman Group.

Cornelius, Wayne A./Martin, Philip L./Hollifield, James F. (Hrsg.) 1994: Controlling Immigration – A Global Perspective, Stanford: Stanford University Press.

Council of Europe 1997: Current Trends in International Migration in Europe, Autor: John Salt, CDMG (27) 28, Straßburg.

Cram, Laura 1997: Policy-Making in the European Union. Conceptual Lenses and the Integration Process, London: Routledge.

Cruz, Antonio 1993: Schengen, Ad Hoc Immigration Group and other European Intergovernmental Bodies, Churches Commission for Migrants in Europe (Hrsg.): Briefing Paper No. 12, Brüssel.

Dalton, Russel J./Eichenberg, Richard C. 1998: Citizen Support for Policy Integration, in: Sandholtz, Wayne/Stone Sweet, Alec (Hrsg.): European Integration and Supranational Governance, Oxford: Oxford University Press, S. 250–282.

Driessen, Henk 1996: At the Edge of Europe: Crossing and Marking the Mediterranean Divide, in: O'Dowd, Liam/Wilson, Thomas M. (Hrsg.): Borders, Nations and States, Aldershot: Avebury, S. 179–198.

Ebbinghaus, Bernhard 1996: Spiegelwelten: Vergleich und Mehrebenenanalyse in der Europaforschung, in: König, Thomas/Rieger, Elmar/Schmitt, Hermann (Hrsg.): Das europäische Mehrebenensystem, Frankfurt a.M.: Campus, S. 405–428.

Eberwein, Wolf-Dieter/Kaiser, Karl 1998: Deutschlands neue Außenpolitik. Band 4: Institutionen und Ressourcen, München: Oldenbourg Verlag.

Edwards, Geoffrey/Pijpers, Alfred 1997: The 1996 IGC: An Introduction, in: dies. (Hrsg.): The Politics of European Treaty Reform. The 1996 Intergovernmental Conference and Beyond, London: Pinter Publishers, S. 1–14.

Edwards, Geoffrey/Pijpers, Alfred (Hrsg.) 1997: The Politics of European Treaty Reform. The 1996 Intergovernmental Conference and Beyond, London: Pinter Publishers.

Egger, Alexander 1994: Das Generalsekretariat des Rates der EU, Baden–Baden: Nomos Verlagsgesellschaft.

Eliassen, Kjell A. 1995: Legitimacy, Effectivity and the Europeification of National Policy–Making, in: Telò, Mario (Hrsg.) 1995: Democratie et Construction Européenne, Brüssel: Editions de l'Université de Bruxelles, S. 183–195.

Epiney, Astrid 1995: Switzerland and the Third Pillar: Implications and Perspectives, in: Bieber, Roland/Monar, Joerg (Hrsg.): Justice and Home Affairs in the European Union. The Development of the Third Pillar, Brüssel: European Interuniversity Press, S. 335–371.

Esders, Elke 1995: Migration in Europa: Eine Einwanderungspolitik für die Europäische Union?, unveröffentlichtes Vortragsmanuskript, Mailand, 6. Februar 1995.

Europäische Kommission 1997: Racism and Xenophobia in Europe. Eurobarometer Opinion Poll Nr. 47.1. Draft Final Report Presented at the Closing Conference of the European Year Against Racism, Luxemburg.

Europäische Kommission (Cellule du suivi du Traité d'Amsterdam) 1997: Historique de la conference intergouvernementale 1996, 9. Octobre 1997 (http://europa.eu.int/en/agenda/igc–home/eu–doc/commissn/notefin2.htm).

Europäisches Parlament (Generaldirektion Forschung) 1996: The Third Pillar of the Treaty on European Union. Co–Operation in the Fields of Justice and Home Affairs, Autor: Anne Keane, Luxemburg.

Europäisches Parlament (Generaldirektion Forschung) 1999: Free Movement of Persons in the European Union: Specific Issues (PE 167.028), Autor: Elpida Papahatzi, Luxemburg.

Falkner, Gerda 1994: Supranationalität trotz Einstimmigkeit. Entscheidungsmuster der EU am Beispiel Sozialpolitik, Bonn: Europa Union Verlag.

Farer, Tom 1995: How the International System Copes with Involuntary Migration: Norms, Institutions, and State Practice, in: Teitelbaum, Michael S./Weiner, Myron (Hrsg.): Threatened Peoples, Threatened Borders, New York: W.W. Norton Company, S. 257–292.

Fassmann, Heinz/Münz, Rainer (Hrsg.) 1996: Migration in Europa. Historische Entwicklung, aktuelle Trends, politische Reaktionen, Frankfurt a.M.: Campus.

Fassmann, Heinz/Münz, Rainer 1996: Europäische Migration – ein Überblick, in: dies. (Hrsg.): Migration in Europa. Historische Entwicklung, aktuelle Trends, politische Reaktionen, Frankfurt a.M.: Campus, S. 13–52.

Fischer, Wolfgang 1993: Die Europäische Union im Grundgesetz: der neue Artikel 23, in: Zeitschrift für Parlamentsfragen, Jg. 24 (1993), S. 32–49.

Fischer, Wolfgang 1998: Von Maastricht nach Amsterdam: Die Regierungskonferenz aus Sicht der deutschen Länder, in: Zeitschrift für Parlamentsfragen, Jg. 29 (1998), S. 46–64.

Fix, Michael 1997: The Transformation of U.S. Immigrant Integration Policy, Tagungsbeitrag zur Tagung Managing Migration for the 21st Century, Hamburg (unveröffentlichtes Vortragsmanuskript).

Føllesdal, Andreas 1998: Democracy and the European Union: Challenges, in: Føllesdal, Andreas/Koslowski, Peter (Hrsg.): Democracy and the European Union, Berlin: Springer, S. 1–9.

Føllesdal, Andreas/Koslowski, Peter (Hrsg.) 1998: Democracy and the European Union, Berlin: Springer.

Fortescue, John Adrian 1995: First experiences with the Implementation of the Third Pillar Provisions, in: Bieber, Roland/Monar, Jörg (Hrsg.): Justice and Home Affairs in the European Union. The Development of the Third Pillar, Brüssel: European Interuniversity Press, S. 19–27.

Freeman, Gary 1994: Can Liberal States Control Unwanted Migration?, in: The Annals of the American Academy of Political and Social Science, Band 534, Juli 1994, S. 17–30.

Garonne, Pierre 1993: Swiss Asylum Policy faced with the Schengen and Dublin Conventions, in: Korella, Gina/Twomey, Patrick (Hrsg.): Towards a European Immigration Policy, Brüssel: European Interuniversity Press, S. 217–226.

Ghosh, Bimal 1997: Bevölkerungsbewegungen: Die Suche nach einem neuen internationalen Regime, in: Angenendt, Steffen (Hrsg.): Migration und Flucht. Aufgaben und Strategien für Deutschland, Europa und die internationale Staatengemeinschaft, München: Oldenbourg Verlag, S. 264–271.

Giering, Claus 1997: Vertiefung durch Differenzierung – Flexibilisierungskonzepte in der aktuellen Reformdebatte, in: Integration, Jg. 20 (1997), S. 72–83.

Glatzel, Horst 1997: Bilaterale Rückübernahmeübereinkommen und multilaterale Harmonisierungspolitik, in: Angenendt, Steffen (Hrsg.) 1997: Migration und Flucht. Aufgaben und Strategien für Deutschland, Europa und die internationale Gemeinschaft, München: Oldenbourg Verlag, S. 107–115.

Goetz, Klaus H. 1995: National Governance and European Integration: Intergovernmental Relations in Germany, in: Journal of Common Market Studies, Jg. 33, S. 91–116.

Grabitz, Eberhard (Hrsg.) 1984: Abgestufte Integration – Eine Alternative zum herkömmlichen Integrationsprozeß?, Kehl am Rhein: N.P. Engel Verlag.

Greven, Michael Th. 1998: Mitgliedschaft, Grenzen und politischer Raum: Problemdimensionen der Demokratisierung der Europäischen Union, in: Kohler–Koch, Beate (Hrsg.): Regieren in entgrenzten Räumen, PVS–Sonderheft Nr. 29/1998, Opladen: Westdeutscher Verlag, S. 249–270.

Groeben, Hans von der/Thiesing, Jochen/Ehlermann, Claus–Dieter (Hrsg.) 1997: Kommentar zum EU–/EG–Vertrag. Band 5, 5. neubearb. Aufl., Baden–Baden: Nomos–Verlagsgesellschaft.

Gutmann, Rolf 1996: Die Assoziationsfreizügigkeit türkischer Staatsangehöriger: Ihre Entdeckung und ihr Inhalt, Baden–Baden: Nomos Verlagsgesellschaft.

Guyomarch, Alain/Machin, Howard/Ritchie, Ella 1998: France in the European Union, Houndmills: Macmillan Press.

Haas, Peter M. 1992: Introduction: Epistemic Communities and International Policy Coordination, in: International Organization, Jg. 46 (1992), S. 1–35.

Haberland, Jürgen 1996: Die Entschließungen der Justiz– und Innenminister der Europäischen Union im Bereich der Aufnahme, in: Zeitschrift für Ausländerrecht und Ausländerpolitik, Jg. 16 (1996), S. 3–11 und 56–62.

Habermas, Jürgen 1999: Der europäische Nationalstaat unter dem Druck der Globalisierung, in: Blätter für deutsche und internationale Politik, Jg. 44 (1999), S. 425–436.

Hailbronner, Kay 1989: Möglichkeiten und Grenzen einer europäischen Koordinierung des Einreise– und Asylrechts, Baden–Baden: Nomos Verlagsgesellschaft.

Hailbronner, Kay 1998: European Immigration and Asylum Law under the Amsterdam Treaty, in: Common Market Law Review, Jg. 35 (1998), S. 1047–1067.

Hailbronner, Kay/Thierry, Claus 1997: Schengen II und Dublin – Der zuständige Asylstaat in Europa, Zeitschrift für Ausländerrecht und Ausländerpolitik, Jg. 17 (1997), S. 55–66.

Hailbronner, Kay/Thiery, Claus 1998: Amsterdam – Vergemeinschaftung der Sachbereiche Freier Personenverkehr, Asylrecht und Einwanderung sowie Überführung des Schengen–Besitzstands auf EU–Ebene, in: Europarecht, 33. Jg. (1998), S. 583–615.

Hammar, Tomas 1985: European Migration Policy. A Comparative Study, Cambridge: Cambridge University Press.

Hammar, Tomas 1992: Laws and Policies Regulating Population Movements: A European Perspective, in: Kritz, Mary/Lim, Lin/Zlotnik, Hania: International Migration Systems. A Global Approach, Oxford: Clarendon Press, S. 245–262.

Harmsen, Robert 1999: The Europeanization of National Administrations: A Comparative Study of France and the Netherlands, in: Governance: An International Journal of Policy and Administration, Jg. 12 (1999), S. 81–113.

Hayes–Renshaw, Fiona/Wallace, Helen 1997: The Council of Ministers, London: Macmillan.

Heckmann, Friedrich/Bosswick, Wolfgang (Hrsg.) 1995: Migration Policies: a Comparative Perspective, Stuttgart: Ferdinand Enke Verlag.

Heckmann, Friedrich/Tomei, Verónica (Hrsg.) 1996: Freizügigkeit in Europa. Migrations– und europapolitische Aspekte des Schengen–Vertrags, Bonn: Europa Union Verlag.

Heikkinen, Hanni/Lohrmann, Reinhard 1998: Involvement of the Organised Crime in the Trafficking in Migrants, Oktober 1998 (http://migration.ucdavis.edu/mm21/Lorhmann.htm).

Heinelt, Hubert (Hrsg.) 1994: Zuwanderungspolitik in Europa. Nationale Politiken, Gemeinsamkeiten und Unterschiede, Opladen: Leske+Budrich.

Heinelt, Hubert 1998: Zivilgesellschaftliche Perspektiven einer demokratischen Transformation der Europäischen Union, in: Zeitschrift für Internationale Beziehungen, Jg. 5 (1998), S. 79–107.

Heintzen, Markus 1997: Fremde in Deutschland – Geschichtliche Entwicklung und aktuelle Regelungsprobleme des deutschen Ausländer– und Staatsangehörigkeitsrechts, in: Der Staat, 36. Jg. (1997), S. 327–347.

Heisler, Martin/Layton–Henry, Zig 1993: Migration and the Links between Social and Societal Security, in: Wæver, Ole u.a. (Hrsg.): Identity, Migration and the New Security Agenda in Europe, London: Pinter Publishers, S. 148–166.

Hellenthal, Markus 1995: Die Einbindung von Beförderungsunternehmen in die Bekämpfung illegaler Einreise, in: Zeitschrift für Ausländerrecht und Ausländerpolitik, Jg. 15 (1995), S. 76–84.

Héritier, Adrienne u.a. (Hrsg.) 1994: Die Veränderung von Staatlichkeit in Europa. Ein regulativer Wettbewerb: Deutschland, Großbritannien, Frankreich, Opladen: Leske+Budrich.

Hildebrandt, Achim 1996: Das Visumregime im Schengener Vertragswerk, in: Heckmann, Friedrich/Tomei, Verónica (Hrsg.): Freizügigkeit in Europa. Migrations- und europapolitische Aspekte des Schengen-Vertrags, Bonn: Europa Union Verlag, S. 45-61.

Hildebrandt, Achim/Nanz, Klaus-Peter 1999: Visumpraxis. Voraussetzungen, Zuständigkeiten und Verfahren der Visumerteilung in den Staaten des Schengener Abkommens, Starnberg: Schulz.

Höreth, Marcus 1998: The Trilemma of Legitimacy. Multilevel Governance in the EU and the Problem of Democracy, Zentrum für Europäische Integrationsforschung, Discussion Paper C 11/1998, Bonn.

Hoffmann-Nowotny, Hans-Joachim 1993: Weltmigration – eine soziologische Analyse, in: Kälin, Walter/Moser, R. (Hrsg.): Migrationen aus der dritten Welt. Ursachen – Wirkungen – Handlungsmöglichkeiten, 3. aktual., stark erw. und erg. Aufl., Bern u.a.: Haupt, S. 57-68.

Hollifield, James F. 1992: Immigrants, Markets and States. The Political Economy of Postwar Europe, Cambridge (Ma): Harvard University Press.

Hoyer, Werner 1998: Nationale Entscheidungsstrukturen deutscher Europapolitik, in: Eberwein, Wolf-Dieter/Kaiser, Karl (Hrsg.): Deutschlands neue Außenpolitik. Band 4: Institutionen und Ressourcen, München: Oldenbourg Verlag, S. 75-86.

Hrbek, Rudolf/Thaysen, Ulrich (Hrsg.) 1986: Die deutschen Länder und die Europäischen Gemeinschaften, Baden-Baden: Nomos Verlagsgesellschaft.

IGC 1995a (Secretariat of the Inter-Governmental Consultations on Asylum, Refugee and Migration Policies in Europe, North America and Australia) Report on Temporary Protection in States in Europe, North America and Australia, Stand: August 1995, Genf.

IGC 1995b: (Secretariat of the Inter-Governmental Consultations on Asylum, Refugee and Migration Policies in Europe, North America and Australia) Summary Description of Asylum Procedures in States in Europe, North America and Australia, Stand: Oktober 1995, Genf.

IGC 1997 (Secretariat of the Inter-Governmental Consultations on Asylum, Refugee and Migration Policies in Europe, North America and Australia) Report on Asylum Procedures. Overview of Policies and Practices in IGC Participating States, Stand: September 1997, Genf.

International Center for Migration Policy Development (ICMPD) 1995: Asyl in Europa. Asyl in der Schweiz, Bern: Bundesamt für Flüchtlinge.

International Center for Migration Policy Development (ICMPD) 1997: Information Note on the Development of the Budapest Process.

International Labour Organization/International Organization for Migration/United Nations High Commissioner for Refugees 1994: Migrants, Refugees and International Cooperation, Genf.

Ipsen, Knut 1990: Völkerrecht. Ein Studienbuch, 3. , völlig neu bearb. Aufl., München: Beck.

Ireland, Patrick 1996: Asking for the Moon: The Political Participation of Immigrants in the European Union, in: Kourvetaris, George A./Moschonas, Andreas (Hrsg.): The Impact of European Integration. Political, Sociological, and Economic Changes, London: Praeger, S. 131-149.

Jachtenfuchs, Markus/Kohler-Koch, Beate 1996: Einleitung: Regieren im dynamischen Mehrebenensystem, in: dies. (Hrsg.): Europäische Integration, Opladen: Leske+Budrich, S. 15-44.

Jachtenfuchs, Markus/Kohler-Koch, Beate (Hrsg.) 1996: Europäische Integration, Opladen: Leske+Budrich.

Jachtenfuchs, Markus 1998: Entgrenzung und politische Steuerung (Kommentar), in: Kohler-Koch, Beate (Hrsg.): Regieren in entgrenzten Räumen, PVS-Sonderheft Nr. 29/1998, Opladen: Westdeutscher Verlag, S.235-245.

Jong, Cornelius de 1993: Towards a European Immigration Policy under the Treaty on European Union, in: Korella, Gina D./Twomey, Patrick M. (Hrsg.): Towards a European Immigration Policy. Current Situation- Perspectives, Brüssel: Interuniversity Press, S. 45-58.

Jopp, Mathias/Schmuck, Otto (Hrsg.) 1996: Die Reform der Europäischen Union. Analysen-Positionen-Dokumente zur Regierungskonferenz 1996/97, Bonn: Europa Union Verlag.

Jordan, Hartmut 1998: Die Arbeit des Bundesamtes für die Anerkennung ausländischer Flüchtlinge im internationalen Bereich, in: Asylpraxis. Schriftenreihe des Bundesamtes für die Anerkennung ausländischer Flüchtlinge, Band 4, Nürnberg, S. 195-217.

Jünemann, Annette 1997: Europas Migrationspolitik im Mittelmeerraum: Strategien im Spannungsfeld zwischen Festungsmentalität und neuem Partnerschaftsgeist, Vortrag auf dem 20.Kongreß der Deutschen Vereinigung für Politische Wissenschaft „Demokratie - Eine Kultur des Westens?", Bamberg, 13.-17.10.1997 (unveröffentlichtes Vortragsmanuskript).

Kaiser, Karl 1969: Transnationale Politik. Zu einer Theorie der multinationalen Politik, in: Czempiel, Ernst-Otto (Hrsg.): Die anachronistische Souveränität. Zum Verhältnis von Innen- und Außenpolitik, Politische Vierteljahresschrift, Sonderheft Nr. 1/1969, Köln und Opladen: Westdeutscher Verlag, S. 80-109.

Kaiser, Karl 1971: Transnational Relations as a Threat to the Democratic Process, in: Keohane, Robert O./Nye, Joseph S. (Hrsg.): Transnational Relations and World Politics, Cambridge (Ma): Harvard University Press, S. 356–370.

Kaiser, Karl 1995: Die neue Weltpolitik: Folgerungen für Deutschlands Rolle, in: Kaiser, Karl/Schwarz, Hans–Peter (Hrsg.): Die neue Weltpolitik, Bonn: Bundeszentrale für politische Bildung, S. 497–511.

Kaiser, Karl/Maull, Hanns W. (Hrsg.) 1995: Deutschlands neue Außenpolitik. Band 1: Grundlagen, München: Oldenbourg Verlag.

Kaiser, Karl 1996: Zwischen neuer Interdependenz und altem Nationalstaat–Vorschläge zur Re–Demokratisierung, in: Weidenfeld, Werner (Hrsg.): Demokratie am Wendepunkt. Die demokratische Frage als Projekt des 21. Jahrhunderts, Berlin: Siedler, S. 311–328.

Kaiser, Karl 1998: Globalisierung als Problem der Demokratie, in: Internationale Politik, Jg. 53, Heft 4/1998, S. 3–11.

Kapteyn, Paul 1993: „Kulturgerecht verhandeln". Über nationale Zivilisationen und europäische Integration. Das Beispiel von Schengen, in: Blomert, Reinhart/Kuzmics, Helmut/Treibel, Annette (Hrsg.): Transformationen des Wir-Gefühls. Studien zum nationalen Habitus, Frankfurt a.M.: Suhrkamp, S. 85–117.

Keely, Charles B. 1996: How Nation States Create and Respond to Refugee Flows, in: International Migration Review, Jg. 30 (1996), S. 1046–1066.

Keohane, Robert O. 1982: The Demand for International Regimes, in: International Organization, Jg. 36 (1982), S. 325–356.

Keohane, Robert O. 1993: The Diplomacy of Structural Change: Multilateral Institutions and State Strategies, in: Haftendorf, Helga/Tuschhoff, Christian (Hrsg.): America and Europe in an Era of Change, Boulder: Westview Press, S. 43–59.

Keohane, Robert O. 1996: International Relations, Old and New, in: Goodin, Robert E./Klingemann, Hans–Dieter: A New Handbook of Political Science, New York: Oxford University Press, S. 462–476.

Keohane, Robert O./Hoffmann, Stanley (Hrsg.)1991: The New European Community. Decisionmaking and Institutional Change, Boulder: Westview Press.

Keohane, Robert O./Nye, Joseph S. 1973: Transgovernmental Relations and International Organizations, in: World Politics, Jg. 26 (1973/1974), S. 39–62.

Kiehl, Melanie/Werner, Heinz 1998: Die Arbeitsmarktsituation von EU–Bürgern und Angehörigen von Drittstaaten in der EU, IAB–Werkstattbericht Nr. 7/30.7.1998, Nürnberg: Institut für Arbeitsmarkt– und Berufsforschung der Bundesanstalt für Arbeit.

Kielmansegg, Peter Graf 1996: Integration und Demokratie, in: Jachtenfuchs, Markus/Kohler-Koch, Beate (Hrsg.): Europäische Integration, Opladen: Leske+Budrich, S. 47-71.

King, Russel/Fielding, Anthony/Black, Richard 1997: The International Migration Turnaround in Southern Europe, in: King, Russel/Black, Richard (Hrsg.): Southern Europe and the New Immigrants, Brighton: Sussex Academy Press, S. 1-25.

Klos, Christian 1998: Rahmenbedingungen und Gestaltungsmöglichkeiten der Europäischen Migrationspolitik, Konstanz: Hartung Gorre Verlag.

Koerfer, Daniel 1988: Zankapfel Europapolitik: Der Kompetenzstreit zwischen Auswärtigem Amt und Bundeswirtschaftsministerium 1957/58, in: Politische Vierteljahresschrift, Jg. 29 (1988), S. 553-568.

Kohler-Koch, Beate 1998: Effizienz und Demokratie: Probleme des Regierens in entgrenzten Räumen, in: Kohler-Koch, Beate (Hrsg.): Regieren in entgrenzten Räumen, PVS-Sonderheft Nr. 29/1998, Opladen: Westdeutscher Verlag, S. 11-25.

Kohler-Koch, Beate (Hrsg.)1998: Regieren in entgrenzten Räumen, PVS-Sonderheft Nr. 29/1998, Opladen: Westdeutscher Verlag.

Kohler-Koch, Beate/Edler, Jacob 1998: Ideendiskurs und Vergemeinschaftung: Erschließung transnationaler Räume durch europäisches Regieren, in: Kohler-Koch, Beate (Hrsg.) 1998: Regieren in entgrenzten Räumen, PVS-Sonderheft Nr. 29/1998, Opladen: Westdeutscher Verlag, S. 169-206.

Kohler-Koch, Beate/Jachtenfuchs, Markus 1996: Regieren in der Europäischen Union. Fragestellungen für eine interdisziplinäre Europaforschung, in: Politische Vierteljahresschrift, Jg. 37 (1996), S. 537-556.

Koivukangas, Olavi 1999: Finland, in: Angenendt, Steffen (Hrsg.): Asylum and Migration Policies in the European Union, Bonn: Europa Union Verlag, S. 127-142.

Korella, Gina D./Twomey, Patrick M. (Hrsg.) 1993: Towards a European Immigration Policy, Brüssel: Interuniversity Press.

Koydl, Wolfgang 1998: Die Goldgrube am Marmara-Meer, in: Süddeutsche Zeitung, vom 9.1.1998, S. 3.

Krasner, Stephen D. 1983: Structural Causes and Regime Consequences: Regimes as Intervening Variables, in: ders. (Hrsg.): International Regimes, Ithaca (N.Y.): Cornell University Press, S. 1-22.

Krasner, Stephen D. (Hrsg.) 1983: International Regimes, Ithaca (N.Y.): Cornell University Press.

Kritz, Mary/Zlotnik, Hania 1992: Global Interactions: Migration Systems, Processes and Policies, in: Kritz, Mary/Lim, Lin/Zlotnik, Hania (Hrsg.): International Migration Systems. A Global Approach, Oxford: Clarendon Press, S. 1–16.

Kritz, Mary/Lim, Lin/Zlotnik, Hania (Hrsg.) 1992: International Migration Systems. A Global Approach, Oxford: Clarendon Press.

Kubat, Daniel (Hrsg.) 1993: The Politics of Migration Policies. Settlement and Integration. The First World into the 1990s, New York: Center for Migration Studies.

Kugelmann, Dieter 1998: Spielräume und Chancen einer europäischen Einwanderungspolitik, in: Zeitschrift für Ausländerrecht und Ausländerpolitik, Jg. 18 (1998), S. 243–250.

Ladrech, Robert 1994: Europeanization of Domestic Politics and Institutions: The Case of France, in: Journal of Common Market Studies, Jg. 32 (1994), S. 69–88.

Lahav, Gallya 1997: Ideological and Party Constraints on Immigration Attitudes in Europe, in: Journal of Common Market Studies, Jg. 35 (1997), S. 377–406.

Lang, Gernot 1998: Zu den Rechtswirkungen des Vertrags von Amsterdam auf den Rechtsstatus der Drittstaatsangehörigen, in: Zeitschrift für Ausländerrecht und Ausländerpolitik, Jg. 18 (1998), S. 59–67.

Laursen, Finn 1997: The Lessons of Maastricht, in: Edwards, Geoffrey/Pijpers, Alfred (Hrsg.): The Politics of European Treaty Reform. The 1996 Intergovernmental Conference and Beyond, London: Pinter Publishers, S. 59–73.

Layton–Henry, Zig 1994: Britain: The Would–be–Zero–Immigration Country, in: Cornelius, Wayne A./Martin, Philip L./Hollifield, James F. (Hrsg.): Controlling Immigration – A Global Perspective, Stanford: Stanford University Press, S. 273–295.

Lederer, Harald W. 1997: Migration und Integration in Zahlen. Ein Handbuch, Herausgeber: Beauftragte der Bundesregierung für Ausländerfragen, Bonn: Beauftragte der Bundesregierung für Ausländerfragen.

Lederer, Harald W./Nickel, Axel 1997: Illegale Ausländerbeschäftigung in der Bundesrepublik Deutschland, Bonn: Friedrich–Ebert–Stiftung.

Lederer, Harald, W./Rau, Roland/Rühl, Stefan 1999: Bericht über die Zu– und Abwanderung. Migrationsbericht, Bonn: Beauftragte der Bundesregierung für Ausländerfragen.

Lehnguth, Gerold/Maaßen, Hans–Georg/Schieffer, Martin 1998: Rückführung und Rückübernahme. Die Rückübernahmeabkommen der Bundesrepublik Deutschland. Textsammlung mit Einführung und Erläuterungen, Starnberg: Verlag R.S. Schulz.

Lepoivre, Marc 1995: Le domaine de la justice et des affaires intérieures dans la perspective de la conférence intergouvernementale de 1996, in: Cahiers de droit européen, Jg. 31, S. 323–349.

Lobkowicz, Wenceslas de 1996: Der „dritte" Pfeiler des Unionsvertrages in der Perspektive der Regierungskonferenz 1996, in: Müller–Graff, Peter–Christian (Hrsg.): Europäische Zusammenarbeit in den Bereichen Justiz und Inneres. Der dritte Pfeiler der Europäischen Union, Baden–Baden: Nomos Verlagsgesellschaft, S. 41–60.

Lönnroth, Juhani 1991: The International Convention on the Rights of All Migrant Workers and Members of Their Families in the Context of International Migration Policies: An Analysis of Ten Years of Negotiation, in: International Migration Review, Jg. 25, S. 710–770.

Loescher, Gil 1992: Refugee Movements and International Security, Adelphi Papers 268, London: Brassey's.

Magiera, Siegfried (Hrsg.) 1990: Das Europa der Bürger in einer Gemeinschaft ohne Binnengenzen, Baden–Baden: Nomos Verlagsgesellschaft.

Maurer, Andreas 1998: Regieren nach Maastricht. Die Bilanz des Europäischen Parlaments nach fünf Jahren „Mitentscheidung", in: Integration, Jg. 21 (1998), S. 212–224.

Mayntz, Renate 1985: Soziologie der öffentlichen Verwaltung, 3. überarb. Aufl., Heidelberg: C.F. Müller Juristischer Verlag.

Meissner, Doris M. u.a. 1993: Internationale Migration: Herausforderungen einer neuen Ära. Politische Perspektiven und Prioritäten für Europa, Japan, Nordamerika und die internationale Gemeinschaft. Ein Bericht an die Trilaterale Kommission, Forschungsinstitut der Deutschen Gesellschaft für Auswärtige Politik, Bonn: Europa Union Verlag.

Menke, Matthias 1993: Bedingungen einer Asylgesetzgebung der Europäischen Gemeinschaft, Baden–Baden: Nomos Verlagsgesellschaft.

Mény, Yves/Muller, Pierre/Quermonne, Jean–Louis (Hrsg.) 1996: Adjusting to Europe. The Impact of the European Union on National Institutions and Policies, London: Routledge.

Ministry of Labour 1997: Principles of Finnish Refugee and Migration Policy. Report I of the Advisory Board for Refugee and Migration Affairs, Helsinki.

Möller, Franz/Limpert, Martin 1993: Informations- und Mitwirkungsrechte des Bundestages in Angelegenheiten der Europäischen Union, in: Zeitschrift für Parlamentsfragen, Jg. 24 (1993), S. 21-32.

Møller, Ørstrøm J. 1983: Danish EC Decision-Making: An Insider's View, in: Journal of Common Market Studies, Jg. 21 (1983), S. 245-260.

Monar, Jörg 1996: Reformziel Innere Sicherheit: die Notwendigkeit einer gemeinsamen Innen- und Justizpolitik, in: Jopp, Mathias/Schmuck, Otto (Hrsg.): Die Reform der Europäischen Union. Analysen – Positionen – Dokumente zur Regierungskonferenz 1996/97, Bonn: Europa Union Verlag, S. 59-73.

Monar, Jörg 1998: Justice and Home Affairs, in: The European Union 1997. Annual Review of Activities. Journal of Common Market Studies, Jg. 36 (1998), Annual Review, S. 131-142.

Monar, Jörg/Morgan, Roger (Hrsg.) 1994: The Third Pillar of the European Union. Cooperation in the Fields of Justice and Home Affairs, Brüssel: Interuniversity Press.

Monz, Leo 1995: Zur Diskussion: Maastricht II muß die Rolle der Wanderarbeitnehmer stärken, in: DGB-Forum Migration. Informationen zur Migrations- , Integrations- und Antidiskriminierungspolitik ethnischer Minderheiten, Nr. 2/3 1995.

Moravcsik, Andrew/Nicolaïdis, Kalypso 1999: Explaining the Treaty of Amsterdam: Interests, Influence, Institutions, in: Journal of Common Market Studies, Jg. 37 (1999), S. 59-85.

Müller, Harald 1993: Die Chance der Kooperation, Darmstadt: Wissenschaftliche Buchgesellschaft.

Müller-Graff, Peter-Christian 1997: Justiz und Inneres nach Amsterdam – Die Neuerungen in erster und dritter Säule, in: Integration, Jg. 20 (1997), S. 271-284.

Müller-Graff, Peter-Christian 1996 (Hrsg.): Europäische Zusammenarbeit in den Bereichen Justiz und Inneres. Der dritte Pfeiler der Europäischen Union, Baden-Baden: Nomos Verlagsgesellschaft.

Münch, Richard 1993: Das Projekt Europa, Frankfurt a. M.: Suhrkamp.

Murswiek, Dietrich 1996: Souveränität und humanitäre Intervention. Zu einigen neuen Tendenzen im Völkerrecht, in: Der Staat, 35. Jg. (1996), S. 31-44.

Mrusek, Konrad 1998: Isolation verschaft der Schweiz keine Sicherheit, Frankfurter Allgemeine Zeitung, vom 3.4.1998.

Nanz, Klaus-Peter 1992: Der „3. Pfeiler der Europäischen Union": Zusammenarbeit in der Innen- und Justizpolitik, in: Integration, Jg. 15 (1992), S. 126-140.

Nanz, Klaus-Peter 1994: Das Schengener Übereinkommen: Personenfreizügigkeit in integrationspolitischer Perspektive, in: Integration, Jg. 17 (1994), S. 92-108.

Nanz, Klaus-Peter 1995: The Schengen Agreement: Preparing the Free Movement of Persons in the European Union, in: Bieber, Roland/Monar, Jörg (Hrsg.) 1995: Justice and Home Affairs in the European Union. The Development of the Third Pillar, Brüssel: Interuniversitary Press, S. 29-48.

Nanz, Klaus-Peter 1996: Visapolitik und Einwanderungspolitik in der Europäischen Union, in: Müller-Graff, Peter-Christian (Hrsg.): Europäische Zusammenarbeit in den Bereichen Justiz und Inneres. Der dritte Pfeiler der Europäischen Union, Baden-Baden: Nomos Verlagsgesellschaft, S. 63-74.

Newman, Michael 1996: Democracy, Sovereignty and the European Union, London: Hurst & Company.

Nugent, Neill 1995: The Government and Politics of the European Union, 3. Aufl., Houndmills: Macmillan.

Nuscheler, Franz 1995: Internationale Migration. Flucht und Asyl, Opladen: Leske+Budrich.

OECD 1997: SOPEMI. Trends in International Migration. Annual Report 1996, Paris: OECD.

OECD 1998: SOPEMI. Trends in International Migration. Annual Report 1998, Paris: OECD.

Opitz, Peter J. 1988: Das Weltflüchtlingsproblem. Ursachen und Folgen, München: Beck.

Opitz, Peter J. 1997: Der globale Marsch. Flucht und Migration als Weltproblem, München: Beck.

Oppermann, Thomas 1999: Europarecht, 2. Aufl., München: Beck.

Ornbrat, Birgitta/Peura, Markku 1993: The Nordic Pact: An Experiment in Controlled Stability, in: Kubat, Daniel (Hrsg.): The Politics of Migration Policies, New York: Center for Migration Studies, S. 202-230.

Papademetriou, Demetrios G. 1996: Coming Together or Pulling Apart? The European Union's Struggle with Immigration and Asylum, Washington D.C.: Carnegie Endowment for International Peace.

Papademetriou, Demetrios G./Hamilton, Kimberley A. 1995: Managing Uncertainty: Regulating Immigration Flows in Advanced Industrial Countries, Washington D.C.: Carnegie Endowment for International Peace.

Pauly, Alexis (Hrsg.) 1994: Schengen en panne, Maastricht: European Institute of Public Administration.

Petrinioti, Xanthi 1994: Griechenland, in: Heinelt, Hubert (Hrsg.) 1994: Zuwanderungspolitik in Europa. Nationale Politiken, Gemeinsamkeiten und Unterschiede, Opladen: Leske+Budrich.

Philippart, Eric/Edwards, Geoffrey 1999: The Provisions on Closer Co-operation in the Treaty of Amsterdam: The Politics of Flexibility in the European Union, in: Journal of Common Market Studies, Jg. 37 (1999), S. 87–108.

Piepenschneider, Melanie 1996: Regierungskonferenz 1996. Synopse der Reformvorschläge zur Europäischen Union, Arbeitspapier der Konrad-Adenauer-Stiftung, 2. überarb. und aktual. Aufl., Sankt Augustin.

Pinder, John 1997: New Labour – New Europe? Chancen für eine stärkere und demokratischere EU, in: Integration, Jg. 20 (1997), S. 136–144.

Pöhle, Klaus 1998: Das Demokratiedefizit der Europäischen Union und die nationalen Parlamente, in: Zeitschrift für Parlamentsfragen, Jg. 29 (1998), S. 77–89.

Pollack, Mark A. 1997: Delegation, Agency, and Agenda Setting in the European Community, in: International Organization, Jg. 51 (1997), S. 99–134.

Preuß, Ulrich 1993: Zum verfassungstheoretischen Begriff des Staatsbürgers in der modernen Gesellschaft, in: ders. (Hrsg.): Staatsbürgerschaft und Zuwanderung, Bremen: Zentrum für Europäische Rechtspolitik, S. 21–37.

Pries, Ludger 1996: Transnationale Soziale Räume, in: Zeitschrift für Soziologie, Jg. 25 (1996), S. 456–472.

Putnam, Robert 1988: Diplomacy and Domestic Politics: the Logic of Two-Level-Games, in: International Organization, Jg. 42 (1988), S. 427–460.

Rattinger, Hans 1996: Einstellungen zur europäischen Integration in der Bundesrepublik: Ein Kausalmodell, in: Zeitschrift für Internationale Beziehungen, Jg. 3 (1996), S. 45–78.

Reermann, Olaf 1999: Lastenteilung und zeitweilige Aufnahme, Vortrag auf der Tagung „Von Schengen nach Amsterdam. Auf dem Weg zu einem europäischen Einwanderungs- und Asylrecht", Trier, 18./19.2.1999 (unveröffentlichte Leitlinien des Referats).

Rey, Annette 1997: Einwanderung in Frankreich 1981 bis 1995, Opladen: Leske+Budrich.

Rheims, Birgit 1998: Migration und Flucht, in: Hauchler, Ingomar/Messner, Dirk/Nuscheler, Franz (Hrsg.): Globale Trends 1998. Fakten–Analysen–Prognosen, Frankfurt am Main: Fischer, S. 97–117.

Richardson, Jeremy J. (Hrsg.) 1996: European Union. Power and Policy–Making, London: Routledge.

Rifkind, Malcolm 1997: Europe: Where do the Limits of Integration Lie?, Vortrag vor dem schwedischen Institut für internationale Beziehungen, Stockholm, 3. Februar 1997 (Fundstelle: http://www.fco.gov.uk/current/1997/feb/03/europe2.txt).

Rittberger, Volker (Hrsg.) 1990: Theorien der Internationalen Beziehungen, PVS–Sonderheft Nr. 21, Opladen: Westdeutscher Verlag.

Rupprecht, Reinhard 1997: Justiz und Inneres nach dem Amsterdamer Vertrag, in: Integration, Jg. 20 (1997), S. 264–270.

Sandholtz, Wayne 1993: Choosing Union: Monetary Politics and Maastricht, in: International Organization, Jg. 47 (1993), S. 1–40.

Sandholtz, Wayne/Stone Sweet, Alec 1998: Integration, Supranational Governance, and the Institutionalization of the European Politiy, in: dies. (Hrsg.): European Integration and Supranational Governance, Oxford: Oxford University Press, S. 1–26.

Sandholtz, Wayne/Stone Sweet, Alec (Hrsg.) 1998: European Integration and Supranational Governance, Oxford: Oxford University Press.

Santel, Bernhard 1995: Migration in und nach Europa. Erfahrungen. Strukturen. Politik, Opladen: Leske+Budrich.

Scharpf, Fritz W. 1994a: Autonomieschonend und gemeinschaftsverträglich. Zur Logik einer europäischen Mehrebenenpolitik, in: ders.: Optionen des Föderalismus in Deutschland und Europa, Frankfurt a.M.: Campus, S. 131–155.

Scharpf, Fritz W. 1994b: Die Politikverflechtungsfalle. Europäische Integration und deutscher Föderalismus im Vergleich, in: ders.: Optionen des Föderalismus in Deutschland und Europa, Frankfurt a.M.: Campus, S. 11–44.

Scharpf, Fritz W. 1994c: Mehrebenenpolitik im vollendeten Binnenmarkt, MPIFG Discussion Paper 94/4, Köln.

Scharpf, Fritz W. 1996: Democratic Policy in Europe, in: Hesse, Joachim Jens/Toonen, Theo A.J. (Hrsg.): The European Yearbook of Comparative Government and Public Administration, Vol. II/1995, Baden–Baden: Nomos Verlagsgesellschaft, S. 91–114.

Scharpf, Fritz W. 1998a: Demokratie in der transnationalen Politik, in: Beck, Ulrich (Hrsg.): Politik der Globalisierung, Frankfurt a..M.: Suhrkamp, S. 228–253.

Scharpf, Fritz W. 1998b: Demokratische Politik in der internationalisierten Demokratie, in: Greven, Michael Th. (Hrsg.): Demokratie – eine Kultur des Westens?, Opladen: Westdeutscher Verlag, S. 81–103.

Schattenberg, Bernd 1999: Deutsche Erfahrungen mit Schengen, Vortrag bei der Tagung der Europäischen Rechtsakademie Trier: Von Schengen nach Amsterdam. Auf dem Weg zu einem Europäischen Einwanderungs- und Asylrecht, am 18./19. Februar 1999 in Trier (unveröffentlichtes Vortragsmanuskript).

Schelter, Kurt 1996: Innenpolitische Zusammenarbeit in Europa zwischen Maastricht und Regierungskonferenz 1996, in: Aus Politik und Zeitgeschichte B 1–2 (1996), S. 19–26.

Schieffer, Martin 1998: Die Zusammenarbeit der EU–Mitgliedstaaten in den Bereichen Asyl und Einwanderung, Baden–Baden: Nomos Verlagsgesellschaft.

Schild, Hans–Hermann 1991: Datenschutz in Europa, in: Europäische Zeitschrift für Wirtschaftsrecht, Jg. 2 (1991), S. 745–748.

Schild, Hans–Hermann 1996: Die EG–Datenschutzrichtlinie, in: Europäische Zeitschrift für Wirtschaftsrecht, Jg. 7 (1996), S. 549–555.

Schmalz–Jacobsen, Cornelia 1998: Integration – Grundvoraussetzung ohne Alternative, Bonn.

Schönfelder, Wilhelm/Silberberg, Reinhard 1997: Auf dem Weg zum Ziel. Die Ergebnisse des Vertrags von Amsterdam, in: Internationale Politik, Jg. 52 (1997), Heft 11, S. 18–24.

Schönfelder, Wilhelm/Silberberg, Reinhard 1997: Der Vertrag von Amsterdam: Entstehung und erste Bewertung, in: Integration, Jg. 20 (1997), S. 203–210.

Schulze, Hagen 1994: Staat und Nation in der Europäischen Geschichte, München: Beck.

Schwarze, Susan 1998: Das Arenen–Verhandlungsmodell zur Analyse von Entscheidungsprozessen: Die deutsche Asylpolitik im europäischen Kontext, in: Pfahl, Stefanie u.a.. (Hrsg.): Institutionelle Herausforderungen im neuen Europa. Legitimität, Wirkung und Anpassung, Opladen: Westdeutscher Verlag, S. 275–306.

Schweitzer, Michael/Hummer, Waldemar 1996: Europarecht. Das Recht der Europäischen Union; das Recht der Europäischen Gemeinschaften (EGKS, EG, EAG); mit Schwerpunkt EG, 5. neubearb. und erw. Aufl., Berlin: Luchterhand.

Siedentopf, Heinrich 1997: Die Internationalität der öffentlichen Verwaltung, in: König, Klaus/Siedentopf, Heinrich (Hrsg.): Öffentliche Verwaltung in Deutschland, Baden-Baden: Nomos Verlagsgesellschaft, S. 711-730.

Soysal, Yasemin N. 1993: Immigration and the Emerging European Polity, in: Andersen, Svein S./Eliassen, Kjell A. (Hrsg.): Making Policy in Europe. The Europeification of National Policy-Making, London: Sage, S. 171 -186.

Staas, Dieter 1994: Migration und Fremdenfeindlichkeit als politisches Problem, Hamburg: LIT Verlag.

Stalker, Peter 1994: The Work of Strangers: A Survey of International Labour Migration, Genf: International Labour Organization.

Stein, Arthur A. 1983: Coordination and Collaboration: Regimes in an Anarchic World, in: Krasner, Stephen D. (Hrsg.) 1983: International Regimes, Ithaca (N.Y.): Cornell University Press, S. 115-140.

Stubb, Alexander 1996: A Categorization of Differentiated Integration, in: Journal of Common Market Studies, Jg. 34 (1996), S. 283-295.

Taschner, Hans Claudius 1990: Schengen oder die Abschaffung der Personenkontrollen an den Binnengrenzen der EG, Vortrag vor dem Europainstitut der Universität des Saarlandes, Saarbrücken, den 11.12.1990, dok. in: Ress, Georg (Hrsg.): Vorträge, Reden und Berichte aus dem Europa-Institut/Nr. 227.

Taschner, Hans Claudius 1997: Schengen. Die Übereinkommen zum Abbau der Personenkontrollen an den Binnengrenzen von EU-Staaten, Baden-Baden: Nomos Verlagsgesellschaft.

Teitelbaum, Michael S./Weiner, Myron (Hrsg.) 1995: Threatened Peoples, Threatened Borders. World Migration and U.S. Policy, New York: W.W.Norton Company.

Telò, Mario (Hrsg.) 1995: Democratie et Construction Européenne, Brüssel: Editions de l'Université de Bruxelles.

Thränhardt, Dietrich (Hrsg.) 1996: Europe. A New Immigration Continent. Policies and Politics in Comparative Perspective, Second Edition, Münster: LIT Verlag.

Thym, Rolf 1999: Skrupellose Paten. Schleuser sind oft besser ausgerüstet als die Polizei, in: Süddeutsche Zeitung, 30. April/1./2. Mai 1999, S. 64.

Tomei, Verónica 1994: Stand und Probleme der Asyl- und Einwanderungspolitik innerhalb der EG unter besonderer Berücksichtigung Deutschlands und Frankreichs, Bonn (unveröffentlichte Magisterarbeit).

Tomei, Verónica 1996: Europäische Bemühungen zur Migrationskontrolle, in: Clausen, Lars (Hrsg.): Gesellschaften im Umbruch. Verhandlungen des 27. Kongresses der Deutschen Gesellschaft für Soziologie in Halle an der Saale 1995, Frankfurt a.M.: Campus, S. 427-437.

Tomei, Verónica 1997: Europäische Migrationspolitik zwischen Kooperationszwang und Souveränitätsansprüchen, Bonn: Europa Union Verlag.

Tomei, Verónica 1999: Migration und transnationale Verwaltungsstrukturen, in: Schwengel, Hermann (Hrsg.): Grenzenlose Gesellschaft? 29. Kongress der Deutschen Gesellschaft für Soziologie, 16. Österreichischer Kongress für Soziologie, 11. Kongress der Schweizerischen Gesellschaft für Soziologie. Band II, Pfaffenweiler: Centaurus 1999, S. 306-308, efms Paper Nr. 21.

UNHCR 1994: Die Lage der Flüchtlinge in der Welt. UNHCR-Report 1994, Bonn: Dietz Verlag.

UNHCR 1995: Zur Lage der Flüchtlinge in der Welt. UNHCR-Report 1995-96. Die Suche nach Lösungen, Bonn: Dietz Verlag.

UNHCR 1997: Zur Lage der Flüchtlinge in der Welt. UNHCR-Report 1997-98. Erzwungene Migration: Eine humanitäre Herausforderung, Bonn: Dietz Verlag.

Waldrauch, Harald 1995: Theorien zu Migration und Migrationspolitik, in: Journal für Sozialforschung, Jg. 35 (1995), S. 27-49.

Wallace, Helen 1990: Making Multilateral Negotiations Work, in: Wallace, William (Hrsg.): The Dynamics of European Integration, London: Pinter Publishers, S. 213-228.

Wallace, William (Hrsg.) 1990: The Dynamics of European Integration, London: Pinter Publishers.

Weber, Max 1980: Wirtschaft und Gesellschaft: Grundriß der verstehenden Soziologie, besorgt von Johannes Winckelmann, 5., rev. Aufl., Studienausg., Tübingen: Mohr Verlag.

Weber-Panariello, Philippe A. 1995: Nationale Parlamente in der Europäischen Union. Eine rechtsvergleichende Studie zur Beteiligung nationaler Parlamente an der innerstaatlichen Willensbildung in Angelegenheiten der Europäischen Union im Vereinigten Königreich, Frankreich und der Bundesrepublik Deutschland, Baden-Baden: Nomos Verlagsgesellschaft.

Weiner, Myron (Hrsg.) 1993: International Migration and Security, Boulder (Co): Westview Press.

Weiner, Myron 1993: Security, Stability and International Migration, in: ders. (Hrsg.): International Migration and Security, Boulder (Co): Westview Press, S. 1-35.

Weiner, Myron 1995: The Global Migration Crisis. Challenges to States and to Human Rights, New York: Harper Collins Publishers.

Weiler, Joseph 1995: The State „über alles". Demos, Telos and the German Maastricht Decision, EUI Working Paper RSC Nr. 95/19, Florenz.

Wessels, Wolfgang 1991: The EC Council: The Community's Decisionmaking Center, in: Keohane, Robert O./Hoffmann, Stanley (Hrsg.): The New European Community, Boulder (Co): Westview Press, S. 133–154.

Wessels, Wolfgang 1992: Staat und Westeuropäische Integration. Die Fusionsthese, in: Kreile, Michael (Hrsg.): Die Integration Europas. PVS–Sonderheft Nr. 23, Opladen: Westdeutscher Verlag, S. 36–61.

Wessels, Wolfgang 1996a: Verwaltung im EG–Mehrebenensystem: Auf dem Weg zur Megabürokratie?, in: Jachtenfuchs, Markus/Kohler–Koch, Beate (Hrsg.) 1996: Europäische Integration, Opladen: Leske+Budrich, S. 165–187.

Wessels, Wolfgang 1996b: The Modern West European State and the European Union: Democratic Erosion or a New Kind of Politiy?, in: Andersen, Svein S./Eliassen, Kjell A. (Hrsg.) 1996: The European Union: How Democratic Is It?, London: Sage, S. 57–69.

Wessels, Wolfgang/Rometsch, Dietrich (Hrsg.)1996a: The European Union and Member States. Towards Institutional Fusion?, Manchester: Manchester University Press.

Wessels, Wolfgang/Rometsch, Dietrich 1996b: German Administrative Interaction and European Union. The Fusion of Public Policies, in: Mény, Yves/Muller, Pierre/Quermonne, Jean–Louis (Hrsg.): Adjusting to Europe. The Impact of the European Union on National Institutions and Policies, London: Routledge, S. 73–109.

Widgren, Jonas 1994: Multilateral Co–operation to Combat Trafficking in Migrants and the Role of International Organizations, Vortrag auf dem 11. IOM Seminar on Migration: International Response to Trafficking in Migrants and the Safeguarding of Migrant Rights, Genf 26.–28. Oktober 1994, Paper N. 6.

Widgren, Jonas 1998: The Development of a Pan–European Regime for Entry Control, on the Basis of the Amsterdam Treaty and in the Framework of an Enlarged European Union, Vortrag auf dem 2. Migrationspolitischen Forum in Bonn, 18.3.1998 (unveröffentlichtes Vortragsmanuskript).

Wright, Vincent 1996: The National Co–Ordination of European Policy–Making. Negotiating the Quagmire, in: Richardson, Jeremy J. (Hrsg.): European Union. Power and Policy–Making, London: Routledge, S. 148–169.

Yinger, Milton 1994: Ethnicity. Source of Strength? Source of Conflict?, New York: State University of New York Press.

Zimmermann, Warren 1995: Migrants and Refugees: A Threat to Security?, in: Teitelbaum, Michael/Weiner, Myron (Hrsg.): Threatened Peoples, Threatened Borders, New York: W.W.Norton Company. S. 88–116.

Zolberg, Aristide R. 1981: International Migrations in Political Perspective, in: Kritz, Mary M./Keely, Charles B./Tomasi, Silvano M.: Global Trends in Migration. Theory and Research on International Population Movements, New York: Center for Migration Studies, S. 3–27.

Zürn, Michael 1996: Über den Staat und die Demokratie im europäischen Mehrebenensystem, in: Politische Vierteljahresschrift, Jg. 37 (1996), S. 27–55.

3. Periodika

Bundesministerium des Innern: Innenpolitik
EU-Bulletin
Frankfurter Allgemeine Zeitung
Frankfurter Rundschau
Neue Züricher Zeitung
Süddeutsche Zeitung

Bei Fragen zur Produktsicherheit wenden Sie sich bitte an:
If you have any questions regarding product safety,
please contact:

Walter de Gruyter GmbH
Genthiner Straße 13
10785 Berlin
productsafety@degruyterbrill.com